售电公司电力交易案例评析与法律合规实务

白如银 赵凤仪 著

中国电力出版社
CHINA ELECTRIC POWER PRESS

图书在版编目（CIP）数据

售电公司电力交易案例评析与法律合规实务 / 白如银，赵凤仪著. — 北京：中国电力出版社，2023.8
ISBN 978-7-5198-7907-5

Ⅰ.①售… Ⅱ.①白…②赵… Ⅲ.①电力市场—市场交易—案例—中国 ②电力市场—市场交易—法规—研究—中国 Ⅳ.① F426.61 ② D922.292.4

中国国家版本馆 CIP 数据核字（2023）第 103532 号

出版发行：中国电力出版社
地　　址：北京市东城区北京站西街 19 号（邮政编码 100005）
网　　址：http：//www.cepp.sgcc.com.cn
责任编辑：赵　鹏（010-63412555）
责任校对：黄　蓓　朱丽芳
装帧设计：赵丽媛
责任印制：钱兴根

印　　刷：廊坊市文峰档案印务有限公司
版　　次：2023 年 8 月第一版
印　　次：2023 年 8 月北京第一次印刷
开　　本：787 毫米 ×1092 毫米　16 开本
印　　张：11.75
字　　数：262 千字
定　　价：50.00 元

版权专有　侵权必究

本书如有印装质量问题，我社营销中心负责退换

前　言

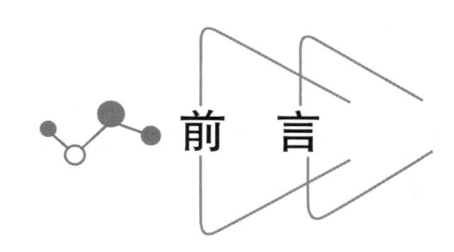

2015年3月15日，中共中央、国务院发布《关于进一步深化电力体制改革的若干意见》（中发〔2015〕9号），启动新一轮电力体制改革。2015年11月26日，国家发展改革委、国家能源局发布六个电力体制改革配套文件，包含《关于推进售电侧改革的实施意见》，规定向社会资本开放售电业务，培育售电侧市场主体，赋予用户选择权，并于2016年10月8日发布《售电公司准入与退出管理办法》等政策文件，推动了售电市场业务落地。2021年11月11日，国家发展改革委、国家能源局出台《售电公司管理办法》，进一步规范售电市场秩序。

在政策利好的带动下，售电公司如雨后春笋般涌现出来，积极参与售电侧改革。售电公司作为新兴的市场主体，以灵活多样的营销策略、敏锐高效的市场嗅觉、贴近用户的市场服务，纷纷抢滩售电市场，通过电力批发市场和零售市场，与上游（发电企业）、下游（电力用户）建立多种合同关系，直接打通发电与用电环节，并以赚取交易价差、代理服务费等形式营利，促进了电力市场的发展，也让电力用户享受到改革红利。

有经营，就有风险，就会产生争议、形成案件。售电公司是新生的市场主体，其在电力市场交易活动中的法律案件也是近几年才出现的新的案件类型，这些案件无疑是我们研究、观察售电公司法律合规管理的鲜活素材。售电公司与发电企业、电力用户等市场主体在电能产品的交易过程中，产生大量的买卖合同、委托合同、中介合同及其他合同关系，由此引发了不少法律纠纷案件，其中也潜藏着大量法律风险。售电公司应当高度重视，处理好争议纠纷，规范市场行为，防范法律风险，确保企业行稳致远。

本书运用实证研究的方法，通过中国裁判文书网检索已经发生的实际案例，尤其是引起社会热议的案件，系统梳理并进行类案分析，形象、直观、具象化地向售电公司阐述市场化售电业务相关典型案例、法律风险，希望能够启示售电公司从中汲取经验、管控风险、促进合规、强化管理。

全书以售电公司为重点关注对象，聚焦电力交易领域，首先简要概述其售电业务涉及的合同类型、案件类型、法律风险，使读者在"面"上先有个总体上的把握；之后分别以售电公司与发电企业、电力用户及其他利益相关方三个方面发生的法律纠纷为切入点，以实际案例为样本，以案释法、以法析案、以评述理，阐述案件中体现的法律依据、分析裁判中蕴含的法律逻辑、梳理法条中明示的法律要求，提示售电公司如何依法维护企业权益，合规开展售电业务，严密防范法律风险。

全书包含三方面20个专题和62个案例，有案情简介、有法律分析、有实务启示，让我们在读案例中潜移默化明法理、懂合规、强管理，从同行发生的实际案件中学经验、查短板、深思考，循序渐进强化风控、合规理念，还可从中借鉴领会依法维权的路径和方法。

对于案例编选，有几点说明：第一，售电公司的纠纷涉及方方面面，但本书只分析其在市场化售电业务中与其他市场主体发生的案件，其余诸如施工合同纠纷、劳动争议等非售电公司这一民事主体独有的案件类型、与电力交易无关的案件不予收录。第二，对文字较长的原裁判文书，就其中不影响案情脉络和法院裁判主要观点的内容，适当作了删减，也删除了关于案件受理费的内容，以压缩字数、简化案情，仅保留相关核心内容原文，保持"原汁原味"、实景化展示。但由于裁判文书出自不同法官之手，自然存在语言风格不统一、表述不严谨等问题，影响阅读，还请见谅。有明显错误的，笔者进行了修正。第三，多数案例都发生在《中华人民共和国民法典》（简称《民法典》）实施之前，因此裁判文书引用的原《中华人民共和国民法总则》《中华人民共和国合同法》等条文仍然照旧，同时以脚注形式列明对应的《民法典》条文，在案例评析部分引用《民法典》条文进行分析。

需要强调的是，本书基于公开发布的裁判文书中载明的法院查明的案件事实及法院裁判观点作为素材、样本，作者对这些事实、观点正确与否不作评价，也不代表作者就法院观点和裁判结果全部认同，只是结合最新法律法规进行探讨分析，作者的观点、想法也仅为一己浅见，并非完全正确，仅供参考。

关注售电公司的法律风险和合规管理，本书只是个开端。今后，随着更多法律风险、案件类型逐步显现，将引进更多案例样本析案说法，使本书的内容更具有代表性、多样性，更贴近实践，更多角度揭示售电公司面临的法治环境和应当具备的法治思维。囿于学识经验，本书还有很多不足，敬请批评指正。

白如银　赵凤仪
2023年6月

目　录 CONTENTS

前　言

第一章　售电公司在电力市场中的法律纠纷类型 …………………………… 1

一、售电侧市场主体 ……………………………………………………………… 1
二、售电侧市场交易模式及合同类型 …………………………………………… 4
三、售电公司电力交易案件类型化分析 ………………………………………… 8
四、售电公司典型法律风险及对策 ……………………………………………… 11

第二章　售电公司与发电企业之间的合同纠纷 ……………………………… 16

一、案件综述 ……………………………………………………………………… 16
二、典型案件评析 ………………………………………………………………… 17
 1. 售电公司实际交易电量未达到合同约定电量而依照合同承担违约责任 … 17
  案例1：A发电有限公司与B售电有限公司买卖合同纠纷案 …………… 17
 2. 发电企业与售电公司订立的是购售电合同还是委托合同 ………………… 20
  案例2：A售电有限责任公司与B发电有限公司合同纠纷案 …………… 20
 3. 售电公司未按中介合同约定完成合同义务应向发电企业承担违约责任 … 24
  案例3：A售电有限公司、B发电有限公司居间合同纠纷案 …………… 24

第三章　售电公司与电力用户之间的纠纷 …………………………………… 32

一、案件综述 ……………………………………………………………………… 32
二、典型案件评析 ………………………………………………………………… 37
 1. 电力交易代理委托合同的效力认定 ………………………………………… 37
  案例1：A木业股份有限公司、B售电有限公司确认合同效力纠纷案 … 37
  案例2：A纱业有限公司与B售电有限公司买卖合同纠纷案 …………… 39

2. 售电公司与电力用户均可随时解除电力交易委托合同，给对方造成损失的应予赔偿 ··· 42
    案例 3：A 售电股份有限公司与 B 铝业有限公司委托合同纠纷案 ······· 42

3. 售电公司因自身过错造成电力用户损失的，应当予以赔偿 ················ 46
    案例 4：A 实业有限公司与 B 工程有限公司买卖合同纠纷案 ··········· 46
    案例 5：A 石粉厂与 B 售电有限公司委托合同纠纷案 ·················· 50

4. 电力用户订立电力交易委托合同后又与第三方另行签订同类合同的，应当向售电公司承担违约责任 ·· 54
    案例 6：A 能源技术有限公司与 B 电池有限公司买卖合同纠纷案 ········ 54
    案例 7：A 能源技术有限公司与 B 木业有限公司、C 木业有限公司合同纠纷案 ··· 56
    案例 8：A 售电有限公司与 B 塑料制品厂委托合同纠纷案 ·············· 58
    案例 9：A 售电有限公司与 B 电子科技有限公司委托合同纠纷案 ········ 59

5. 电力用户不向售电公司交纳购电费，售电公司起诉追偿 ················ 62
    案例 10：A 售电股份有限公司与 B 冶金股份有限公司买卖合同纠纷案 ··· 62
    案例 11：A 智慧能源有限公司与 B 化工有限公司、计××、徐××买卖合同纠纷案 ··· 64

6. 电力用户不向售电公司支付电力交易委托服务费被索赔 ················ 68
    案例 12：A 售电有限公司与 B 纸业有限公司合同纠纷案 ··············· 68
    案例 13：A 化工有限公司与 B 售电有限公司合同纠纷案 ··············· 69
    案例 14：A 售电有限公司与 B 电子有限公司服务合同纠纷案 ·········· 73
    案例 15：A 售电有限公司与 B 材料有限公司委托合同纠纷案 ·········· 74
    案例 16：A 售电有限公司与 B 食品有限公司委托合同纠纷案 ·········· 75

7. 电力用户要求售电公司支付优惠电费，由于缺乏法律和事实依据未得到法院支持 ·· 78
    案例 17：A 化学有限公司与 B 节能科技股份有限公司委托合同纠纷案 ··· 78
    案例 18：A 水泥有限公司与 B 节能科技股份有限公司委托合同纠纷案 ··· 80
    案例 19：A 设备有限公司、B 售电有限公司供用电合同纠纷案 ········ 82
    案例 20：B 食品有限公司与 A 售电有限公司买卖合同纠纷案 ·········· 85
    案例 21：A 锰业有限公司与 B 售电有限公司供用电合同纠纷案 ········ 87
    案例 22：A 电子实业有限公司与 B 售电有限公司委托合同纠纷案 ······ 88

8. 电力用户依据合同约定享有购电价差分成、保底价差、电价优惠等收益 ··· 94
    案例 23：A 家纺有限公司与 B 售电有限公司供用电合同纠纷案 ········ 94
    案例 24：A 售电有限公司与 B 水泥有限公司买卖合同纠纷案 ·········· 95
    案例 25：A 售电有限公司与 B 科技股份有限公司居间合同纠纷案 ······ 98
    案例 26：A 售电有限公司与 B 水泥有限公司合同纠纷案 ·············· 102

　　　　案例 27：H 特种钢有限公司与 A 售电有限公司买卖合同纠纷案 ……… 104
　　　　案例 28：A 化学工业集团与 B 售电有限公司委托合同纠纷案 ……… 105
　　　　案例 29：A 置业有限公司与 B 能源科技有限公司委托合同纠纷案 …… 107
　　　　案例 30：A 矿业有限公司、B 节能科技有限公司买卖合同纠纷案 …… 108
　9. 售电公司完成合同约定义务后电力用户应退还其履约保证金 …………… 111
　　　　案例 31：A 能源科技有限公司、B 电子科技有限公司委托合同纠纷案 … 111
　10. 偏差电量考核费用按照合同约定办法承担 ………………………………… 113
　　　　案例 32：A 电力建设有限公司与 B 科技有限公司合同纠纷案 ……… 113
　　　　案例 33：A 售电有限公司、B 浆纸有限公司合同纠纷案 …………… 115
　　　　案例 34：A 木业有限公司、B 售电有限公司买卖合同纠纷案 ……… 116
　11. 售电合同纠纷管辖法院的确定规则 ………………………………………… 121
　　　　案例 35：A 售电有限公司、B 化工有限公司供用电合同纠纷管辖权
异议案 …………………………………………………………………………… 121
　　　　案例 36：A 印版有限公司与 B 售电有限公司买卖合同纠纷案 ……… 121
　　　　案例 37：A 纱业有限公司与 B 售电有限公司服务合同纠纷管辖权
异议案 …………………………………………………………………………… 121
　　　　案例 38：B 节能科技股份有限公司、A 水泥有限公司委托合同纠纷案 … 122
　　　　案例 39：A 售电有限公司、B 纸业有限公司供用电合同纠纷案 …… 123
　　　　案例 40：A 科技股份有限公司与 B 电气设备有限公司供用电合同
纠纷案 …………………………………………………………………………… 123
　　　　案例 41：A 售电有限公司与 B 电子科技有限公司委托合同纠纷案 … 124
　　　　案例 42：A 化学有限公司、B 节能科技股份有限公司委托合同纠纷案 … 125
　　　　案例 43：A 售电有限公司与 B 冶金材料有限公司委托合同纠纷案 … 126

第四章　售电公司与其他利益相关方之间的合同纠纷 …………… 130

　一、案件综述 …………………………………………………………………… 130
　二、典型案件评析 ……………………………………………………………… 132
　　1. 受托人代理售电公司开展售电业务促成交易应当收取报酬 …………… 132
　　　　案例 1：A 信息技术有限公司与 B 售电有限公司委托合同纠纷案 … 132
　　　　案例 2：孙×甲与 B 节能科技有限公司委托合同纠纷案 …………… 134
　　　　案例 3：李××与 B 节能科技有限公司委托合同纠纷案 …………… 135
　　　　案例 4：秦×、B 投资管理有限公司劳务合同纠纷案 ……………… 136
　　　　案例 5：彭×与 G 售电有限公司委托合同纠纷案 …………………… 139
　　　　案例 6：W 环境科技有限公司与周××委托合同纠纷案 …………… 140
　　　　案例 7：尹××、X 售电有限公司不当得利纠纷案 ………………… 143

2. 中介人按照中介合同约定完成售电中介服务任务的，售电公司应当支付中介服务费 ·············· 148
  案例 8：卢××、J 售电有限公司居间合同纠纷案 ·············· 148
  案例 9：Z 售电有限公司、黄×× 居间合同纠纷案 ·············· 149
  案例 10：D 节能科技有限公司与 K 售电有限公司合同纠纷案 ·············· 152
  案例 11：郑×× 与 H 能源有限公司中介合同纠纷案 ·············· 153

3. 服务提供者按照服务合同约定为售电公司提供相关服务后有权收取服务费 ·············· 156
  案例 12：G 能源有限公司与 Z 售电有限公司服务合同纠纷案 ·············· 156
  案例 13：X 售电有限公司与董× 合同纠纷案 ·············· 159

4. 售电公司与员工竞业禁止纠纷 ·············· 162
  案例 14：P 能源有限公司与欧×× 竞业限制纠纷案 ·············· 162

5. 售电公司委托他人办理售电公司注册的委托合同纠纷案 ·············· 167
  案例 15：Y 商务服务有限公司与 Z 售电有限公司委托合同纠纷 ·············· 167

6. 售电公司因他人发布虚假信息被侵犯名誉权 ·············· 174
  案例 16：B 售电有限公司与 Z 电力售电有限公司等名誉权纠纷案 ·············· 174

后　记 ·············· 178

第一章
售电公司在电力市场中的法律纠纷类型

一、售电侧市场主体

2015年3月15日，中共中央、国务院颁布了《关于进一步深化电力体制改革的若干意见》（中发〔2015〕9号，以下简称"9号文"），围绕"放开两头、管住中间"的基本思路，启动新一轮电力体制改革，改革的核心任务是"三放开、一独立、三加强"，即：按照"管住中间、放开两头"的体制架构，有序放开输配以外的竞争性环节电价，有序向社会资本放开配售电业务，有序放开公益性和调节性以外的发用电计划；推进交易机构相对独立规范运行；进一步加强政府监管，进一步加强电力统筹规划，进一步加强电力安全高效运行和可靠供应。

同年11月30日，国家发展改革委、国家能源局印发《关于印发电力体制改革配套文件的通知》（发改经体〔2015〕2752号），一揽子出台了涵盖推进输配电价改革、电力市场建设、电力交易机构组建和规范运行、有序放开发用电计划、售电侧改革及加强和规范燃煤自备电厂监督管理等六个方面的改革配套指导意见，对"推动电力交易体制改革，完善市场化交易机制""稳步推进售电侧改革，有序向社会资本放开配售电业务"等重点改革任务作出具体的安排部署，完成本轮电力体制改革的顶层设计。后面还陆续出台了《售电公司准入与退出管理办法》《有序放开配电网业务管理办法》《电力中长期交易基本规则》《售电公司管理办法》等一系列政策文件。各省（自治区、直辖市）也纷纷制定地方的电力交易规则、售电公司管理制度，指导电力市场交易活动有序开展。这些文件为培育多元化的售电主体，构建竞争充分、开放有序的电力市场体系，向社会资本开放售电业务，提供了"施工图""任务书"。

电力市场基本模式有完全垄断模式、发电侧单边竞争模式、批发竞争模式和零售竞争模式。零售竞争模式最大的特点，就是用户获得选择权，发电环节和售电环节都展开较完全的竞争。发电企业直接接受用户选择，但同时也获得了选择用户的权利。电力用户可以直接向发电企业购电，称为直购（对于发电企业而言称为直销），或向选择的售电公司购电，称为转购（对于发电企业而言就是转销）❶。本轮电力体制改革，我国逐步放开发用电计划，推进售电侧放开，允许成立售电公司参与市场交易，电力用户可以参与电力直接交易，向发电企业或售电公司购电，取得了购电的选择权。

随着改革的逐步推进，电力市场主体更加多元，交易品种、服务模式更加多样，市场主体之间的法律关系随之也更为复杂。仅就售电侧来讲，市场主体包括：电网企业、发电企业、售电公司和电力用户，售电公司是本轮改革新兴的市场主体，还有电力交易机构和电力调度机构两类市场运营机构。

售电侧市场主体及相关业务如下：

（一）电网企业

电网企业是指拥有输电网、配电网运营权（包括地方电力公司、趸售县供电公司），承担其供电营业区保底供电服务的企业，履行确保居民、农业、重要公用事业和公益性服务等用电的基本责任。当售电公司终止经营或无力提供售电服务时，电网企业在保障电网安全和不影响其他电力用户正常供电的前提下，按照规定的程序、内容和质量要求向相关电力用户提供保底供电服务，并向不参与市场交易、无议价能力的电力用户供电。电网企业对供电营业区内的各类电力用户提供电力普遍服务，保障基本供电；无歧视地向市场主体及其电力用户提供报装、计量、抄表、维修、收费等各类供电服务；保障电网公平无歧视开放，向市场主体提供输配电服务，公开输配电网络的可用容量和实际使用容量等信息；在保证电网安全运行的前提下，按照有关规定收购分布式电源发电；受委托承担供电营业区内的有关电力统计工作。

电网企业按规定向交易主体收取输配电费用，代国家收取政府性基金；按照电力交易机构出具的结算依据，承担市场主体的电费结算责任，保障交易电费资金安全。

（二）售电公司

售电公司是指提供售电服务或配售电服务的市场主体，其在零售市场与电力用户确立售电服务关系，在批发市场开展购售电业务❷。售电公司可以采取多种方式通过电力市场购电，包括向发电企业购电、通过集中竞价购电、向其他售电公司购电等，并将所购电量向电力用户或其他售电公司销售。售电公司分三类，第一类是电网企业的售电公司，第二类是拥有配电网运营权的售电公司，第三类是独立的售电公司。其中，独立售电公司不拥有

---

❶ 北京电力交易中心编：《电力直接交易服务手册》，中国电力出版社，2018，第9页。
❷ 《售电公司管理办法》（发改体改规〔2021〕1595号）第三条。

配电网运营权，不需要取得电力业务许可证（供电类），不承担保底供电服务。目前，已在电力交易机构注册并开展业务的售电公司以独立售电公司为主，是电力市场交易的主要参与者（本书中的"售电公司"包括上述三种售电公司，但只探讨其售电及相关业务，不探讨配电网业务）。

售电公司只要按照《公司法》《市场主体登记管理条例》进行登记注册，具有独立法人资格，满足售电公司注册资格条件，即可自主选择电力交易机构办理注册，获取交易资格，并经公示无异议后纳入市场主体目录，即可参与市场化交易。鼓励售电公司提供合同能源管理、综合节能和用电咨询等增值服务。

售电公司享有以下权利：①可以采取多种方式通过电力市场购售电，可通过电力交易平台开展双边协商交易或集中交易。②可自主选择各级电力交易机构进行跨省跨区购电和省内购电。③多个售电公司可以在同一配电区域内售电，同一售电公司可在多个配电区域内售电。④可向用户提供包括但不限于合同能源管理、综合节能、合理用能咨询和用电设备运行维护等增值服务，并收取相应费用。⑤可根据用户授权掌握历史用电信息，在电力交易平台进行数据查询和下载。

售电公司应履行以下义务：①承担保密义务，不得泄露用户信息。②遵守电力市场交易规则。③与用户签订合同，提供优质专业的售电服务，履行合同约定的各项义务。④受委托代理用户与电网企业的涉网事宜。⑤按照国家有关规定，在电力交易平台、"信用中国"网站等政府指定网站上公示公司资产、从业人员、场所、技术支持系统、经营状况等信息、证明材料和信用承诺，依法及时对公司重大事项进行公告，并定期公布公司年报。⑥不得干涉用户自由选择售电公司的权利。⑦按照可再生能源电力消纳责任权重有关规定，承担与年售电量相对应的可再生能源电力消纳量。⑧同意电力交易机构对其公司及公司从业人员满足注册条件的信息、证明材料对外公示，以及对其持续满足注册条件开展的动态管理❶。

从电力市场的角度来说，售电公司是应售电侧市场化改革需要产生的，其主要职能就是通过电力市场购售电、向电力用户提供售电服务，还可以提供合同能源管理、综合节能和用电咨询等增值服务。

（三）电力用户

电力用户是指依法从电网企业、发电企业、售电公司购买电力和相应服务，并支付电费及其相关费用的电力消费者。传统意义上，电力用户按用电性质，可以分为居民用户、农业用户、商业用户、工业用户；按用电电压等级，用户可以分为高压用户、低压用户；按用电容量，工业用户中可以分一般工业用户、大工业用户。

改革后，从是否参加市场交易的角度，电力用户可划分为三类：

（1）管制用户，即不参与市场交易的工商业用户和无议价能力用户，其不参与市场交

---

❶《售电公司管理办法》（发改体改规〔2021〕1595号）第十五条、第十六条。

易，仍由电网企业供电，并执行政府定价。主要包括：农业生产用电，重要公用事业、公益性服务行业用电以及居民生活用电等类型的用户。其中，重要公用事业、公益性服务行业用电包括党政军机关、学校、医院、公共交通、金融、通信、邮政等涉及社会生活基本需求的用电，以及提供公共产品和服务的部门和单位用电。

（2）市场化直接交易用户，即参与大用户直购电的电力用户。

（3）市场化零售用户，即选择了售电公司代理参与市场化交易的电力用户。符合市场准入条件的电力用户，可以直接与发电企业交易，也可以自主选择与售电公司交易。

当前，国家推动工商业用户全部进入电力市场，按照市场价格购电，取消工商业目录销售电价❶。取消工商业目录销售电价后，10千伏及以上用户原则上要直接参与市场交易（直接向发电企业或售电公司购电），暂无法直接参与市场交易的可由电网企业代理购电；鼓励其他工商业用户直接参与市场交易，未直接参与市场交易的由电网企业代理购电。已直接参与市场交易又退出的用户，可暂由电网企业代理购电❷。参加市场交易的电力用户全部电量需通过批发或者零售交易购买，且不得同时参加批发交易和零售交易。批发交易是指电力用户或售电公司通过电力交易机构，向发电企业直接购买电能的交易；零售交易是指电力用户向售电公司购买电能的交易。参加市场交易的电力用户，允许在合同期满的下一个年度，按照准入条件选择参加批发或者零售交易❸。

二、售电侧市场交易模式及合同类型

（一）售电侧市场交易模式

随着我国电力市场改革的不断推进，逐步从完全垄断模式、发电侧竞争的电力市场，向批发竞争、零售竞争模式发展。"管住中间、放开两头"，主要是放开发电、售电侧两头，通过竞争机制实现电力直接交易，允许符合准入条件的电力用户与发电企业按照自愿参与、自主协商的原则直接进行购售电交易，电网企业按规定提供输配电服务。随着售电侧改革的推进，售电公司作为新的一类市场主体逐步参与到电力直接交易中❹，这是售电侧改革中放开用户选择权的表现形式之一。

在售电侧市场化改革前，不存在售电公司，电力用户仅可以通过电网企业（包括地方电力公司、趸售县供电公司）购电，电力用户没有购电选择权。电网企业与发电企业是购售电合同关系，与电力用户是供用电合同（有名合同）关系，发、供、用是"卖–

---

❶ 参见《国家发展改革委关于进一步深化燃煤发电上网电价市场化改革的通知》（发改价格〔2021〕1439号）。

❷ 参见《国家发展改革委办公厅关于组织开展电网企业代理购电工作有关事项的通知》（发改办价格〔2021〕809号）。

❸ 《电力中长期交易基本规则》第十六条。

❹ 北京电力交易中心编：《电力直接交易服务手册》，中国电力出版社，2018，第20页。

买"——"卖－买"的单一链条式的双层电能买卖合同关系,也就是电网企业作为电力产品单一的收购方和单一的销售方,直接向发电企业购电并经输电、配电后出售给电力用户,赚取上网电价和销售电价之间的价差。当实行大用户直接交易后,允许发电企业直接和电力用户建立购售电合同关系,电网企业提供输配电服务,这里已经有了电力市场的概念,但市场竞争还不是太充分,电力交易模式仍显单一,电力用户的选择权有限。

这一轮深化电力体制改革,主要任务是建立健全电力市场体系,尤其是放开售电侧市场,电力市场主体可在电力市场中交易,发、输配(输配一体为主,试点区域由增量配电公司运营配电业务)、售、用四方主体产生多元交易关系,尤其发电企业与售电公司或电力用户、售电公司与电力用户之间直接产生交易关系。放开售电侧之后,电力用户可以选择向电网企业、发电企业或售电公司购买电力,发电企业可以直接与电力用户、售电公司建立购售电合同关系,售电公司也开始向电力用户售电,此外还可受托提供电力市场化交易服务。电力市场更为错综复杂,产生的法律关系也更为多元。

在发电企业与电力用户的电力直接交易中,双方签订购售电合同。如果电力用户向电网企业或者售电公司购电,则由电网企业或售电公司向发电企业收购电量,再转售给电力用户。在售电侧市场中,售电公司是重要的市场主体,是电力交易的主角之一,需要与电力供应链中的上、下游产生业务往来,与发电企业、电网企业、电力用户都有因电力交易产生的民事法律行为。

在交易方式上,发电企业、售电公司、电力用户等市场主体可通过多种方式参与市场化交易。具体如下:

(1)双边协商交易,是指市场主体之间自主协商交易电量(电力)、电价,形成双边协商交易初步意向后,提交电力交易平台,经安全校核和相关方确认后,形成交易结果。校核不通过时,按提交时间优先或等比例的原则进行削减。

(2)集中交易,是指电力交易机构组织市场主体通过电力交易平台申报电量、电价等信息,电力交易机构进行市场出清,经电力调度机构安全校核后,形成最终成交结果;鼓励峰、平、谷段电量分别进行集中竞价。

(3)挂牌交易,是指市场主体通过电力交易平台,将需求电量或可供电量的数量和价格等信息对外发布要约,由符合资格要求的另一方提出接受该要约的申请,按照提交时间优先或等比例原则形成无约束交易结果,经安全校核和相关方确认后,形成最终交易结果❶。

在交易价格上,市场化交易部分电量通过市场交易形成价格,未放开的优先发用电计划电量则执行政府下达的批复电价。市场交易价格可以通过双方自主协商确定或通过集中撮合、挂牌交易等方式确定。参与市场交易的电力用户到户价格由市场交易价格、输配电价(含线损和交叉补贴)、政府性基金三部分组成,是电力用户最终用电价格。输配电价补偿电网企业电能传输成本,包括电能传输过程中的损耗;政府基金及附加由国务院批准,

---

❶ 北京电力交易中心编:《电力直接交易服务手册》,中国电力出版社,2018,第29页。

为通过电价征收的非税收入，用于补贴可再生能源发电、重大水利工程建设、水电站库区移民等。这两部分是由政府部门核定的不可变动的固定价格。所以电力市场中，市场主体竞争的是市场交易价格，包含了发电企业电能生产成本及其收益，是通过市场交易机制实现的、可变动的价格。

在结算方式上，电力交易机构负责出具售电公司及零售电力用户等零售侧结算依据，电网企业根据结算依据对零售电力用户进行零售交易资金结算，对售电公司批发、零售价差收益、偏差考核进行资金结算❶。具体来说，根据《电力中长期交易基本规则》第九十八条规定，发电企业上网电量电费由电网企业支付；电力用户向电网企业交纳电费，并由电网企业承担电力用户侧欠费风险；售电公司按照电力交易机构出具的结算依据与电网企业进行结算。市场主体可自行约定结算方式，未与电网企业签订委托代理结算业务的，电网企业不承担欠费风险。

（二）售电侧市场交易合同关系及主要合同类型

1. 合同关系

市场交易都是通过合同作为媒介来实现的。基于上述市场主体多元、交易关系复杂的特点，不同法律主体之间的法律关系，需要通过缔结合同来确定其间的权利义务、安排市场交易模式，维持其有序运转。在售电侧市场中，如果采取电力用户向售电公司购电的模式，售电公司作为买方，与发电企业存在着购售电合同关系；作为卖方，与电力用户存在着零售合同关系、与电网企业因电力的输送和技术服务存在输配电服务合同关系。如果采取电力用户向发电企业直接购电的模式，双方通过市场化方式确定交易电量、交易价格，签订直接交易购售电合同。售电公司还可以与电力用户订立委托合同，作为市场化电力用户的受托人参加直接交易、提供购电服务，收取委托服务费，建立委托合同关系。也就是说，电力用户与售电公司的法律关系大致可分为电能买卖合同关系和委托合同关系。

不管哪种交易模式，电网企业在其中为发、售、用各方市场主体提供相应的输配电服务，承担相应的安全校核、交易结算等责任，但不再与用户建立购售电合同关系（电网企业暂时代理购电的除外）。

电力交易机构作为电力直接交易的组织者，对参与市场交易的发电企业、电力用户和售电公司进行注册、备案管理，并出具电费结算依据。

这些是售电公司比较典型的市场化购售电业务法律关系。

2. 主要合同类型

（1）购售电合同。在售电公司从批发市场向发电企业购买电力后转售给终端电力用户的经营模式下，售电公司与发电企业签订的是购售电合同，之后与市场化用户签订的是售电合同，实际上都属于电力商品买卖合同，这种情形下，销售价格风险由其自行承担。此

---

❶ 《售电公司管理办法》（发改体改规〔2021〕1595号）第二十三条。

外，售电公司也可与其他售电公司、其他电源提供商签订购售电合同。发电企业与电力用户直接交易达成的电力买卖合同也是购售电合同。

为了稳定电力市场，国家发展改革委、国家能源局联合印发的《售电公司管理办法》（发改体改规〔2021〕1595号）第十九条、第二十条规定："售电公司与电力用户在电力交易平台建立零售服务关系。经售电公司与电力用户双方协商一致，在确立绑定关系期限内，任何一方均可在电力交易平台中发起零售服务关系确立，由双方法定代表人（授权代理人）在电力交易平台中确认。""电力用户在同一合同周期内仅可与一家售电公司确立零售服务关系，双方在电力交易平台绑定确认后，电力交易机构不再受理新的绑定申请，电力用户全部电量通过该售电公司购买。"

2019年6月22日，《国家发展改革委关于全面放开经营性电力用户发用电计划的通知》（发改运行〔2019〕1105号）明示，各地要统筹推进全面放开经营性电力用户发用电计划，支持中小用户参与市场化交易。该通知明确规定，积极支持中小用户由售电公司代理参加市场化交易，中小用户需与售电公司签订代理购电合同，与电网企业签订供用电合同，明确有关权责义务。经营性电力用户全面放开参与市场化交易的主要形式包括直接参与、由售电公司代理参与、其他各地根据实际情况研究明确的市场化方式等。中小用户可根据自身实际自主选择，也可以放弃选择权，保持现有的购电方式。各地可结合本地区电力供需形势，针对全面放开经营性电力用户发用电计划设定一段时间的过渡期。

2021年10月11日，《国家发展改革委关于进一步深化燃煤发电上网电价市场化改革的通知》（发改价格〔2021〕1439号）规定："有序放开全部燃煤发电电量上网电价。燃煤发电电量原则上全部进入电力市场，通过市场交易在'基准价+上下浮动'范围内形成上网电价。""推动工商业用户都进入市场。各地要有序推动工商业用户全部进入电力市场，按照市场价格购电，取消工商业目录销售电价。目前尚未进入市场的用户，10千伏及以上的用户要全部进入，其他用户也要尽快进入。对暂未直接从电力市场购电的用户由电网企业代理购电，代理购电价格主要通过场内集中竞价或竞争性招标方式形成，首次向代理用户售电时，至少提前1个月通知用户。已参与市场交易、改为电网企业代理购电的用户，其价格按电网企业代理其他用户购电价格的1.5倍执行。"

紧接着，2021年10月23日，《国家发展改革委办公厅关于组织开展电网企业代理购电工作有关事项的通知》（发改办价格〔2021〕809号）进一步规定："取消工商业目录销售电价后，10千伏及以上用户原则上要直接参与市场交易（直接向发电企业或售电公司购电，下同），暂无法直接参与市场交易的可由电网企业代理购电；鼓励其他工商业用户直接参与市场交易，未直接参与市场交易的由电网企业代理购电。已直接参与市场交易又退出的用户，可暂由电网企业代理购电。各地要结合当地电力市场发展情况，不断缩小电网企业代理购电范围。""建立健全电网企业市场化购电方式。为确保代理购电机制平稳实施，2021年12月底前，电网企业通过挂牌交易方式代理购电，挂牌购电价格按当月月度集中竞价交易加权平均价格确定，挂牌成交电量不足部分由市场化机组按剩余容量等比例承担，价格按挂牌价格执行，无挂牌交易价格时，可通过双边协商方式形成购电价格；2022年1

月起,电网企业通过参与场内集中交易方式(不含撮合交易)代理购电,以报量不报价方式作为价格接受者参与市场出清,其中采取挂牌交易方式的,价格继续按当月月度集中竞价交易加权平均价格确定。"

目前实践中,主要以发电企业与电力用户、售电公司与电力用户、发电企业与售电公司之间签订购售电合同为主。根据《售电公司管理办法》(发改体改规〔2021〕1595号)第二十一条规定,售电公司与电力用户零售服务关系在电力交易平台中确认后,即视同不从电网企业购电,电网企业与电力用户的供用电合同中电量、电价等结算相关的条款失效,两者的供用电关系不变,电力用户、售电公司与电网企业应签订三方电费结算补充协议,无须再签订售电公司、电力用户、电网企业三方合同。

(2)输配电服务合同及供电服务合同。在发电企业与大用户直接交易、售电公司向电力用户提供零售服务两种模式下,电网企业都需要与发电企业、售电公司和电力用户建立输配电服务合同关系,负责提供输配电服务,履行安全校核、交易执行、电费结算、提供辅助服务等职责,向电力用户收取输配电服务费(含在电力用户购买价格中)。这种输配电服务合同,在合同法上为无名合同。输配电服务属于主合同义务,为了确保电力系统安全稳定还提供辅助服务,这些内容属于技术服务合同的内容。电网企业还与售电公司、市场化电力用户之间建立因收费、结算、用户服务等产生的供电服务合同关系。

(3)委托合同。当电力用户与发电企业直接交易时,售电公司可以接受其中任何一方委托,受托为其提供电力交易服务。实践中主要受电力用户委托代理其参与电力市场化交易,联系促成发电企业与售电公司订立购售电合同,从而收取委托服务报酬,不论其合同名称是电力交易服务合同还是其他名称,其实质上都属于提供劳务服务的委托合同。在这种情形下,售电公司可以与电力用户共同承担风险,对优惠电价部分进行利益分成、利润分享,还可以采取基本保底、利润提成等其他模式。实践中,售电公司与电力用户之间发生的案件以委托合同纠纷为主要案件类型。

三、售电公司电力交易案件类型化分析

在售电侧的电力交易活动中,售电公司与发电企业、电力用户及其他主体签订的购售电合同、委托合同及相关业务合同存在大量法律风险,而且有一些已形成实际的法律纠纷或诉讼案件。

(一)案例样本总体分析

市场交易中发生的纠纷争议不少,但真正诉诸法律提起诉讼的还是少数,主要是市场初期,售电公司与发电企业、电力用户只有处理好关系,才会有电力产品"货源"和电力用户"客源",即使产生纠纷也倾向于"大事化小、小事化了"。本书从中国裁判文书网等收集到较为典型的62件案例来进行分析。

从案件当事人来看,售电公司与电力用户的纠纷最多,约占案件总数的2/3,与发电企

业和其他民事主体的纠纷约占案件总数的1/3。

从案件地位来看，售电公司当被告的案件多于当原告的案件。

从案由来看，买卖合同纠纷、委托合同纠纷、中介合同纠纷占案件总数超过一半，还涉及合同纠纷、供用电合同纠纷、服务合同纠纷、竞业限制纠纷、合同效力纠纷、劳务合同纠纷、名誉权纠纷、不当得利纠纷等案由。

从案件结果来说，售电公司诉讼主张全部或大部分得到支持与未得到支持的案件数量基本持平。

从案件审理环节来看，一审结案的纠纷占案件总数的1/2多，二审结案的纠纷约占案件总数的1/3，个别纠纷经过再审才结案。

（二）与发电企业的案件类型分析

主要包含三类纠纷：

1. 购售电合同纠纷。具体表现为：售电公司未按照购售电合同约定的交易电量履行，交易实际成交电量低于购售电合同约定电量而引起纠纷。

2. 委托合同纠纷。具体表现为：发电企业委托售电公司代理售电，双方之间因委托服务费引发纠纷。

3. 中介合同纠纷。具体表现为：售电公司未按中介合同约定完成代理任务而引起纠纷。

（三）与电力用户的案件类型分析

主要包含两类纠纷：

1. 电力交易委托合同纠纷。具体表现为：一是因电力用户或售电公司提前单方解除电力交易委托合同，对方诉请赔偿损失引起纠纷；二是售电公司代理电力用户参加电力直接交易，但未按合同约定履行购电义务造成电力用户损失引起纠纷；三是因电力用户重复委托两家售电公司购电引起纠纷；四是因电力用户未向售电公司支付电力交易委托服务费引起纠纷；五是因电力用户未享受到电力交易价差优惠而诉请售电公司支付该收益引起纠纷；六是售电公司按委托合同完成合同约定义务后就退还履约保证金产生纠纷；七是售电公司与电力用户之间因电力交易中偏差电量考核电费的责任承担引起纠纷。

2. 电能买卖合同纠纷。具体表现为：因电力用户未按照双方订立的购售电合同约定向售电公司及时交纳购电费引起纠纷。

从现有案例样本分析，当前售电公司与电力用户的纠纷中，最普遍的争议焦点是，二者之间因购售电业务达成的合同属于买卖合同还是委托合同。售电公司与电力用户间签订的合同，有的人认为属于买卖合同，有的人认为属于委托合同。不同类型的合同发生纠纷后，法院确定的案由不同。而确定合同类型，并不是依据合同名称确定的，而需要依据合同标的、当事人权利义务等实质性内容确定。从现有裁判文书来看，法院审理购售电业务合同纠纷时，有的定性为买卖合同纠纷，更多的是定性为委托合同纠纷。

在售电市场上，存在两种交易模式，合同标的、当事人权利义务不同，合同类型也就不同。一种是售电公司先与电力用户约定未来的售电价格，随后在批发市场与发电企业进行交易，获得电量后再按照与电力用户约定的售电价格卖出。售电公司在其中实质上扮演着"买进卖出"的角色，从这个角度看，该售电合同应当认定为买卖合同，由此产生的合同纠纷就应当定性为买卖合同纠纷。比如在（2018）云0111民初11711号一审民事判决书中，案涉售电公司（甲方）、发电公司（乙方）与电力用户（丙方）共同签订《购售电合作协议》，约定"甲方根据丙方每月提出的当月用电需求量，向乙方购入当月丙方所需电量；甲方将每月向乙方购入的电量再销售给丙方，丙方实际产生电费以甲方出具的电费结算书单进行确认"。这里明确了售电公司从发电企业购电后予以转售的法律关系，且电力用户直接向售电公司交纳电费的经营模式，符合《民法典》第五百九十五条关于"买卖合同是出卖人转移标的物的所有权于买受人，买受人支付价款的合同"的规定，足以证明售电公司与电力用户之间构成电能买卖合同关系，而不是委托合同或者其他合同关系。

另一种交易模式是售电公司先和电力用户约定保底降价或未来的价差分成比例，随后售电公司参与市场交易，最后根据竞得价格与市场平均价差计算出收益，二者进行分成。在这种交易模式下，售电公司是接受电力用户的委托参与市场交易，双方之间的售电合同应当认定为委托合同❶。

认定为买卖合同还是委托合同，直接决定当事人的权利义务关系和违约责任承担。比如，根据《民法典》第九百三十三条规定，如果认定为委托合同，合同双方均享有任意解除权，当一方当事人反悔不想继续履行合同时，均可以随时提出解除合同。解除合同后，提出解除的一方给对方造成损失的，应当赔偿损失。这里的损失应当按照字面理解为造成对方的直接损失，而非对方履行合同可获得的利益。在（2018）粤0106民初2454号民事判决书中，法院支持电力用户行使委托合同的任意解除权，且不赔偿售电公司履行合同可获得的预期利益。另外，若售电公司非因故意或重大过失而无法向用户提供电力，则无须赔偿损失。如（2018）粤03民终18276号民事判决书中即持此观点。如果认定为买卖合同，当事人就没有任意解除权，当一方无法定事由解除合同时，此时则构成了违约。依据《民法典》第五百八十四条的规定，当事人一方不履行合同义务或者履行合同义务不符合约定，给对方造成损失的，损失赔偿额应当相当于因违约所造成的损失，这里的"损失"就不仅包括直接损失，还包括了合同履行后可获得的利益。

（四）与其他民事主体的案件类型分析

主要是以下四类纠纷：

1. 委托合同纠纷。具体表现为：售电公司委托其他单位或个人为其开发市场化电力用户资源，提供售电业务服务，按合同约定内容完成委托事项，但未支付服务报酬引起的纠纷；售电公司委托他人办理售电公司注册手续引起的合同纠纷。

2. 中介合同纠纷。具体表现为：售电公司委托其他单位或个人为其提供客户资源、交

---

❶ 管泽成著：《售电合同性质及法律风险要点解析》，"售电星星"微信公众号2020年2月11日刊载。

易机会，或者充当交易中间人促成售电公司与电力用户签订购售电合同或电力交易委托合同，但未支付中介费引起的纠纷。

3. 不当得利纠纷。具体表现为：售电公司向受托人多支付委托费用而提起不当得利返还之诉。

4. 竞业限制劳动纠纷。具体表现为：售电公司因离职员工泄露客户名单等商业秘密导致客户流失引起纠纷。

5. 名誉权侵权纠纷。具体表现为：售电公司因其他售电公司在新媒体发布不实信息、作不实宣传导致其声誉降低、业务受损引起纠纷。

四、售电公司典型法律风险及对策

自2015年电力体制改革以来，售电市场放开，发电企业和电力用户通过电力直接交易或者中间人售电公司的购售电行为，以具有约束力的合同形式连接了起来，产生了电能买卖、电力交易委托等法律关系。市场主体多元化，交易合同类型、法律关系更为复杂，利益格局发生深刻变革，售电市场的法律环境还在不断调整变化、健全完善。各市场主体因为对自身利益的追求、对法律政策的理解不同，在售电市场中难免发生各种合同纠纷或侵权纠纷。

客观原因主要是法律、政策没有跟上售电侧改革的步伐并作出适应性调整。目前《电力法》及其配套行政法规、部门规章尚未涉及电力市场的内容，没有售电公司明确的职责定位和权利义务关系设置，一般性的法律条款又无法完全适用于售电领域。当前，只有《售电公司管理办法》《电力中长期交易基本规则》等一些规范性文件规范售电市场行为。而且，售电侧市场监管滞后，难以第一时间及时纠正电力交易中的违规行为，加之部分市场主体缺乏契约精神，从而引发各类纠纷。

主观原因是，部分售电公司为自身利益，无视合同约定和法律规定，不仅给对方造成了损失，也对电力市场环境造成了破坏。还有一些售电公司法律意识淡薄、管控风险能力不强，遭到其他市场主体侵害而引发纠纷。

（一）售电公司在电力交易业务中的典型法律风险

售电公司等市场主体更多关注售电业务和市场规则，往往容易忽略对合同风险的防范。而且，市场初期售电公司大多处于粗放经营，高度依赖价差。近几年，全国电力供应紧张，2021年10月12日印发《国家发展改革委关于进一步深化燃煤发电上网电价市场化改革的通知》(发改价格〔2021〕1439号)，允许燃煤发电交易价格在各省基准电价基础上上下浮动均不超过20%，高耗能用户不受上浮20%限制的情况下，电力市场交易价格开始出现高于基准电价情况，能升能降的市场环境逐步建立。售电公司向电力用户承诺的"让利"将可能无法兑现，售电公司违约纠纷凸显。

法律风险虽最终在案件中得以暴露，但却潜藏于售电公司与电力用户签订的合同细节之中、潜藏于合同履行的具体行为之中。梳理案例样本，售电公司的法律风险有来自自身的原因，也有来自发电企业、电力用户及其他民事主体。

1. 售电公司自身原因带来的典型法律风险

（1）售电公司实际成交电量低于购售电合同约定电量被判决向发电企业赔偿。如在（2019）豫0104民初1067号民事判决书中，案涉当事人双方订立的购售电合同中约定了"因甲方或乙方原因，造成实际直接交易电量占约定电量的比例低于95%，则低于合同电量95%的部分视为违约电量；对于违约电量，责任方按40元/兆瓦时向对方支付违约金"，法院依据合同约定判决售电公司向发电企业支付违约金。

（2）售电公司未按中介合同约定完成合同任务应向发电企业承担违约责任。如在（2018）云01民终4493号民事判决书中，法院认定售电公司未按照中介合同约定协助发电企业完成"月度省内电量市场双边协商交易"，违反合同约定，存在违约行为，判决其支付违约金。

（3）售电公司单方解除或者不履行电力交易委托合同，因此给对方造成损失的，应当赔偿损失。如在（2019）粤01民终5975号民事判决书中，因售电公司未能履行《电力交易合同》，自行在电力交易平台上撤销其与电力用户的代理关系，电力用户不得已与他人签订价格更高的合同，法院认为售电公司因其违约行为不履行案涉合同，应当赔偿电力用户的损失。

（4）售电公司有偿接受电力用户委托却没有购得电量，需向电力用户承担违约责任。如在（2020）辽02民再115号民事判决书中，法院认为售电公司未能积极妥善履行合同义务，未将双方签订的委托代理合同如期备案，具备市场交易主体资格，导致电力用户未能得到任何优惠电量，其对于未能完成委托事项存在过错，对电力用户造成的损失应予赔偿。

（5）售电公司因为自身原因承担购电偏差电量考核费。如在（2020）鲁03民终2707号民事判决书中，售电公司和电力用户双方合同中明确约定用电量偏差考核费用全部由售电公司承担，在双方履行合同过程中也实际产生了电量偏差考核费用，虽然电力用户发送催款函，售电公司也回函同意支付，但拖延并未支付，法院判决限期支付违约金。

（6）售电公司未按照合同约定向电力用户支付购电价差、电价优惠收益。如在（2020）苏02民终1422号民事判决书中，法院认为，合同约定双方对参与电力市场化交易的价差收益按比例分成，如电力用户所得价差收益不足2分/千瓦时，由售电公司补足，根据交易结果，售电公司应向电力用户补足价差收益，但其并未按约补足，构成违约，判决应支付该款项及逾期利息损失。

（7）售电公司未向提供售电业务代理服务的受托人支付报酬。如在（2019）粤0232民初764号民事判决书中，法院认为双方当事人就售电公司授权受托人代理销售和客户维护的事宜签订了《售电业务授权代理框架协议》，受托人依照售电公司委托开发了客户，但售电公司未向其支付报酬，故判决售电公司应向受托人支付该代理费用。

（8）售电公司未向完成中介服务促成交易的中介人支付中介服务费。如在（2019）粤06民终1906号民事判决书中，案涉中介人与售电公司签订《购售电居间服务合同》，中介人居间促成售电公司与电力用户签订购售电合同且已生效、履行，但售电公司以购售电合同履行亏损无须支付中介报酬为由拒不支付中介费，法院认为售电公司的主张没有事实和法律依据，判决售电公司限期支付中介费及违约金。

（9）售电公司未按照服务合同约定支付服务费。如在（2020）粤0113民初1607号民事判决书中，法院认为售电公司与服务提供者签订《管理服务合同》，服务者按照合同约定就售电公司与电力用户之间的购售电合同纠纷提供解决方案，达到降低违约赔偿金的目的，判决售电公司应当按照合同约定支付服务费和违约金。

2. 因发电企业的原因带来的典型法律风险

目前主要是发电企业委托售电公司代理售电但不支付委托代理服务费。如在（2019）陕0581民初990号一审民事判决书中，案涉售电公司认为其与发电企业签订《电量销售委托代理协议》，也依约促成该发电企业与多家电力用户达成直供电量交易，但是该发电企业并未依约支付委托代理服务费，因而起诉。该案尽管最终以和解撤诉，但发电企业不按照合同约定支付报酬也是售电公司的风险源之一。

3. 因电力用户的原因带来的典型法律风险

（1）电力用户提前解除电力交易委托合同给售电公司造成损失。如在（2018）粤0106民初2454号民事判决书中，法院认为案涉售电公司与电力用户双方签订委托合同，约定电力用户委托售电公司按电力交易规则规定的全电量交易模式购买其全部电量，但该电力用户之后书面通知解除委托合同，给售电公司造成损失，应当赔偿损失。

（2）电力用户委托售电公司代理交易后又与第三方另行签订同类委托合同。如在（2020）粤1284民初2006号民事判决书中，法院认为，电力用户与售电公司签订委托合同，委托售电公司代理其通过竞价购电，之后却另行委托第三方代理竞价购电，造成售电公司无法履行合同，售电公司因此要求电力用户赔偿损失符合法律规定，判决根据该电力用户用电量乘以竞价价差计算收益，再按售电公司所占的收益分成比例计算赔偿数额。

（3）电力用户不向售电公司交纳购电费。如在（2018）云01民初2394号民事判决书、（2020）云03执91号执行裁定书中，案涉电力用户向售电公司实际购电，仅支付部分购电款。电力用户向售电公司出函确认尚欠购电费金额，并按照利率6%计算资金占用费，法院判决电力用户支付上述款项。后，售电公司申请强制执行，但经法院调查，电力用户处于停产状态，无收入来源，名下账户内无可扣划资金，土地、厂房、设备有其他案件的查封，无可供执行的财产，裁定终结本次执行程序。

（4）电力用户未按照合同约定承担偏差电量考核费。如在（2018）冀0209民初3923号民事判决书中，法院认为，案涉售电公司与电力用户达成代理购电协议，因电力用户用电量未达到月度用电计划，导致产生偏差考核费用，双方经协商签订《偏差考核费用代缴协议》，且该笔费用发生系因电力用户用电未达到用电计划产生，也未能证明售电公司对发生该笔费用存在过错，因此在售电公司垫付该笔费用后，电力用户应按协议约定给付售电公司协议分摊金额及利息。

（5）电力用户不向售电公司支付电力交易委托服务费。如在（2020）云2502民初

1153号民事判决书中，法院认为，案涉售电公司按《购电委托合同》约定为电力用户在电力交易机构以大工业用电价格采购生产用电四个月，应依据合同约定在收到电网企业提供的电费结算清单后支付委托费用。但由于本案诉讼时效期间届满，售电公司理应收取电力用户的委托购电服务费不受法律保护。

4. 因其他民事主体的原因带来的典型法律风险

（1）离职员工侵害商业秘密、违背竞业限制义务导致售电公司客户流失。如在（2020）鄂01民终5813号民事判决书中，法院认为，售电公司与员工签订的聘用合同中约定了竞业限制的条款，员工申请辞职后又入职与该售电公司经营同类业务或者具有竞争关系的其他公司，从事售电工作，其行为违反了聘用合同中关于竞业限制的约定，依约应向售电公司支付违约金。

（2）其他售电公司发布不实信息导致商誉受损。如在（2020）鲁01民终4351号民事判决书中，法院认定Z电力售电有限公司在微信群中发布《郑重声明》，认为B售电公司假借Z电力售电有限公司及其母公司的名义进行跨省客户业务市场谈判，但Z电力售电有限公司并未提交证据证实其主张。Z电力售电有限公司的行为客观上影响了B售电公司的声誉，从而导致电力行业内对B售电公司的社会评价降低，侵犯了B售电公司的名誉权，判决赔偿其相应损失。

上述法律风险已经引发诉讼案件，或造成损失，或带来负面影响，售电公司应当高度关注售电业务的法律风险并积极应对。

（二）售电公司风险应对措施建议

1. 加强学习研究，掌握政策法规。大量的法律纠纷产生，源于售电公司或者电力用户缺乏契约精神，对信守承诺、严格履约的意识不强；对合同的基本规定、电力交易的相关规则未能完全熟悉掌握，导致合同约定不详尽、有漏洞，导致各方理解不一致、执行有偏差；随意解除合同，履约过程不注意留存证据，导致依法维权追究对方责任缺乏法律依据。只有交易各方遵守契约，切实履行合同，维护交易的稳定性，才能确保交易顺利进行，促进电力市场健康发展。

对此，售电公司应当全面学习《民法典》基本规定，掌握电力体制改革政策及电力交易基本规则，树牢合同意识、契约精神。研究电力交易涉及的合同以及交易规则，依据电力管理部门或电力交易机构发布的合同示范文本，制定条款完备、内容详尽的合同，对电力交易执行细节、可能违约的风险点事前约定详细的操作规则，堵塞合同漏洞。

2. 尊重交易实质，厘清合同关系。合同为辅助电力交易而生存，离开对电力交易核心内容的表达，合同不仅达不到规范、保障交易的目的，还可能成为捆绑交易各方的束缚。从已经发生的案件来分析，合同各方当事人对合同性质把握不准确，有的售电公司与电力用户签订的合同名为"供用电合同"，有的名为"售电合同"，由此产生的纠纷，起诉时对案由的认定也不一致，有的为买卖合同纠纷，有的为委托合同纠纷。实际上，买卖合同与委托合同的构成要件不同，各方权利义务不同，以买卖合同还是委托合同关系论，对各方

的权利义务、责任与风险分担自然不同。

因此,签订合同时,要把握好交易过程中各方当事人的实质性权利义务关系和交易安排,准确对合同类型进行定性。对于案由的确定,也要从案件反映出的售电公司的实际交易业务模式和双方的具体工作内容,来分析确定售电公司与电力用户间形成的法律关系是电能买卖合同关系还是委托合同关系。从合同法律风险防范角度,建议售电公司在合同中对交易标的、各方权利义务及具体工作内容作出明确的表述和界定,以便争议发生时能够准确识别、界定各方当事人之间实质的合同法律关系,从而准确适用法律。如在(2018)辽 02 民终 8272 号民事判决书中,因确定为委托合同,售电公司有过错才承担责任,而不是依据严格责任不问过错承担违约责任。

3. 依循交易流程,界定各方权责。合同风险源于合同内容安排不切实际、约定不详尽,也源于业务流程设置不合理、考虑不周全、执行有偏差。建议售电公司在电力交易合同中,以交易流程为轴,明确各方在电力交易平台操作各环节中的具体权利、义务、职责,明确交易各方在哪些环节需要对方配合、如何配合,才能确保交易能够正常推进,合同得到全面、适当地履行。如分析(2019)粤 01 民终 5975 号民事判决书,提示售电公司可以在合同中明确:售电公司是否有权选择几种交易方式的时序,电力用户应该在哪些情形下确认代理关系,哪些情形下售电公司可以单方解除合同而不视为违约,以及电力用户未配合交易流程导致的损失应如何分担等内容,这些细节均可在争议时作为判断过错方的依据❶。

4. 留存履约证据,防范诉讼风险。再完美的合同条款也不可能防范所有的法律风险。履约失信及其他原因都有可能导致合同风险。因此一定要注意保全、留存合同履行过程中产生的对话书证、短信微信、音频视频、往来函件、电子邮件等证据资料,以备发生纠纷处理案件时支撑自己的观点。"打官司就是打证据",售电公司在处理售电业务的过程中,应养成良好的证据意识。若存在对方违约的情况,应及时发函、协商,保留沟通记录以形成完整的证据链,才能确保自己的论据充分,支撑自己的诉争观点,说服对方,争取法院的支持。在很多案件中,售电公司或电力用户通过及时发函、协商索赔等形式固定证据,取得较好效果,有助于纠纷的解决和自身利益的保护。

5. 坚持合规经营,防范违约风险。电力市场发育初期,交易规则不完善,信用体系建设滞后,市场成员信息不对称,合同对市场主体的约束不严不紧,在侥幸或者对法律漠视的心理下,产生了大量争议、矛盾,一部分矛盾激化形成诉讼案件。对此,呼吁各方市场主体树立合规意识、严守契约精神,按照交易规则履行合同职责,本着诚信、公平原则与其他市场主体进行商业交往,全面如实履行合同义务,防范违约风险,减少违约成本。售电公司应合理制定交易策略,真诚对待电力用户。电力用户也应谨慎对待合同。也期望电力监管机构、政府主管部门、市场运营机构加强对售电公司、电力用户的监管及信用管理,并对失信企业进行惩戒,降低市场主体参与市场的风险,维护和规范电力交易市场秩序。

---

❶ 余小琴:《售电公司再陷纠纷 售电业务应如何防范合同法律风险》,载于"雨仁矿业律师"微信公众号(2019-8-8)。

第二章
售电公司与发电企业之间的合同纠纷

一、案件综述

（一）主要案件纠纷类型

电力市场中，购售电各方主体出现法律纠纷，其背后无非是双方利益的博弈。发电企业和售电公司是重要的市场主体，在购售电业务中，发电企业负责电力生产，需要将其生产的电能产品销售给电网企业、售电公司或者电力用户，售电公司可以通过双边协议或者集中竞价等市场化手段购买其电能或者担任发电企业的代理人提供售电服务。双方可以在市场中合作共赢、各取所需，但如果对交易风险管控不严，二者也可能发生法律纠纷。

一是售电公司实际交易电量低于交易合同约定电量被判决向发电企业承担违约赔偿责任。如在（2019）豫01民终17597号民事判决书中，案涉发电企业和售电公司签订了市场化交易合同，但最终双方的实际交易电量没有达到合同约定数量，法院认定售电公司构成违约，应按照合同约定的违约金条款承担违约责任。本案提示售电公司应尽可能准确预测电量，实现交易电量与约定合同电量差额不要超过合同约定的比例，防止偏差较大而承担违约责任。

二是发电企业委托售电公司售电但未支付委托服务费被索赔案。如在（2019）陕0581民初990号一审民事判决书中，案涉争议焦点是双方当事人之间签订了三份合同，根据实际履行的内容确定双方之间是委托合同还是电能买卖合同关系，从而确定应否支付委托服务费。按照原告诉请，发电企业与售电公司签订电力销售委托代理协议，委托售电公司进行市场开拓，售电公司促成发电企业与多家电力用户达成直接交易但未收到委托服务费，因而成诉，后本案发回重审［见（2020）陕05民终188号民事裁定书］，重审阶段售电公司申请撤回起诉获法院准许从而结案［见（2021）陕05民终2645号民事裁定书］。本案提示售电公司签订合同时，一定要明确约定交易安排具体内容和各方权利义务，以便顺利履行合同，也有利于发生纠纷后处理争议，定分止争。

三是售电公司未按中介合同约定完成合同义务应向发电企业承担违约责任案。如在（2018）云01民终4493号民事判决书中，法院认为，案涉发电企业和售电公司签订中介合同，约定售电公司为发电企业寻找电力用户，报告订立合同的机会，促成发电企业与电力用户达成合同，双方成立中介合同关系，但售电公司以其行为表示不履行主要义务，构成违约。本案提示售电公司应当严格按照合同约定及诚信原则履行其义务。

（二）主要案件争议焦点

在这些案件中，有一项争议焦点是发电企业委托售电公司代理其联系电力用户促成交易，双方合同关系是买卖合同还是委托合同？有时存在争议。在电力直接交易中，如果发电企业向电力用户直接售电，委托售电公司作为代理人为其开拓售电市场、寻找买方，双方订立购售电合同后向售电公司支付服务费，这种情形下发电企业与售电公司建立的是委托合同，电能的所有权是由发电企业直接转让给电力用户的。如果是售电公司通过电力批发市场向发电企业购买电能，再转售给电力用户，则与发电企业存在着购售电合同关系，也就是电能买卖合同，电能的所有权由发电企业转让给售电公司，再由售电公司转让给电力用户，发生两次所有权转让。

二、典型案件评析

1. 售电公司实际交易电量未达到合同约定电量而依照合同承担违约责任

案例1：A发电有限公司与B售电有限公司买卖合同纠纷案 ❶

一审原告、二审上诉人：A发电有限公司

一审被告、二审被上诉人：B售电有限公司

原告诉请：原、被告签订《售电公司与电厂双方市场化交易合同》，约定自2018年10月1日0时0分至2018年10月31日24时0分，被告从原告处购电总量为60000兆瓦时。因甲方或乙方原因，造成实际直接交易电量占约定合同电量的比例低于95%时，则低于合同电量95%的部分视为违约电量。被告代理电力用户月度实际用电量之和与被告该月交易安排电量的差值，作为该月被告的偏差电量。被告发生违约电量时，须按40元/兆瓦时的标准向对方支付违约金。合同履行期限届满后，经××省电力公司结算，被告2018年10月份实际交易电量仅为39749.209兆瓦时，相比被告当月的交易安排电量60000兆瓦时，发生偏差电量20250.791兆瓦时，偏差比例为33.75%。由此产生的违约电量为17250.791兆瓦时，依照合同约定，被告应

---

❶ 法律文书：（2019）豫0104民初1067号一审民事判决书、（2019）豫01民终17597号二审民事判决书。

向原告支付违约金 690031.64 元。原告诉至法院，请求判令：①被告支付违约金 231070.80 元。②本案全部诉讼费用由被告负担。

一审法院认定事实：2018 年 9 月 27 日，原告（发电企业、乙方）与被告（售电公司、甲方）签订《售电公司与电厂双方市场化交易合同》一份，主要约定自 2018 年 10 月 1 日 0 时 0 分至 2018 年 10 月 31 日 24 时 0 分，甲方从乙方购电总量为 60000 兆瓦时；因甲方或乙方原因，造成实际直接交易电量占约定电量的比例低于 95%，则低于合同电量 95% 的部分视为违约电量；对于违约电量，责任方按 40 元 / 兆瓦时向对方支付违约金。

诉讼中，原、被告对于双方实际交易电量均认可以第三方××省电力公司出具的公告结算表数据为准。原告提供第三方出具的 2018 年 10 月份、12 月份公告结算表显示被告自 2018 年 10—12 月份总计交易电量为 51223.23 兆瓦时。被告对该数据不予认可，本院就此向第三方进行调查，第三方回复除公告数据外，无其他数据。

一审法院认为：双方当事人签订的《售电公司与电厂双方市场化交易合同》合法有效。关于双方的实际交易电量，原告提供了第三方公告数据，被告虽提出异议，但未提供相反证据证明，并且本院经过调查亦未调取到其他数据，因此，被告针对其答辩主张举证不力，应当承担相应法律后果，对于原告诉请，本院予以支持。综上所述，判决如下：自本判决生效之日起十日内，被告向原告支付违约金 231070.80 元。

原告不服上诉，请求法院撤销一审判决；依法改判驳回被上诉人一审的诉讼请求或将本案发回重审；一、二审诉讼费用由被上诉人承担。

二审法院经审理查明事实与原审查明事实相一致。

二审法院认为，本案中，双方签订的《售电公司与电厂双方市场化交易合同》，系双方的真实意思表示，合法有效，双方当事人均应依约履行。双方在该合同中第 7 章 7.2 约定："双方协商同意：甲乙双方委托承担输配电服务的××省电力公司进行结算。"关于双方的实际交易电量，A 发电有限公司提交了第三方公告交易电量数据，B 售电有限公司对该数据不予认可，一审法院亦向第三方进行调查，第三方回复除公告数据外，无其他数据。依据涉案合同约定以及公告交易电量数据，B 售电有限公司构成违约，其应承担相应的违约责任。综合本案案情及现有在案证据，一审法院判决并无不当。判决如下：驳回上诉，维持原判。

【分析】

从案件当事人订立的合同内容及法院认定来看，本案是一起购售电合同引起的买卖合同纠纷，因售电公司未能按照合同约定的电量购买，构成违约，而被发电企业起诉。

一、本案中的交易合同属于买卖合同

《民法典》第五百九十五条规定："买卖合同是出卖人转移标的物的所有权于买受人，买受人支付价款的合同"。其中，出卖人是指按照约定交付标的物并转移标的物所有权的人，买受人是指支付价款并接受标的物所有权的人。买卖合同的标的物主要是有体物，不包括权利的转让。所谓有体物，是指具有一定的物质形体，能够为人们所感知的物，包括了动产和不动产，凡是具有一定价值的财产，都可以作为买卖的标的物。它不仅包括占有一定空间的有形物（各种固体、液体和气体），还包括电、热、声、光等自然力或"能"❶。因此，电能属于有体物，以销售电能、转让电能所有权为内容的合同也属于买卖合同，包括实践中常见的供用电合同、购售电合同。

本案中，根据案涉《售电公司与电厂双方市场化交易合同》约定的内容，售电公司向发电企业购买电量，并转售给电力用户，发生电能产品所有权的转移，且电力用户支付对应的价款，属于常见的购售电行为。其中售电公司参加电力市场交易向发电企业购电，与发电企业达成购售电合同，也就是以电能产品为标的物的买卖合同。因此，本案因履行该合同发生纠纷，法院将案由定性为买卖合同纠纷。

二、本案售电公司因实际交易电量未达到约定交易电量而构成违约

数量属于买卖合同的主要条款而且是必备条款，标的明确、数量确定，是买卖合同成立的前提条件。对于标的物数量在交付时如果存在偏差，也应当在合同中明确约定处理办法，以防将来发生争议。如果当事人实际交付的标的数量达不到合同约定数量，属于不完全履行的违约行为，也就是"履行合同义务不符合约定"，应当按照《民法典》第五百七十七条规定承担违约责任。

对于购售电合同而言，交易电量就属于其必备条款。在电力直接交易中，电力用户或售电公司应当按照合同约定的交易电量向发电企业购买电能，如果实际购买的电量达不到合同约定的电量，就构成违约，应当按照合同约定或者法律规定承担违约责任。对于实际交易电量与购电合同中约定的合同电量之间的差额，称之为"偏差电量"，电力市场中对偏差电量将予以考核。因偏差电量引起的损失应当由违约方来承担。发电企业与售电公司签署的购售电合同中，对偏差电量一般有相应的违约责任条款。

本案中，双方订立的《售电公司与电厂双方市场化交易合同》已经明确约定了交易电量，并明确约定了实际交易电量有偏差时的处理办法，即：实际交易电量占约定交易电量的比例低于95%的部分视为违约电量，对于违约电量，责任方按40元/兆瓦时向对方支付违约金。

三、售电公司违约应当承担严格责任，第三方有无过错都不影响其自身的责任

《民法典》第五百七十七条规定："当事人一方不履行合同义务或者履行合同义务不符合约定的，应当承担继续履行、采取补救措施或者赔偿损失等违约责任"，将严格责任作为违约责任的一般归责原则规定下来。一般理解，严格责任，是指不论违约方主观上有无过错，只要其不履行合同债务或未完全履行，给对方当事人造成了损害，就应当承担合同责任。严格责任下，不可抗力和债权人的违约可以作为债务人免除或减轻责任的抗辩事由，正如《民法典》第五百九十条规定的"当事人一方因不可抗力不能履行合同的，根据不可抗力的影响，部分或者全部免除责任……"及第五百九十二条规定的"……对方对损失的发生有过错的，可以减少相应的损失赔偿额"。

就本案而言，售电公司实际交易电量未达到合同约定交易电量，偏差达到5%以上，合

---

❶ 李双元主编：《比较民法学》，武汉大学出版社，1998，第247页。

同将其约定为违约行为且明确约定了违约责任，对此售电公司应当依据合同约定承担违约责任，即按 40 元/兆瓦时向对方支付违约金。而且依据严格责任，发电企业的举证责任是证明实际交易电量和约定电量之间存在偏差超过 5% 即可，售电公司有无过错并不在考察应否承担违约责任的视野。

由于电能产品的特殊性，它是一种无形物，具有能量化、非形态化的特点，在计量上会采用不同于一般商品的计量方式。市场化交易电量，以发电企业与电网企业的产权分界点交易关口计量电量为准。本案法院也是按照第三方××省电力公司出具的电量数据作为证据判定售电公司是否存在违约行为。即使电量偏差是因第三方原因导致（如电网企业、电力交易机构调整数据采集周期、提供结算依据错误）的，根据合同的相对性原理，也属于售电公司与第三方的责任，不影响售电公司因其实际交易电量不满足合同约定电量而向发电企业应承担的违约责任。正如《民法典》第五百九十三条明确规定："当事人一方因第三人的原因造成违约的，应当依法向对方承担违约责任。当事人一方和第三人之间的纠纷，依照法律规定或者按照约定处理。"

【启示】

本案标的不大，但意义重大，对规范电力市场有一定示范作用和启示意义。售电公司应尽可能准确预测电量，实现交易电量与约定合同电量差额不要超过合同约定的比例，防止偏差较大构成违约要承担违约责任。如果电量偏差因电力用户原因导致，可以在与电力用户的售电合同中将其约定为违约行为，而转嫁电量偏差给自己造成损失的风险。如果确实是因为电网企业用电量数据采集出现错误，电力交易机构调整数据采集周期、提供结算依据错误等原因出现电量偏差，要及时与该第三方沟通，调整实际交易电量，取得证据，避免出现违约。

2. 发电企业与售电公司订立的是购售电合同还是委托合同

案例 2：A 售电有限责任公司与 B 发电有限公司合同纠纷案 ❶

一审原告、二审上诉人：A 售电有限责任公司

一审被告、二审被上诉人：B 发电有限公司

原告 A 售电有限责任公司诉讼请求：①判令被告依协议向原告支付委托代理服务费 1359 万元及违约金 407 万元。②判令被告承担本案的诉讼费。事实和理由：原告与被告签订《电量销售委托代理协议》，约定被告就直供电交易委托原告进行市场开拓。合同签订后，原告依约促成被告与多家电力用户直供电量交易 11.02 亿千瓦时，但被告并未依约向原告支付委托代理服务费。

一审法院认定事实：2018 年 3 月，原、被告签订电量销售委托代理协议及电力用户与发电企业直接交易购售电合同各一份，并与××省电力公司签订电力用户与发电企业直接交易输配电服务合同一份。

---

❶ 法律文书：（2019）陕 0581 民初 990 号一审民事判决书、（2020）陕 05 民终 188 号二审民事裁定书、（2021）陕 05 民终 2645 号二审民事裁定书。

电量销售委托代理协议第二条约定：乙方（即被告，下同）委托甲方（即原告，下同）提供开发电力市场用户服务，甲方接受乙方的委托，开发电力用户，促成直接交易电量11.02亿千瓦时。第三条约定：双方同意，交易电量的最终优惠价格为4分/千瓦时（含结算优惠电价和委托代理服务费）。第五条约定：本协议有效期自2018年1月1日起至2018年6月30日止，协议期满本协议终止。协议还对结算支付作了约定。

电力用户与发电企业直接交易购售电合同第4章"电能交易及辅助服务"4.1约定：甲乙双方同意，自2018年1月1日0时0分至2018年6月30日24时0分，甲方从乙方购电总量为1102057兆瓦时。第7章"交易电价与电量结算"7.2约定：直接交易价格为325.1元/兆瓦时。第8章"电费结算和支付"8.2约定：双方协商同意，甲乙双方委托承担输配电服务的××省电力公司进行结算。电费结算及支付方式在另行签署的电力用户与发电企业直接交易输配电服务合同中明确。合同还对其他事项作了约定。

电力用户与发电企业直接交易输配电服务合同第4章"过网电量和负荷"4.1约定：本合同各方同意，根据大用户与发电企业直接交易购售电合同中的有关约定，丙方（即××省电力公司）输送过网直接交易电量为1102057兆瓦时（计量侧为甲方侧）。第6章"输配电价和辅助服务"6.2约定：直接交易价格为325.1元/兆瓦时。

2018年1月1日至2018年6月30日，原告通过价差模式与被告发生电量交易1132716517千千瓦时❶，共产生电费368246139.67元，该交易已通过××省电力公司结算完毕。

2018年1月1日至2018年6月30日，原告通过代理模式与被告发生电量交易为0。

一审法院认为，本案原、被告分歧的焦点是二者之间发生的交易是买卖合同关系还是委托代理关系。第一，从代理的概念来说，代理是代理人于代理权限内，以被代理人的名义向第三人为意思表示或受领意思表示，而该意思表示直接对被代理人生效的民事法律行为。《民法总则》第162条❷规定：代理人在代理权限内，以被代理人的名义实施的民事法律行为，对被代理人发生效力。就本案来说，原告在与被告签订电量销售委托代理协议后并没有以被告的名义与第三方签订合同，而是以自己的名义与第三方签订合同，其后果对被告并不发生效力，因此不符合代理的特征。

第二，从原、被告分别提交的电量电费结算单来看，原、被告之间通过代理模式交易的电量为0，并没有通过代理模式发生电量交易。

综上，原、被告之间虽然签订了电量销售委托代理协议，同时也签订了电力用户与发电企业直接交易购售电合同，根据双方提交的证据足以认定二者之间履行的是电力用户与发电企业直接交易购售电合同，并未履行电量销售委托代理协议，原告请求判令被告支付委托代理服务费1359万元及违约金407万元的诉讼请求没有事实及法律依据，依法不予支持。判决如下：驳回原告的诉讼请求。案件受理费127760元，由原告负担。

A售电有限责任公司因不服一审民事判决，提起上诉。二审法院作出民事裁定。法院认为，

---

❶ 裁判文书网上的裁判文书原文如此，推测此处的"千千瓦时"应改为"千瓦时"。
❷ 《民法典》第一百六十二条内容同此。

该案存在的主要问题：

1. 双方当事人之间的法律关系。双方当事人之间签订了《电量销售委托代理协议》《电力用户与发电企业直接交易购售电合同》《电力用户与发电企业直接交易输配电服务合同》，三份合同并不是相互独立存在，根据约定最终的优惠部分属于差价还是委托服务费，应根据查明情况向当事人释明。

2. 优惠价格是否履行。根据《电量销售委托代理协议》约定交易电量的最终优惠价格为4分/千瓦时（含市场交易价格和委托代理服务费），在履行《电力用户与发电企业直接交易购售电合同》《电力用户与发电企业直接交易输配电服务合同》两份合同过程中，上诉人通过两份市场销售合同已经在价格上优惠了2.8分，对于委托代理服务费形式的优惠部分没有履行，所以委托代理服务费形式的优惠是否应当由被上诉人履行义务。

综上所述，二审期间出现新证据，导致案件事实认定不清，可能影响案件公正判处。裁定如下：①撤销一审民事判决。②本案发回一审法院重新审理。

后，一审法院重审本案作出一审民事判决，A售电有限责任公司不服上诉；在二审审理期间，A售电有限责任公司提出撤回起诉的请求，法院裁定予以准许，并裁定撤销一审民事判决。

【分析】

本案的争议焦点是案涉纠纷是买卖合同纠纷还是委托合同纠纷，本质上取决于发电企业与售电公司履约的是购售电合同还是委托合同。因双方履约内容、权利义务不能确定，无法准确认定其案由。通过这个案件也引发我们的思考，正是因为当事人签订两份内容不同的合同，实际履约内容有分歧，从而导致对案涉合同类别、案由都存在疑义。可借此厘清发电企业与售电公司所签订合同的类型及法律纠纷案由。

一、合同类型是买卖合同还是委托合同

对于电力直接交易产生的合同来说，发电企业与售电公司订立的合同不管其名称是购售电合同，还是售电代理协议，抑或是电力交易委托合同，在实务中定性为买卖合同还是委托合同，需要根据合同当事人约定的内容、权利义务及交易的细节来认定。

如第一章所述，在电力直接交易中，发电企业直接向电力用户直接售电的，可以委托售电公司作为委托人为其开拓售电市场、寻找买方，并向售电公司支付委托代理服务费，这种情形下发电企业与售电公司建立的是委托合同，履行合同的结果是电能的所有权由发电企业直接转让给电力用户，售电公司并不取得电能所有权。如果是售电公司向发电企业购买电能，再转售给终端电力用户，则双方存在购售电合同关系，也就是电能买卖合同，电能的所有权先是由发电企业直接转让给售电公司，再由售电公司转让给电力用户。由于电能为无形之物，电能产品的生产与交付直至到终端电力用户消费通过电网企业的输配电设施瞬间、同时完成，从外观很难展示出来所有权转移的过程，看不出谁在实际交付，似乎都是"电网企业"。形象地说，电能的转让过程、环节可以说是在"纸面"上或"电力市场交易系统"中完成的。

从电费结算方式来看，不管是委托合同下售电公司应收取的委托代理费（可能是价差分成），还是购售电合同下售电公司收取的减除上网电费后的价差部分，都是由电网企业从电力用户支付的购买价格中清分后直接向各市场主体结算、支付其应得的部分，不是在发电企业与售电公司二者之间直接结算、支付，从外观上看发电企业得到的是上网电费、售电公司得到的是售电价差收入或委托代理费，电网企业得到的是输配电费用及附加部分，因此不论哪种合同模式，发电企业、电网企业得到的电费性质是相同的，而售电公司得到的部分，其性质有赖于合同的约定，如果其与发电企业的合同约定不清楚，也就很难区分是购售电行为收益的价差，还是受托售电的委托代理费。

因此，要区分是买卖合同还是委托合同，从电能的交付外观是比较难以区分的，不像有形物的交易至少能看出来是从谁的手中交付到谁的手中，不动产的交易也可以从使用权或所有权登记记录中可以知道从谁名下变更登记到谁的名下而完成所有权转移。此时，就应当回到合同本身，从合同的内容和交易过程来确定合同性质。比如合同中发电企业与电力用户有无直接交易的合同，如果只有发电企业与售电公司的购售电合同，发电企业与电力用户之间没有直接的交易合同，售电公司另与电力用户有售电合同，则发电企业与售电公司一般建立的是买卖合同关系而不是代理售电的委托合同关系。另外，要看售电公司的收益是价差还是按交易电量收取一定的委托费用。一般情况下，价差归属于售电公司的情况下，售电公司一般是购电后售电给电力用户，属于买卖合同；如果按交易电量收取一定的委托费用或者约定价差由发电企业与售电公司按照一定比例分成或者按照固定费率支付给售电公司报酬，则一般发电企业与售电公司建立的是委托合同关系。

本案一审法院试图先从市场主体之间有无合同来分析，售电公司在与发电企业订立合同之后并没有以发电企业名义与电力用户订立合同，而是以自己的名义与电力用户另行订立合同，故认定发电企业与电力用户没有合同关系，而与售电公司建立买卖合同关系。另外，二审法院试图根据合同约定最终的优惠部分属于价差还是委托服务费来认定合同的性质，这个鉴别方法也是值得借鉴的。

二、案由是买卖合同纠纷还是委托合同纠纷抑或其他

民事案件案由是民事案件名称的重要组成部分，反映案件所涉及的民事法律关系的性质。在审判实践中，法官适用民事法律处理民事纠纷时，首先应当对所涉及的民事法律关系进行定性。只有确定了民事法律关系的性质，才能够准确地适用民事法律，正确地处理民事纠纷。因此，案由确定的正确与否，直接影响到正确适用法律的问题。第一审法院立案时应当根据当事人诉争法律关系的性质，首先应适用《民事案件案由规定》列出的第四级案由；第四级案由没有规定的，适用相应的第三级案由；第三级案由中没有规定的，适用相应的第二级案由；第二级案由没有规定的，适用相应的第一级案由。当事人起诉的法律关系与实际诉争的法律关系不一致的，人民法院结案时应当根据法庭查明的当事人之间实际存在的法律关系的性质，相应变更案件的案由[1]。

根据《民事案件案由》规定，"合同、准合同纠纷"为一级案由，"合同纠纷"为其下的二级案由，该案由下有缔约过失责任纠纷、预约合同纠纷、确认合同效力纠纷、买卖合

---

[1] 详见《最高人民法院关于修改〈民事案件案由规定〉的决定》（法〔2020〕346号）。

同纠纷、委托合同纠纷、中介合同纠纷等 70 个三级案由，部分三级案由下还列举了一些典型的、常见的四级案由，如"确认合同效力纠纷"项下有确认合同有效纠纷、确认合同无效纠纷两个四级案由，中介合同纠纷项下没有四级案由，供用电合同纠纷属于与买卖合同纠纷、中介合同纠纷同级别的三级案由。

　　本案中，如前所述，当事人之间发生的交易是买卖合同关系还是委托合同关系，存在争议，原告起诉追索委托代理费，可以说是以委托合同纠纷的案由起诉的，法院首先对其所涉及的民事法律关系进行定性，经过分析论证属于买卖合同，可以定性为买卖合同纠纷。二审法院认为当事人之间的合同法律关系没有查清而发回重审，实际上导致该案由扑朔迷离，只好以二级案由"合同纠纷"来定性。

　　【启示】
　　（1）本案由于同时签订两份内容不同的合同，合同实际履行内容不明确，导致法院认定当事人之间的合同关系产生分歧，到底是购售电合同还是代理售电的委托合同，取决于合同内容如何约定，取决于实际履行行为。因此，售电公司与发电企业之间签订合同时，一定要明确约定交易安排具体内容和各方权利义务，以便顺利履行合同，也有利于发生纠纷后处理争议，因为"当事人之间的约定就是法律""有约定从约定"，法院首先会按照双方约定来处理纠纷。

　　（2）起诉时，当事人也应当准确确定案由，这决定了当事人的举证责任及权利义务的认定。法院会尊重当事人的案由主张，当然法院审理案件时如果认定当事人起诉的法律关系与实际诉争的法律关系不一致，将会根据法庭查明的当事人之间实际存在的法律关系的性质，相应变更案件的案由。

3. 售电公司未按中介合同约定完成合同义务应向发电企业承担违约责任

案例 3：A 售电有限公司、B 发电有限公司居间合同纠纷案 ❶

一审原告（反诉被告）、二审被上诉人：B 发电有限公司
一审被告（反诉原告）、二审上诉人：A 售电有限公司

B 发电有限公司起诉请求：1. 解除原被告签订的《电力市场化交易代理咨询服务合同》（以下简称"咨询合同"）；2. 被告 A 售电有限公司支付原告 B 发电有限公司违约金 90 万元。

A 售电有限公司反诉请求：反诉被告 B 发电有限公司支付反诉原告 A 售电有限公司违约金 90 万元。

一审法院认定事实：A 售电有限公司与案外人某磷化工有限公司签订《电力市场化交易代理咨询服务合同》一份，约定 A 售电有限公司为某磷化工有限公司开展 2017 年 8 月至 2017 年 10 月月度省内电量市场双边协商交易购电咨询服务工作，A 售电有限公司按照与某磷化工有限公司约定的电量、电价为某磷化工有限公司寻找发电企业，协调与发电企业的洽谈合作，指导完成电量交易的申报和确认，某磷化工有限公司每月应支付的咨询服务费为当月结算电量乘以当月差价，其中当月差价为双方约定电价减去实际成交价，差价等于 0 元时，不收取代理服

---

❶ 法律文书：（2018）云 01 民终 4493 号二审民事判决书。

务费。

2017年8月3日，B发电有限公司的工作人员与A售电有限公司的工作人员通过短信方式就电力销售事宜进行了磋商，双方确定由A售电有限公司按每千瓦时0.12元的价格为B发电有限公司寻找用电企业。

2017年8月4日，A售电有限公司与B发电有限公司签订咨询合同一份。咨询合同约定，由A售电有限公司代理原告（反诉被告）开展B发电有限公司月度（2017年9月）省内电量市场双边协商交易售电咨询服务工作，B发电有限公司提供的电量为3000万千瓦时，原被告约定电价为每千瓦时0.12元，除A售电有限公司同意外，B发电有限公司每月度双边调整电量不超过3000万千瓦时的正负5%；A售电有限公司与用电企业在昆明电力交易系统中完成年度市场双边协商交易的申报和确认工作，并经安全校核成功后，代理工作完成。咨询合同第二条约定，合同期限为2017年8月4日至2017年9月30日。第三条约定，合同双方当事人互不支付咨询服务费。第四条第一款第四项约定："如因市场变化导致当月售方撮合平均价低于双方约定电价，甲方应在当月月度双边交易电价调整期内将成交电价调整为当月售方侧撮合平均价。同时双方的约定电价变更为当月售方侧撮合平均价。"第五条约定："违约责任：……2.若甲方未能按约定电价提供约定电量则视为甲方违约，甲方应按（3000万千瓦时－成交电量）×0.03元/千瓦时赔偿乙方。3.若乙方未能按照约定电量为甲方寻找到用户进行电量匹配的则视为乙方违约，乙方应按（3000万千瓦时－成交电量）×0.03元/千瓦时赔偿甲方。"

2017年8月10日，昆明电力交易公司发布双边交易通知，第二条载明："2017年9月省内电量市场月度双边协商交易发电企业登录交易系统填报双方协商电量及价格，用电企业登录交易系统确认，申报截止时间为8月17日16时，逾期不予受理。"

2017年8月11日，B发电有限公司的工作人员通过电话方式与A售电有限公司的法定代表人就履行咨询合同相关事宜进行了沟通，后者告知合同约定电价过高，无法按约定电价履行合同，并要求B发电有限公司降低电价。

2017年8月13日，B发电有限公司委托律师事务所发出《律师函》，要求A售电有限公司于2017年8月15日16时00分前回函告知是否愿意继续履行咨询合同，并告知如果不予回复的，将视为拒绝履行咨询合同，B发电有限公司将另行处置合同约定电量。

2017年8月16日，A售电有限公司与某磷化工有限公司签订《关于2017年8-10月月度自由协商交易电量及电价调整方案的函》，约定将双方约定的2017年9月月度双边交易电量变更为3500万千瓦时，其中2000万千瓦时电量的服务佣金按每千瓦时0.006元收取，另外1500万千瓦时的电量不收取服务佣金。

2017年8月17日，A售电有限公司作出《关于2017年9月电力市场化交易电量匹配的函》，载明其已找到用电企业，交易户号为0504001900575020，需电量为3000万千瓦时，电价为每千瓦时0.120元，并告知B发电有限公司接到函件后进行电量系统申报匹配和交易。当日15时44分，A售电有限公司通过电子邮件方式将上述函件发送给B发电有限公司，并通过电话方式告知已将相关信息发送到B发电有限公司的邮箱，要求B发电有限公司安排处理。

另查明，2017年8月1日至2017年8月31日，B发电有限公司在电力交易系统申报省内月度双边协商交易电量及电价等具体情况（略）。

一审法院认为，双方争议的焦点为：①原被告双方是否存在违约行为。②如果存在违约责任，违约金应如何计算。

关于第一个争议焦点。本院认为，原被告签订咨询合同，约定A售电有限公司为B发电有限公司报告订立合同的机会、提供订立合同的媒介服务，根据《合同法》第四百二十四条❶规定，原被告之间成立居间合同关系，合同当事人应按约定履行各自义务。根据双方在咨询合同中的约定，A售电有限公司的主要义务为：寻找用电企业，将用电企业信息告知B发电有限公司，促成B发电有限公司与用电企业达成合同；B发电有限公司的主要义务为：按A售电有限公司提供的用电企业信息在电力交易系统进行交易申报，提供合同约定的电量。上述合同义务具有先后履行顺序，亦即A售电有限公司应先按合同约定寻找到用电企业，并将相关信息告知B发电有限公司，然后由B发电有限公司申报交易并提供电量。

关于A售电有限公司是否存在违约行为的问题。本院认为，首先，双方约定的合同期限为2017年8月4日至2017年9月30日，但是双方并未对应提供申报信息的截止时间予以明确，根据电力交易方案及双边交易通知的规定，省内电量市场月度双边协商交易，需先由发电企业登录交易系统填报双方协商电量及价格，然后由用电企业登录交易系统予以确认，故A售电有限公司至少应于2017年8月17日16时00分前将用电企业的相关信息提供给B发电有限公司，以完成在电力交易中心的申报；由于交易申报需要发电企业与用电企业通过电力交易系统进行，根据《合同法》第六十二条第四项❷规定，被告A售电有限公司在上述期限内提供信息时，应当给B发电有限公司及用电企业必要的准备时间。本案中，A售电有限公司方于2017年8月17日15时44分亦即交易系统关闭前16分将交易信息以电子邮件方式告知B发电有限公司。本院认为，A售电有限公司的上述行为难谓为B发电有限公司留足了必要的准备时间。

其次，根据A售电有限公司提交的证据，其已于2017年7月13日亦即原被告签订咨询合同之前即寻找到了需电量为2000万千瓦时的用电企业，并与其达成合同，但是从咨询合同签订至2017年8月17日15时44分期间，A售电有限公司并未将相关信息提供给B发电有限公司。

再次，2017年8月11日，即在双边交易通知发布后，B发电有限公司主动与A售电有限公司取得联系，就履行咨询合同相关事宜进行协商，但是A售电有限公司提出降低电价的要求，对咨询合同的效力提出质疑，并对B发电有限公司关于是否继续履行合同的询问不予回复。

最后，鉴于A售电有限公司的上述行为，B发电有限公司于2017年8月13日及8月15日向A售电有限公司发出《律师函》，敦促其履行合同，但是A售电有限公司并未作出任何回复。

综上，本院认为，从咨询合同签订之日至2017年8月15日期间，亦即在履行期限届满之前，A售电有限公司以自己的行为表明不履行主要义务，且经催告后在合理期限内仍未履行，A

---

❶ 《民法典》第九百六十一条　中介合同是中介人向委托人报告订立合同的机会或者提供订立合同的媒介服务，委托人支付报酬的合同。

❷ 《民法典》第五百一十一条　当事人就有关合同内容约定不明确，依据前条规定仍不能确定的，适用下列规定：……（四）履行期限不明确的，债务人可以随时履行，债权人也可以随时请求履行，但是应当给对方必要的准备时间。

第二章　售电公司与发电企业之间的合同纠纷

售电有限公司的行为已构成违约。根据《合同法》第九十四条第二项、第三项[1]规定，B 发电有限公司可以在合同期限届满前行使法定解除权，单方解除合同。但是在双方约定的合同期限内，B 发电有限公司并未按上述法律规定行使法定解除权，而是另行通过月度双边协商交易方式选择用电企业，将咨询合同约定的电量予以出售，并拒绝继续履行咨询合同。

对于 B 发电有限公司的上述行为是否违约的问题。本院认为，首先，由于双方约定的交易电量为 3000 万千瓦时，A 售电有限公司已以其行为表示不履行主要义务，且此时距离电力交易系统关闭时间较短，在此情况下，如果 B 发电有限公司不对咨询合同中约定的电量予以处理，必然将会给 B 发电有限公司造成巨大的经济损失，因此，B 发电有限公司自行选择通过月度双边协商交易方式将电量出售给其他用电企业的做法实属合法合理，难谓违约之说。

其次，虽然 A 售电有限公司于交易系统关闭前向 B 发电有限公司提供了用电企业的信息，但是其提供信息的时间已超过法律规定的合理期限，且 B 发电有限公司已通过其他途径将咨询合同约定的部分电量予以出售，B 发电有限公司因此拒绝继续履行合同，根据《合同法》第六十七条[2]规定，A 售电有限公司履行债务不符合约定的，后履行一方亦即 B 发电有限公司有权拒绝其相应的履行要求。

再次，关于 B 发电有限公司拒绝降低电价是否合理的问题。本院认为，根据双方在咨询合同中的约定，电价为每千瓦时 0.12 元，该约定合法有效，原被告均应受其约束，A 售电有限公司要求 B 发电有限公司降低电价的要求无事实及法律依据，B 发电有限公司因此拒绝降低电价的行为并无不当。质言之，如果 A 售电有限公司认为双方约定的价格过高，其也可以依据咨询合同第四条第一款第四项的约定，在电力交易中心公布当月售方侧撮合平均价之后，按咨询合同的约定对电价予以调整，而非基于自己对市场交易电价的预判要求对方降低电价，另据昆明电力交易公司发布的数据，当月通过集中撮合方式交易的平均价为每千瓦时 0.13007 元，明显高于双方约定的每千瓦时 0.12 元的价格。

综上，本院认为，被告 A 售电有限公司作为从事电量交易的居间人，其获得报酬的方式为其与发电企业及用电企业之间约定电价的差价。A 售电有限公司在原、被告签订咨询合同之前就已签订了 2000 万千瓦时的合同，被告 A 售电有限公司未在合理期限内按咨询合同约定从事居间活动，而是在临近电力交易系统关闭前要求原告 B 发电有限公司降低电价，致使原告 B 发电有限公司面临巨大的市场风险，被告 A 售电有限公司的行为不仅构成违约，更违反了《合同

---

[1] 《民法典》第五百六十三条　有下列情形之一的，当事人可以解除合同：（一）因不可抗力致使不能实现合同目的；（二）在履行期限届满前，当事人一方明确表示或者以自己的行为表明不履行主要债务；（三）当事人一方迟延履行主要债务，经催告后在合理期限内仍未履行；（四）当事人一方迟延履行债务或者有其他违约行为致使不能实现合同目的；（五）法律规定的其他情形。以持续履行的债务为内容的不定期合同，当事人可以随时解除合同，但是应当在合理期限之前通知对方。

[2] 《民法典》第五百二十六条　当事人互负债务，有先后履行顺序，应当先履行债务一方未履行的，后履行一方有权拒绝其履行请求。先履行一方履行债务不符合约定的，后履行一方有权拒绝其相应的履行请求。

法》第六条❶规定的诚实信用原则。根据《合同法》第一百零七条❷及咨询合同的约定，原告B发电有限公司要求被告A售电有限公司承担违约责任的主张有事实及法律依据，本院予以支持。反诉原告A售电有限公司认为反诉被告B发电有限公司违约，并要求反诉被告B发电有限公司承担违约责任的诉讼请求无事实及法律依据，本院予以驳回。

关于第二个争议焦点。本院认为，根据合同法第一百一十四条❸规定，无论合同当事人之间约定的是违约金还是约定因违约产生的损失赔偿额的计算方法，均应以违约方的违约行为对守约方造成的损失为参照。关于原告B发电有限公司的损失问题，本院认为，根据电力交易公司出具的《B发电有限公司成交清单（2017年8月1日起至2017年8月31日）》载明的交易数据，原告B发电有限公司于2017年8月16日通过省内月度双边协商交易方式成交的电量为3373千瓦时，成交平均价为每千瓦时0.09366元［（623万×0.101+2750万×0.092）÷3373万］，该价格低于原被告双方约定的价格，被告A售电有限公司的违约行为给原告B发电有限公司造成了损失，则被告A售电有限公司给原告B发电有限公司造成的直接经济损失为79.02万元［3000万元×（0.12-0.09366）］。关于A售电有限公司认为B发电有限公司已通过"自主挂牌-电厂挂牌，用户摘牌"和"增量挂牌交易"等方式进行了电量交易，故不存在损失的辩解。本院认为，根据电力交易公司出具的《B发电有限公司成交清单（2017年8月1日起至2017年8月31日）》，B发电有限公司采用"自主挂牌-电厂挂牌、用户摘牌、增量挂牌交易"等方式交易电量的行为并不影响已经造成损失的事实。A售电有限公司的上述辩解无事实依据，本院不予支持。

关于违约金应如何计算的问题。根据双方在咨询合同第五条的约定，由于被告A售电有限公司居间交易的电量为0，则违约金为90万元［（3000万元-0）×0.03］。原告B发电有限公司主张违约金90万元有合同依据，本院予以支持。

关于原告B发电有限公司要求解除咨询合同的诉讼请求。本院认为，双方约定的合同期限为2017年8月4日至2017年9月30日，根据合同法第四十六条❹规定，咨询合同已于2017年9月30日失效，双方的权利义务早已终止，原告B发电有限公司的该诉讼请求无事实及法律依据，本院予以驳回。

据此，判决：①被告A售电有限公司于本判决生效之日起十日内支付原告B发电有限公司违约金90万元。②驳回原告B发电有限公司的其他诉讼请求。③驳回反诉原告A售电有限公

---

❶ 《民法典》第七条　民事主体从事民事活动，应当遵循诚信原则，秉持诚实，恪守承诺。

❷ 《民法典》第五百七十七条　当事人一方不履行合同义务或者履行合同义务不符合约定的，应当承担继续履行、采取补救措施或者赔偿损失等违约责任。

❸ 《民法典》第五百八十五条　当事人可以约定一方违约时应根据违约情况向对方支付一定数额的违约金，也可以约定因违约产生的损失赔偿额的计算方法。约定的违约金低于造成的损失的，人民法院或者仲裁机构可以根据当事人的请求予以增加；约定的违约金过分高于造成的损失的，人民法院或者仲裁机构可以根据当事人的请求予以适当减少。当事人就迟延履行约定违约金的，违约方支付违约金后，还应当履行债务。

❹ 《民法典》第一百六十条　民事法律行为可以附期限，但是根据其性质不得附期限的除外。附生效期限的民事法律行为，自期限届至时生效。附终止期限的民事法律行为，自期限届满时失效。

司的诉讼请求。

上诉人 A 售电有限公司上诉请求：撤销一审判决，依法改判驳回被上诉人的全部诉讼请求，改判支持上诉人的反诉请求，由被上诉人向上诉人支付 90 万元违约金。

二审法院认为：从双方签订的《电力市场化交易代理咨询服务合同》内容来看，上诉人与被上诉人各自负有的合同义务具有先后履行顺序，亦即一审法院所认定的由上诉人先按合同约定寻找到用电企业，并将相关信息告知被上诉人，然后由被上诉人申报交易并提供电量。双方虽未约定申报信息的截止时间，但根据《合同法》第六十二条第四项规定："（四）履行期限不明确的，债务人可以随时履行，债权人也可以随时要求履行，但应当给对方必要的准备时间。"前述行为应当在电力交易公司通知的申报截止时间即 2017 年 8 月 17 日 16 时之前完成。而上诉人告知被上诉人交易信息的时间为 2017 年 8 月 17 日 15 时 44 分，距离申报截止时间仅为 16 分钟，虽然上诉人二审中提交证人证言证实该 16 分钟足以从技术层面完成交易，但该时间显然不足以使被上诉人进行合理、必要的商业判断。

另，被上诉人虽在申报截止期限前将合同约定部分电量另行出售，但该行为是基于上诉人收到被上诉人催告履行合同义务的通知后仍未按照被上诉人指定的时限履行相应的义务，此时被上诉人有权拒绝继续履行合同，该行为不构成违约。

结合以上几点，上诉人未按照合同约定协助被上诉人完成"月度省内电量市场双边协商交易"，其违反合同约定，存在违约行为。一审法院对此认定无误，本院依法予以维持。

综上所述，判决如下：驳回上诉、维持原判。

【分析】

一、本案属于中介合同纠纷

中介合同，原《合同法》称之为居间合同，《民法典》将其名称修改为中介合同，根据该法第九百六十一条规定，中介合同是中介人向委托人报告订立合同的机会或者提供订立合同的媒介服务，委托人支付报酬的合同。在中介合同中，接受委托报告订立合同机会或者提供交易媒介的一方为中介人，也称为居间人，给付报酬的一方为委托人。在中介合同中，中介人的主要义务就是提供中介服务以促成委托人和第三人订立合同，包括提供订约信息、据实报告的义务等；而委托人的主要义务是在其与第三人的合同因中介人提供的中介服务而成立后向中介人支付约定的报酬。中介人不是合同的当事人，也不是任何一方的代理人，不代表任何一方向对方作出意思表示或者实施民事法律行为，只是为委托人提供订约的机会，或者在双方之间进行周旋，为他们提供媒介服务，努力促成双方的交易❶。这是中介合同与委托合同的最主要区别。另外，中介合同都是有偿合同，中介人只能在有中介结果时才可以请求报酬。

本案中，B 发电有限公司和 A 售电有限公司签订了咨询合同，约定 A 售电有限公司为 B 发电有限公司寻找用电企业，将用电企业信息告知 B 发电有限公司，促成 B 发电有限公司与用电企业达成合同，也就是报告订立合同的机会、提供订立合同的媒介服务；B 发电有

---

❶ 黄薇主编：《中华人民共和国民法典合同编释义》，法律出版社，2020，第 971 页。

限公司按A售电有限公司提供的用电企业信息在电力交易系统进行交易申报，提供合同约定的电量，并按照价差向A售电有限公司支付报酬。A售电有限公司并不参与发电企业与电力用户之间订立的购售电合同，不作为发电企业的代理人与电力用户进行谈判、签约，只是为发电企业提供订约的机会，提供媒介服务，努力促成双方的交易，符合《民法典》第九百六十一条的规定，两公司之间成立中介合同关系。确定了当事人之间的中介合同法律关系，就此发生的纠纷就属于中介合同纠纷。

二、本案中谁构成违约

本中介合同纠纷中，两个当事人互相起诉对方，认为对方存在违约行为而要求法院判令对方赔偿其损失。

对于A售电有限公司而言，应当按照中介合同约定在合理时间内将用电企业的相关信息提供给B发电有限公司，以便其有一定的准备时间完成经营决策并完成通过电力交易系统进行交易申报的程序。但法院认定A售电有限公司并未在合理期限内按中介合同约定从事中介活动。其实，A售电有限公司于2017年7月13日即双方签订咨询合同之前即寻找到了用电企业并与其达成合同，但是从中介合同签订至2017年8月17日15时44分期间，其并未将相关信息提供给B发电有限公司，即便是在B发电有限公司主动与其取得联系并于2017年8月13日向其发出《律师函》敦促继续履行合同的情况下，A售电有限公司也迟迟不履行中介合同约定的报告交易机会义务，而是在申报截止时间即2017年8月17日临近电力交易系统关闭前16分钟才将交易信息告知B发电有限公司，该行为并未给B发电有限公司留足必要的准备时间。因此，一审法院认为A售电有限公司以自己的行为表明不履行主要义务，且经催告后在合理期限内仍未履行，其行为已构成违约。

对于B发电有限公司来说，鉴于A售电有限公司以自己的行为表明不履行主要义务，即使经律师函催告也不履行，B发电有限公司完全可以依据《民法典》第五百六十三条"有下列情形之一的，当事人可以解除合同：……（二）在履行期限届满前，当事人一方明确表示或者以自己的行为表明不履行主要债务；（三）当事人一方迟延履行主要债务，经催告后在合理期限内仍未履行；（四）当事人一方迟延履行债务或者有其他违约行为致使不能实现合同目的……"的规定行使法定解除权，单方解除合同。但是B发电有限公司并未按上述法律规定行使法定解除权，而是另行通过月度双边协商交易方式选择用电企业，将中介合同约定的电量予以出售，并拒绝继续履行中介合同。该行为并不是A售电有限公司认为的已构成违约。因为，A售电有限公司已以其行为表示不履行主要义务在先，且此时距离电力交易系统关闭时间较短，如果B发电有限公司不对中介合同中约定的电量予以处理，必然造成巨大的经济损失，因此B发电有限公司自行选择通过月度双边协商交易方式将电量出售给其他用电企业的做法属于根据《民法典》第五百九十一条规定履行债权人防止损失扩大的减损义务，合法合理，谈不上违约。而且，B发电有限公司的行为也符合《民法典》第五百二十六条规定的行使先履行抗辩权的行为。因此，法院认定B发电有限公司并无违约行为。

对于违约责任，按照中介合同中约定的违约金条款处理即可。

【启示】

（1）售电公司既然接受发电企业的委托为其提供用电企业需求信息，就应当严格按照合同约定及诚信原则履行其义务。如果持有需求信息但试图待价而沽，要达到发电企业进一步降价，增加价差而使其获取更多收益的目的，很可能适得其反，该行为实则已经构成违约，得不偿失。

（2）在中介合同履行过程中，需要委托人和中介人相互配合的事项比较多，任何一方都要给予对方为履行合同必要的准备时间，确保合同得到顺利履行。

第三章
售电公司与电力用户之间的纠纷

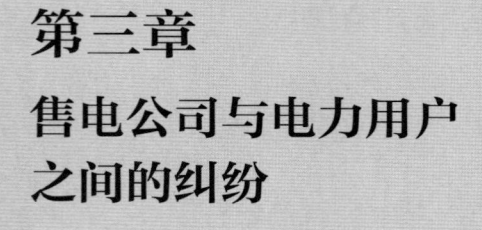

一、案件综述

（一）主要案件纠纷类型

随着售电侧的放开，售电公司积极参与电力市场，搭建起发电企业与电力用户之间的桥梁，为电力用户提供购电服务。但是也有部分售电公司或电力用户为自身利益，违背合同约定或法律规定，引发不少违约事件，产生大量合同争议纠纷，不仅给对方当事人造成了损失，也破坏了电力交易市场环境。究其原因，新生的售电侧市场放开初期，相关市场规则尚不完善，市场主体契约精神还没有完全建立起来，缺乏健全的维护市场主体合法权益的法律法规，也没有健全的监管制度和信用体系，有的售电公司进入市场为了争夺市场份额，也会利用信息不对称，和电力用户签订不符合市场规律的售电合同、委托合同、代理协议、承诺书，或者解约、违约，这些行为都会引起争议纠纷。

售电公司与电力用户是售电侧市场的主角，二者之间的纠纷主要是电力用户委托售电公司参与电力直接交易的委托合同纠纷，也有售电合同纠纷。通过分析案例样本，售电公司与电力用户之间因电力交易引发的主要纠纷表现在以下方面：

1. 因电力用户和售电公司提前单方解除电力交易委托合同诉请赔偿损失引起的纠纷

这类纠纷的争议焦点，一是电力交易委托合同能否单方解除，二是当事人提前解除电力交易委托合同应否承担损害赔偿责任。

电力市场交易具有非常强的专业性，电力用户为了弥补专业上的短板，委托专业的售

电公司参加电力直接交易,由此形成委托合同,一般都是有偿委托合同。在该合同履行过程中,售电公司和电力用户对委托合同都有任意解除权,电力用户可以随时撤销委托,售电公司可以随时辞去委托,且无须说明任何理由,其法律依据是《民法典》第九百三十三条规定:"委托人或者受托人可以随时解除委托合同。因解除合同造成对方损失的,除不可归责于该当事人的事由外,无偿委托合同的解除方应当赔偿因解除时间不当造成的直接损失,有偿委托合同的解除方应当赔偿对方的直接损失和合同履行后可以获得的利益。"当然,尽管《民法典》赋予当事人随时解除合同的权利,但是权利不能滥用。在有偿的电力直接交易委托合同中,解除方因解除合同给对方造成损失的,不论有无过错,都应承担赔偿损失责任,其责任范围不仅包括直接损失,还包括间接损失,即可以获得的利益。

2. 售电公司在合同履行过程中因自身过错造成电力用户损失被索赔引起的纠纷

售电公司在处理委托事务过程中,负有较高的注意义务,应当勤勉注意,其在受托处理电力交易事务时存在过错给委托人造成损失,不论故意、重大过失还是一般过失,都应当承担赔偿责任。如售电公司与电力用户在电力交易委托合同订立后,未按照合同约定履行购电义务,导致电力用户购电不能,并因其拒不履行委托合同的过错行为造成损失,其对此应当赔偿。

3. 因电力用户重复委托两家售电公司代理购电引起的纠纷

电力用户与售电公司订立委托购电合同后,又与第三方另行签订同类合同,也就是电力用户将同一事项先后委托两个售电公司("双签"),实际存在两个委托合同,也就是"重复委托",这种行为已然构成违约,电力用户应当对此承担违约责任,其法律依据是《民法典》第九百三十一条规定:"委托人经受托人同意,可以在受托人之外委托第三人处理委托事务。因此造成受托人损失的,受托人可以向委托人请求赔偿损失。"再者说,很多省电力市场交易规则明确提出一个电力用户只能委托一家售电公司,电力用户未经售电公司同意另行委托给该售电公司造成损失的,应当赔偿该售电公司应当得到的服务报酬等损失,可得利益损失也应当得到认可。

4. 因电力用户不向售电公司交纳购电费引起的纠纷

电力市场化交易活动中,售电公司通过电力批发市场向发电企业购买电能后,再转售给电力用户使用,此时售电公司与市场化交易电力用户签订的购售电合同实质上属于买卖合同。二者订立电能买卖合同后,售电公司应提供持续稳定的电力供应,电力用户应按合同约定支付购电费。电力用户违约拒不支付或者未能全额支付购电费的,售电公司有权行使债权请求权。为了防范欠费风险,售电公司可提前采取最高额抵押、最高额保证等担保措施,当追索电力用户拖欠电费责任时,可同时行使担保物权。

5. 因电力用户不向售电公司按约定支付电力交易委托服务费引起的纠纷

《民法典》第九百二十八条规定:"受托人完成委托事务的,委托人应当按照约定向其支付报酬。"电力交易委托合同基本都属于有偿委托合同,当售电公司全面履行委托合同时,电力用户应当支付报酬,这是其主要合同义务。实践中,一般售电公司未成功购得交易电量的,电力用户不支付服务报酬;交易成功购得电量的,采取价差利润分享的模式支付服务报酬。如电力用户拒绝履行委托服务费支付义务,就应当承担违约责任。另外,售电公司追索委托服务报酬请求权的行使必须符合诉讼时效的规定,一般适用三年的普通诉讼时效期间。

6. 因电力用户请求售电公司支付优惠电费或交易价差分成引起的纠纷

售电公司与电力用户签订的电力市场化交易委托合同的标的是劳务,售电公司有义务按照合同约定代理电力用户通过双边协商、集中竞价等方式参与电力直接交易,代理购电就是其主要合同义务,但并不意味着必然会交易成功。售电公司可能因为种种原因购电未果,从而导致电力用户无法获得市场化交易带来的收益,电力用户享受不到价差收益时,即可能起诉售电公司。《民法典》第九百二十九条第一款规定:"有偿的委托合同,因受托人的过错造成委托人损失的,委托人可以请求赔偿损失。无偿的委托合同,因受托人的故意或者重大过失造成委托人损失的,委托人可以请求赔偿损失。"因此,如果电力用户有证据证明其电费损失已经实际发生,且系售电公司的原因所致,售电公司应当按照合同约定的购电价差分成、保底价差或优惠电价,赔偿电力用户的损失;如果未交易成功购得电量,售电公司不存在过错,则对此不承担违约责任。当然,如果售电公司承诺成功购电,则一旦其未购得电量,也应当按照合同约定承担违约责任。

另外,售电公司执行电力交易委托合同的结果归属于电力用户,电力用户按照合同约定享有价差分成或售电公司承诺的优惠电价等收益,但因售电公司违约导致电力用户未能实际享受到约定的电价优惠或价差分成的,或者代理交易结果价差未达到售电公司作出的价差保底承诺的,售电公司一般应予赔偿,电力用户也有权通过诉讼、仲裁等途径向售电公司追索。

7. 因电力用户拒不按期退还履约保证金引起的纠纷

电力交易委托行为和购售电行为属于商事活动,售电公司和电力用户一方当事人可以根据需要设置履约保证金,作为合同成立的条件。合同主要义务履行完毕,收取一方应按合同约定及时退还履约保证金;逾期退还的,按照合同约定承担违约责任或赔偿对方的资金占用损失。

8. 因偏差电量考核电费的承担引起的纠纷

偏差考核电费影响售电公司利润和电力用户的收益。在售电公司代理电力用户参与电力直接交易的情况下,对于偏差考核责任的承担主体各地规定不一,考核售电公司、考核电力用户均有之,也有的地方交易规则要求当事人自行约定。之后在电力直接交易中就偏差电量考核费用发生争议时,由合同约定的承担主体来承担,或按照约定的分担协议按比例分担该费用。

(二)主要案件争议焦点

在上述案例中,存在以下焦点问题:

1. 售电公司与电力用户之间构成何种合同关系

各地司法裁判对二者之间法律关系的认定不尽相同。有法院将二者之间的法律关系认定为委托合同关系，如（2018）辽02民终8056号民事判决书。也有法院认定为买卖合同关系，如（2019）粤01民终5975号民事判决书、（2018）云01民初2394号民事判决书。另有法院认定为供用电合同关系，还有法院考虑到双方之间服务内容和交易模式的多样性，统一归为综合类的合同。关于合同类型的争议在很多案件中都成为双方争执的焦点，如在（2021）粤01民终19761号民事判决书中，售电公司与电力用户就涉案合同所涉法律关系的性质，双方各执一词，电力用户认为涉案合同为供用电合同，售电公司则认为系委托合同，最终法院依据合同内容、双方权利义务，认定依据合同约定的交易模式下，售电公司实质上是接受电力用户的委托前往市场竞价，在电力用户的授权范围内为其提供电力交易服务，涉案合同应当认定为委托合同。

不同类型的法律关系对应不同的权利义务及责任。在电力市场化交易中，交易方式已然呈现多样化、复杂化的趋势，且各地交易中心发布的电力市场化交易规则和相关的示范合同文本名称及内容并不统一。在认定法律关系时，需要结合当地交易规则、交易模式以及双方签署的合同具体内容予以判断，而不能仅根据合同名称进行认定。在厘清法律关系的基础上，进而预测、识别及防控法律风险❶。

如果在零售市场，根据电力直接交易规则，售电公司代理电力用户购电，双方签订的《购售电合同》属于电能买卖合同。此时不需要电力用户与发电企业订立任何合同，也不需要考虑其采购的电能产品的来源。基于如果在批发市场，电力用户委托售电公司代其参与电力直接交易，由其与发电企业直接订立购售电合同，此情况下售电公司与电力用户之间属于委托合同关系。实务中，应当以电力交易平台中双方是否建立明确的代理关系，并结合双方线下签订的合同内容综合判断合同类型。

另外，根据《民法典》第六百四十八条规定，供用电合同是供电人向用电人供电，用电人支付电费的合同。这里的"供电人"，一般指的是电网企业所属的供电公司，"用电人"包括参加电力市场交易的电力用户和不参加电力市场交易的电力用户。供用电合同本质上属于以买卖合同为主的复合内容的合同，供电公司除了供应电能，还要履行普遍服务、输配电服务、电力抢修、报装接电、抄表计量、安全供电等供电服务职能，售电公司则不履行这些职责。因此，售电公司与电力用户之间只有电能所有权的转让交易，也就是电能买卖合同关系，不存在供用电合同关系。

综上，电力用户基于对电力交易专业技术的依赖和对售电公司专业化服务的信赖，将参加电力直接交易的劳务委托给售电公司，售电公司并非通过交易向发电企业取得电能所有权再转售给电力用户，而是以其专业化的电力交易服务赢得电力用户、赚取收益，该电力交易服务即为可以委托的"事务"，双方的电力交易服务合同实为委托合同。基于此合同

---

❶ 彭金著：《合同未备案，购电未果，售电公司要不要赔？》，载于"电力法律观察"微信公众号（2019-12-20）。

产生的纠纷应当定性为委托合同纠纷。

2. 是无偿委托合同还是有偿委托合同

在一些案例中，法院认定在电力用户委托售电公司代理参加电力直接交易的情况下，售电公司与电力用户之间为附条件的有偿委托合同关系，售电公司购电成功之前，为无偿委托，购电成功之后，为有偿委托，且区分有偿与无偿委托两种情形认定售电公司承担不同的损失赔偿责任。其影响是，根据《民法典》第九百二十九条规定，售电公司在成功购电之前，因其故意或重大过失，而非一般过错，给电力用户造成损害的，才承担损失赔偿责任。但实际上，售电业务属于商事行为，无偿进行售电业务基本没有，委托的目的就是成功购电，一旦合同约定了电力用户要在取得一定成果后支付委托费用，则该合同即为有偿合同，只是收取委托费用附有条件；购电不成功，只是付费条件不成就，而不能说这属于无偿委托。因此，售电公司与电力用户之间，不管购电是否成功，只要双方约定了服务费用，就构成有偿委托合同关系，不应将付费条件的成就与否作为认定有偿委托和无偿委托的考量因素❶。

3. 电力直接交易委托合同的有效和无效

在一些电力直接交易委托合同的履行过程中对合同的效力也产生了争议，争议的焦点就是合同生效条件是否具备。

不同形式的合同成立时间是不同的。《民法典》第四百九十条规定："当事人采用合同书形式订立合同的，自当事人均签名、盖章或者按指印时合同成立。在签名、盖章或者按指印之前，当事人一方已经履行主要义务，对方接受时，该合同成立。法律、行政法规规定或者当事人约定合同应当采用书面形式订立，当事人未采用书面形式但是一方已经履行主要义务，对方接受时，该合同成立。"《民法典》第五百零二条规定，依法成立的合同，自成立时生效，但是法律另有规定或者当事人另有约定的除外，比如当事人为了特定目的，可以在合同中附生效条件和生效期限，在合同成立时并不立即生效，只有在条件成就时或者期限届至时才生效。

有的案例中的电力交易委托合同就属于附生效条件的合同，如约定："本合同经双方法定代表人或授权代理人签字并加盖公章后生效"，这是比较常见的合同所附生效条件。但是双方未作特别约定的，不能以购售电合同通过安全校核作为合同生效条件，合同当事人如提出此主张没有法律依据。如在（2018）粤03民终18276号民事判决书中，电力用户根据《广东电力市场交易基本规则（试行）》的规定主张电力交易需经电力交易平台绑定和安全校核后方才生效，法院审理认为该基本规则并非法律、行政法规，本案售电公司与电力用户签订的《购售电合同》为双方真实意思表示，不违反法律、行政法规的强制性规定，双方在合同中约定自双方签字、盖章之日起生效，故该合同依法成立并生效。

---

❶ 彭金著：《合同未备案，购电未果，售电公司要不要赔？》，载于"电力法律观察"微信公众号（2019-12-20）。

4. 售电合同纠纷管辖法院如何确定

根据《民事诉讼法》的规定，合同纠纷案件首先遵循协议管辖规则，即当事人可以书面协议选择被告住所地、合同履行地、合同签订地、原告住所地、标的物所在地等与争议有实际联系的地点的人民法院管辖；未作约定的，由被告住所地或者合同履行地人民法院管辖。但从实际案例来看，未协议约定管辖的，当事人确定管辖权时对于"合同履行地"也易引起争议，从而提起管辖权异议。

一般来说，合同履行地是指合同约定履行义务和接受该义务的地点，主要是指合同标的物交接的地点。履行地的确定一般遵循"特征履行地"为主、结合"实际履行地"的判断原则。《最高人民法院关于适用〈中华人民共和国民事诉讼法〉的解释》对几类常见且易产生纠纷合同的合同履行地作出明确的规定，但对委托合同的"合同履行地"未作出解释。

对电力交易委托合同的合同履行地，根据前述"特征履行地"判断规则，售电公司代理电力用户参与电力市场化交易并向用户交付交易成功后的交易结果，即为该类合同的特征义务。而售电公司代理电力用户参与市场化交易的过程，是通过电子化手段在电力交易机构的电力交易平台上进行，其交易结果也是通过该交易平台确认和发布，最终签订的书面合同或电子合同也是由组织交易的电力交易机构组织签订的，因此将电力交易平台或者说电力交易机构所在地，也就是电力交易市场所在地，确定为电力交易委托合同履行地是比较合适的，也是确定的。一些地方法院就是采取该思路确定"合同履行地"的，值得借鉴。

二、典型案件评析

1. 电力交易代理委托合同的效力认定

案例1：A木业股份有限公司、B售电有限公司确认合同效力纠纷案[1]

一审原告、二审上诉人：A木业股份有限公司

一审被告、二审被上诉人：B售电有限公司

原告A木业股份有限公司诉讼请求：①双方签订的《安徽电力市场售电公司代理合同》未生效并予以解除。②被告承担本案诉讼费等。事实和理由：双方签订的《安徽省电力市场售电公司代理合同》约定：合同经双方法定代表人或授权代理人签字并加盖公章后生效。该合同书上法定代表人或授权代理人一栏"黄××"签字非本人所签，也非授权代理人签字。综上，该合同未生效，也未履行，同时，被告在签约过程中存在欺诈行为，望判如所请。

一审法院认定事实：2018年12月，A木业股份有限公司与B售电有限公司经协商达成签订售电代理合同的一致意见，同年12月15日，B售电有限公司将加盖本公司法人、法定代表人印章和骑缝章的《安徽省电力市场售电公司代理合同》邮寄给A木业股份有限公司，A木业股份有限公司于次日将加盖公司法人印章、法定代表人黄××签字的合同书邮寄给B售电有限

---

[1] 裁判文书：（2019）皖1802民初2089号一审民事判决书、（2019）皖18民终1331号二审民事判决书。

公司，因合同未盖骑缝章，B售电有限公司于12月18日重新邮寄，A木业股份有限公司收件后加盖骑缝章再次邮寄给B售电有限公司。其中合同8.6约定：本合同经双方法定代表人或授权代理人签字并加盖公章后生效。合同签订后，B售电有限公司按合同约定向省电力交易中心报送购电计划，省电力交易中心审查发现A木业股份有限公司存在双签或多签情形，违反了电力交易规则，于2019年1月17日作出《关于取消部分二级用户2019年度交易资格的通知》，A木业股份有限公司位列其中，其作为二级用户2019年交易资格被取消。

一审法院认为，原被告签订的《安徽省电力市场售电公司代理合同》系双方协商一致，意思表示真实，经双方法定代表人盖章或签字并加盖双方公章，符合合同约定的生效要件，业已生效，对双方具有法律约束力。原告主张其法定代表人黄××签字不真实，但未提供证据证实。故原告关于确认合同未生效的诉讼请求不能成立，本院不予支持。合同能否解除是建立在合同有效并在履行过程中出现法定或约定解除事由的基础上，原告要求确认合同未生效进而要求解除合同的诉请与法理相悖。综上，判决如下：驳回原告诉讼请求。

A木业股份有限公司上诉请求：①撤销一审判决，依法改判支持确认《安徽省电力市场售电公司代理合同》未生效的诉讼请求或发回重审。②B售电有限公司承担本案一、二审全部诉讼费用。

二审法院查明的案件事实与一审认定的事实无异。

二审法院认为，A木业股份有限公司和B售电有限公司于2018年12月签订的《安徽省电力市场售电公司代理合同》第8.6条约定：本合同经双方法定代表人或授权代理人签字并加盖公章后生效。由此可见，案涉合同生效的条件是双方法定代表人或授权代表人签字并加盖公章后生效。从案涉合同签订程序来看，先由B售电有限公司将加盖本公司法人、法定代表人印章和骑缝章的合同邮寄给A木业股份有限公司，A木业股份有限公司再将加盖公司法人印章、法定代表人黄××签字的合同邮寄给B售电有限公司，并不要求双方法定代表人或授权代表人当面现场签名，因此，"黄××"三个字是否为其本人所签，非B售电有限公司所能控制。A木业股份有限公司按照合同签订程序邮寄给B售电有限公司的上述案涉合同上，有其法定代表人"黄××"三个字的签名并加盖了单位公章，该合同书形式合法，意思表示真实，符合双方约定的生效要件，一审认定为业已生效并无不当。A木业股份有限公司称B售电有限公司提供的案涉合同上的"黄××"签字非黄××本人所签或该签字栏中空白，因此合同不生效，但始终未就该主张提供有效证据加以证明。相反，A木业股份有限公司在合同上加盖公章的行为足以证明，即便"黄××"三字非其本人所签，A木业股份有限公司对"黄××"三字能够代表其本人所签是持认可态度的。如果A木业股份有限公司认为"黄××"签名非其本人所签或者根本就没有"黄××"三个字，完全有能力不予加盖单位公章，以制止合同生效，待黄××本人亲自签字后再加盖单位公章邮寄给B售电有限公司不迟。A木业股份有限公司将明知并非黄××本人签字的合同书加盖单位公章邮寄给B售电有限公司以促成合同书生效的行为，如果导致了不利后果，应由其自行承担。现A木业股份有限公司以黄××签名非其本人所签或签名栏空白合理怀疑B售电有限公司自行填写为由主张合同未生效，有违契约精神。A木业股份有限公司请求确认案涉合同未生效的上诉理由缺乏事实和法律依据，本院不予采纳。

综上，判决如下：驳回上诉，维持原判。

案例 2：A 纱业有限公司与 B 售电有限公司买卖合同纠纷案 [1]

原告：A 纱业有限公司

被告：B 售电有限公司

原告 A 纱业有限公司诉讼请求：①判令被告立即返还电费 160000 元及利息。②判令被告承担原告支出的财产保全担保的保费 1000 元。③本案诉讼费用由被告承担。事实和理由：原、被告双方签订《售电公司与电力用户双方交易购售电协议书》后，原告 2018 年度用电量共计 4030260 千瓦时，根据合同约定，被告应当就其中 400 万千瓦时给予原告现行目录电价下降 0.04 元/千瓦时，即 160000 元的电费优惠，但被告至今未按约履行。

法院认定事实如下：A 纱业有限公司（甲方）、B 售电有限公司（乙方）于 2017 年签订《购售电协议书》，约定：1. 自 2018 年 1 月 1 日 0 时 0 分起至 2020 年 12 月 31 日 24 时 0 分止，甲方生产经营所需要的大工业用电由乙方代理交易，即购售电。2. 甲乙双方同意上述约定的电量按在现行目录电价的基础上，下降 4 分/千瓦时（含税）的价格进行电力双边交易（含输配电价和政府基金），此价差与电网现行的目录销售电价联动。……4. 待本协议被江苏省能源局批准进入主体目录后，甲乙双方应尽快签订双边交易正式合同，乙方享受优惠电价费用及结算方式和相关事宜按《江苏省电力直接交易规则》规定执行。5. 本协议不改变甲方原有用电方式和电费结算方式，不改变甲方与电网公司之间原来的权利和义务……2017 年 12 月 5 日，江苏省经济和信息化委员会、国家能源局江苏监管办公室、江苏省发展和改革委员会、江苏省物价局发布《关于开展 2018 年电力市场交易的通知》，要求经江苏电力交易平台公告、符合准入条件的 20 千伏及以上电压等级的电力用户（含已参与直接交易的 10 千伏原有用户）可自愿参与市场交易。其中，35 千伏及以上电压等级的用户可选择与发电企业或售电公司直接交易，其余用户只可选择与售电公司直接交易。选择与发电企业直接交易的为一类用户，选择与售电公司直接交易的为二类用户。用户进入市场后，其全部用电量必须通过市场交易获得，不再执行政府核定的目录电价。由于原告 A 纱业有限公司未达到该准入条件，未能参与江苏省 2018 年度电力双边直接交易，故被告 B 售电有限公司未向原告 A 纱业有限公司支付返还的电费。

另查明：A 纱业有限公司 2018 年 1 月 1 日 0 时 0 分起至 2018 年 12 月 31 日 24 时 0 分止共使用电量 4030260 千瓦时。

法院认为，本案争议焦点为：①《购售电协议书》的法律性质及效力。②关于双方民事责任归属问题。

针对争议焦点①，本院认为，电力直接交易是指符合准入条件的发电企业、电力用户和售电公司等市场交易主体，依托市场运营机构和电网企业，通过双边交易、集中交易等市场化方式开展电力交易。首先，根据 2017 年 12 月 5 日江苏省经济和信息化委员会、国家能源局江苏监管办公室、江苏省发展和改革委员会、江苏省物价局发布《关于开展 2018 年电力市场交易的通知》规定的电力用户准入条件，A 纱业有限公司作为低于 20 千伏的电力用户，其作为市场主

---

[1] 裁判文书：（2020）苏 0118 民初 771 号民事判决书。

体无法参与电力直接交易；其次，依据《购售电协议书》第五条"本协议不改变甲方原有用电方式和电费结算方式，不改变甲方与电网公司之间原来的权利和义务"的约定可见，A纱业有限公司是与电网企业进行电费结算，而非与B售电有限公司进行电费结算，双方之间不具备买卖合同法律关系的特征；依据《购售电协议书》第九条"甲方应按照江苏省能源局的要求向有关部门提供相关资料和申报信息，以协助乙方完成本协议约定的电量交易采购工作"、第十条"待本协议被江苏省能源局批准进入主体目录后，甲乙双方应尽快签订双边交易正式合同，乙方享受优惠电价费用及结算方式和相关事宜按《江苏省电力直接交易规则》规定执行"的约定，B售电有限公司的合同义务是服务A纱业有限公司完成本合同约定的电量交易采购工作，而非向A纱业有限公司销售电量。综上，双方签订的名为购售电合同，实为委托合同，双方基于《购售电协议书》形成委托合同关系，而非买卖合同关系。根据《购售电协议书》第十条约定，本协议性质应当为附生效条件的合同，条件约定以本协议进入江苏省能源局批准进入主体名录为前提，如无法进入，则协议无效，反之，协议有效。本案中，A纱业有限公司不符合2018年电力直接交易平台的准入条件，生效条件无法成立，故合同无效。

针对争议焦点②，本院认为，根据法律规定，合同无效，有过错的一方应当赔偿对方因此受到的损失，双方都有过错的，应当各自承担相应的责任。关于B售电有限公司是否存在过错的问题，B售电有限公司只有在购电成功后才能获取相应的差价即报酬，B售电有限公司没有理由明知A纱业有限公司不符合准入条件仍签订该合同，显然违背常理，与事实不符，且A纱业有限公司亦无证据证明B售电有限公司对此存在故意。鉴于B售电有限公司无过错及重大过失，且亦无其他违约行为，故A纱业有限公司要求B售电有限公司返还电费并支付财产保全保费的诉讼请求无事实及法律依据，对此不予支持。

判决如下：驳回原告A纱业有限公司的诉讼请求。

【分析】

上述两起案件争议的焦点主要是合同生效条件是否具备，案例1中双方合同因生效条件成就而生效，案例2中双方合同因生效条件不成就而未生效。合同只有生效方可履行，无效的合同不得履行。因此，售电公司与电力用户经协商达成的合同应确保其依法生效，并得到实际履行，方有可能实现其合同目的。

一、关于合同的成立

《民法典》第四百六十九条规定了合同订立形式，即："当事人订立合同，可以采用书面形式、口头形式或者其他形式。书面形式是合同书、信件、电报、电传、传真等可以有形地表现所载内容的形式。以电子数据交换、电子邮件等方式能够有形地表现所载内容，并可以随时调取查用的数据电文，视为书面形式。"在合同的三种形式中，书面形式为主，有利于固定双方权利义务，保证合同履行，保护交易安全，预防和解决纠纷。其中又以合同书为民事主体之间订立合同所经常采用的形式。合同书是指记载当事人的合意内容，并签字盖章的文书。随着互联网的发展，电子合同也逐渐增多，都以有形表现双方意思表示的形式体现合同内容。

不同形式的合同成立时间是不同的。对于合同书形式的合同而言，《民法典》第

四百九十条规定:"当事人采用合同书形式订立合同的,自当事人均签名、盖章或者按指印时合同成立。在签名、盖章或者按指印之前,当事人一方已经履行主要义务,对方接受时,该合同成立。法律、行政法规规定或者当事人约定合同应当采用书面形式订立,当事人未采用书面形式但是一方已经履行主要义务,对方接受时,该合同成立。"对于数据电文形式合同和网络合同而言,根据《民法典》第一百三十七条、第四百九十一条规定,该合同一般在到达当事人的系统时成立;当事人采用信件、数据电文等形式订立合同要求签订确认书的,签订确认书时合同成立。

二、关于合同的生效

只有依法成立的合同,才会产生法律效力,也就是合同生效。只有生效的合同才具备履行的前提。

首先,合同必须满足《民法典》第一百四十三条规定的民事法律行为三个生效条件才有效:一是行为人具有相应的民事行为能力;二是意思表示真实;三是不违反法律、行政法规的强制性规定,不违背公序良俗。

其次,应符合特定性要求,就是《民法典》第一百三十五条、第四百六十九条规定的合同形式要求,否则连合同都不存在更何谈生效与否。

再次,应符合合同约定的生效条件和生效时间的规定。《民法典》第五百零二条规定:"依法成立的合同,自成立时生效,但是法律另有规定或者当事人另有约定的除外。依照法律、行政法规的规定,合同应当办理批准等手续的,依照其规定……"也就是说,《民法典》第四百九十条、第四百九十一条等规定了合同成立时间,原则上合同的生效时间与该合同的成立时间是一致的,合同依法成立的同时即生效。但是法律另有规定或者当事人另有约定的,依照法律规定或者当事人约定来确定合同生效时间。尤其是当事人为了特定目的,可以在合同中附生效条件,在合同成立时并不立即生效,只有在条件成就时或者期限届至时才生效。

上述案例中的电力交易委托合同都属于附生效条件的合同。在案例1中,售电公司和电力用户签订的《售电公司代理合同》明确约定:"本合同经双方法定代表人或授权代理人签字并加盖公章后生效",这就是该合同所附的生效条件。从法院认定案件事实来看,合同中电力用户这一方有其法定代表人的签名并加盖了单位公章,售电公司这一方签字盖章也都具备,法院认定该合同书形式合法,意思表示真实,符合双方约定的生效要件。至于电力用户提出合同上的法定代表人签字非本人所签,因此合同不生效,但始终未就该主张提供有效证据加以证明,即便不是本人签字,但该公司在合同上加盖公章的行为也足以弥补该瑕疵。因此,法院否定了电力用户提出的合同无效的主张,认定合同有效。

案例2中,售电公司和电力用户订立的《购售电协议书》属于委托合同,从协议约定内容来看,法院认定其性质为附生效条件的合同,即本协议以进入江苏省能源局批准进入主体名录为前提。因电力用户未进入《江苏省电力直接交易规则》要求的"主体名录",不符合电力直接交易平台的准入条件,不具备《民法典》第五百零二条规定的生效条件,故该协议并未生效。未生效的合同,就不产生法律效力,也就对任何一方当事人不具有法律拘束力。但法院认定该协议无效值得商榷，因为该协议不存在《民法典》第一百五十三条等规定的合同无效的情形。因此，只能判定该协议未生效，但不能判定合同无效。

【启示】

（1）售电公司与电力用户订立的购售电合同或交易委托合同基本上都是书面合同，在合同履行过程中，也会就合同履行中的操作细节或者新出现的问题磋商解决而进行反复协商，形成的往来信件、电报、电传、传真、微信、短信、电子邮件等等，都可以有形地表现双方的意思表示，只要双方意思表示达成一致合意的，均为合同内容。因此，对于这些形式承载的信息，当事人有必要采取证据保全措施，使其内容固定下来，或者双方基于这些合同内容另行达成书面的补充协议，作为合同履行和解决争议的依据。

（2）售电公司对外与发电企业、电力用户或其他市场主体订立的合同要注意合同生效要件，可以根据合同实际需要和确有必要原则，自主在合同中约定生效条件，但不能设置不合理的生效条件增加合同生效的障碍。

2. 售电公司与电力用户均可随时解除电力交易委托合同，给对方造成损失的应予赔偿

案例3：A售电股份有限公司与B铝业有限公司委托合同纠纷案 ❶

原告：A售电股份有限公司

被告：B铝业有限公司

原告诉讼请求：①判令确认被告与原告签署的《电力服务合作框架协议书》于2017年12月31日解除。②判令被告向原告承担解除合同的违约责任，并赔偿原告因提前解除所造成的预期可得利益损失622825.48元。③本案诉讼费由被告承担。事实和理由：被告与原告签署《电力服务合作框架协议书》，约定原告向被告提供电力服务；协议有效期为三年。2017年8月1日起原告代理被告购电。2017年11月1日，被告向原告发出《解除合同通知书》，要求双方解除《电力服务合作框架协议书》。原告多次向被告表示希望被告按照合同约定继续履行，但是自2018年1月1日起，被告单方取消了原告为其代理购电的资格，转而委托第三方为其购电。被告的单方毁约行为，不仅违背了市场交易的契约精神和诚实信用原则，也使原告的预期利益受到了损失，被告应当赔偿原告自2018年1月1日起至2020年7月31日止的预期可得利益。

法院经审理查明：原、被告双方签订的《电力服务合作框架协议书》约定：本协议有效期为三年，自正式售电之日起生效。当被告正式取得交易中心直接交易用户资格的次月起，原告为被告提供本协议中的用电服务，交易有效期为三年。在本协议有效期内，被告所有使用的全部电量必须委托原告按广东电力交易中心2017年最新规则规定的全电量交易模式购买。本协议规定的电价差利润为可进行市场化成交的电量部分与广东省相应类别目录电价之差。交易中心结算出清后市场电价差利润可按被告70%含税、原告30%含税的比例分配。

2017年11月1日，被告向原告出具《解除合同通知书》，载明：双方于2017年7月1日签订了《电力服务合作框架协议书》，在合同履行期间由于市场差价不断扩大，原告也未对被告主动作出任何反应，被告觉得利益受损，特此通知原告，双方解除《电力服务合作框架协议书》。

---

❶ 法律文书：（2018）粤0106民初2454号一审民事判决书。

第三章 售电公司与电力用户之间的纠纷

2017年11月3日,原告回函称:原告按2017年7月1日签订的《电力服务合作框架协议书》为被告履行购电,在履约过程中按协议条款执行无任何违约,并未影响被告收益,现被告以市场不稳定价差为由要与原告解除合约,原告不予同意。在被告提出价差调整事宜上,原告已主动联系被告负责人,并同意按市场实际情况给予被告处理,继续履约。

另,庭审中,原、被告均确认双方实际合作期限为2017年8月1日至2017年12月31日,该期间双方的利润均已结清。

法院认为:原、被告双方于2017年7月1日签订的《电力服务合作框架协议书》系双方当事人的真实意思表示,内容不违反法律法规的强制性规定,合法有效。同时,协议约定,在协议有效期内,被告所有使用的全部电量必须委托原告按广东电力交易中心2017年最新规则规定的全电量交易模式购买。可见,原、被告之间构成委托合同关系。根据《合同法》第四百一十条❶规定:"委托人或者受托人可以随时解除委托合同。因解除合同给对方造成损失的,除不可归责于该当事人的事由以外,应当赔偿损失。"现被告作为委托人于2017年11月1日向受托人即原告出具《解除合同通知书》,明确表明与原告解除双方订立的《电力服务合作框架协议书》,原、被告庭审中亦确认双方实际合作期限为2017年8月1日至2017年12月31日,至此双方的上述委托合同关系已实际解除。同时,被告因解除合同给原告造成损失的,应当赔偿损失。在本案中,原告主张被告支付其自2018年1月1日起至2020年7月31日止的预期可得利益共计622825.48元。该款项系原告的可期待利益,并非其直接损失,况且该可期待利益也并不确定,受政策变化、供需关系、经济大环境、企业经营状况等各方面因素影响。在双方实际合作期限,双方的利润均已结清的情况下,原告主张被告赔偿其上述预期可得利益的理据不足,本院不予支持。

综上所述,判决如下:①确认被告与原告于2017年7月1日签订的《电力服务合作框架协议书》已于2017年12月31日解除。②驳回原告的其他诉讼请求。

【分析】

上述案例是电力用户和售电公司提前单方解除电力直接交易委托合同引起的委托合同纠纷案,涉及的焦点问题是委托合同能否单方解除以及提前解除合同应否承担损害赔偿责任。

一、售电公司代理电力用户参加电力直接交易购电,双方构成委托合同关系

《民法典》第九百一十九条规定:"委托合同是委托人和受托人约定,由受托人处理委托人事务的合同。"在委托合同关系中,委托他人为自己处理事务的人称委托人,接受委托的人称受托人。

委托合同的特征:第一,委托合同本质上是一种提供劳务的合同,受托人按照委托人的指示提供劳务,除当事人有明确约定外,并不负有必须完成某种工作成果或者将委托事务办理成功的义务。劳务的效果由委托人承受。第二,委托合同具有人身信赖性。委托人

---

❶ 《民法典》第九百三十三条 委托人或者受托人可以随时解除委托合同。因解除合同造成对方损失的,除不可归责于该当事人的事由外,无偿委托合同的解除方应当赔偿因解除时间不当造成的直接损失,有偿委托合同的解除方应当赔偿对方的直接损失和合同履行后可以获得的利益。

选任受托人为自己处理事务，是基于对受托人的专业资质和能力的了解与信任。受托人接受委托，也是基于对委托人的信任，愿意为委托人服务。若任何一方不再信任对方，可以行使任意解除权，终止委托关系。第三，委托合同可以有偿，也可以无偿。区分无偿委托合同和有偿委托合同的法律意义在于：一是受托人在处理委托事务时所负注意义务的程度不同；二是一方在行使任意解除权时赔偿损失的范围不同。第四，委托合同为诺成、不要式和双务合同。当事人双方意思表示一致，委托合同即可成立。从《民法典》规定看，无论委托合同是否有偿，委托人均负有向受托人预付处理委托事务费用的义务，受托人均负有向委托人报告委托事务、亲自处理委托事务、转交委托事务所取得财产等义务❶。

根据这些特征来判断，电力直接交易具有一定的专业技术门槛，并不是任何电力用户都熟悉电力交易的程序规则和技术要求，为了顺利参与电力市场交易，电力用户有必要委托专业的售电公司代理其参加电力直接交易，由此就有了委托合同存在的余地。电力市场交易委托合同是委托合同的一种，是售电公司作为受托人依据电力用户的委托，以委托人的名义参与电力直接交易的民事法律行为，其效力直接归属于电力用户。电力交易委托合同内容仅为代为参加电力交易购电，并不能保证一定能购电成功。

二、售电公司代理电力用户之间的电力交易委托合同一般为有偿委托合同

委托合同根据当事人是否因给付而获得对价为标准，既可以是无偿委托，也可以是有偿委托。委托合同不以支付报酬为要素。根据《民法典》第九百二十八条第一款（即："受托人完成委托事务的，委托人应当按照约定向其支付报酬"）的文义，委托合同以无偿为原则，以有偿为例外，但在商事领域均为有偿委托。有的合同，当事人在委托合同中未约定支付报酬，但根据交易习惯或者委托事务的性质应当支付报酬的，仍为有偿委托❷。

售电公司是以售电服务为主营业务的营利性企业，售电业务属于商事行为，电力交易委托合同一般都是附条件收取委托服务报酬的有偿委托合同。多为购电成功后根据实际成交价格与目录电价之间的电价差（目录电价取消后可以双方商定的预期价格计算）收益分成方式计算收取委托报酬，也可以根据交易电量收取固定的报酬，均为有偿合同，服务报酬采取后付模式，即委托的电力交易事务完成获得交易电量后支付。

在上述案例中，售电公司和电力用户签订的《电力服务合作框架协议书》约定：售电公司为电力用户提供电力直接交易服务，电力用户使用的全部电量委托售电公司参与电力市场交易以全电量交易模式购买，且交易价格和目录电价价差按照售电公司70%、电力用户30%的比例分成，故双方合同关系为典型的有偿委托合同关系。

三、售电公司和电力用户对委托合同都有任意解除权

一般的市场交易合同，除非有法律明确规定或双方合同约定，否则一方提前解除合同即构成违约，守约方可要求其承担违约责任。而委托合同是以双方信任为存在的条件，如

---

❶ 最高人民法院民法典贯彻实施工作领导小组主编：《中华人民共和国民法典合同编理解与适用［四］》，人民法院出版社，2020，第2469—2470页。

❷ 孙宪忠、朱广新主编：《民法典评注：合同编典型合同与准合同4》，中国法制出版社，2020，第216—217页。

果一方不守信用，失信于另一方，则继续履行合同已无必要，因此法律赋予双方当事人享有任意解除权。对此，《民法典》第九百三十三条前半句规定："委托人或者受托人可以随时解除委托合同。"根据该规定，即只要一方想终止委托合同，就可以随时解除合同，而且无须任何理由。

在电力用户与售电公司签订的委托合同中，一般都约定一定起止时间的委托期限，该期限尚未届满的情况下，电力用户可能会基于售电价格优惠未达到预期、对售电公司服务不满意等因素，想要更换售电公司。售电公司也可能会考虑效益、合作等各种因素而选择提前终止与电力用户的合同。案例3中，售电公司与电力用户达成了电力交易委托合同，双方也就拥有了随时解除合同的权利。之后电力用户向售电公司通过发送书面的《解除合同通知书》的形式作出了意思表示，单方面解除了该委托合同，根据《民法典》第九百三十三条的规定，当事人上述解除委托合同的行为符合法律规定。

四、售电公司和电力用户解除电力交易委托合同之后应赔偿对方的损失

尽管《民法典》赋予当事人随时解除合同的权利，但是权利不能滥用。因此，《民法典》第九百三十三条规定："……因解除合同造成对方损失的，除不可归责于该当事人的事由外，无偿委托合同的解除方应当赔偿因解除时间不当造成的直接损失，有偿委托合同的解除方应当赔偿对方的直接损失和合同履行后可以获得的利益。"所谓"解除合同时间不当"，即不利于对方当事人的时期，就不利于委托人方面而言，是指当受托人在未完成委托事务的情况下解除合同时，委托人自己不可能亲自处理该项事务，而且又不能及时找到合适的受托人代他处理该委托事务而发生损害的情形；就不利于受托人方面而言，是指委托人在受托人处理委托事务尚未完成前解除了合同，使受托人因不能继续履行义务而少获得报酬。委托人除对受托人已履行的部分给付报酬外，对在不可归责于受托人的情况下，因解除委托合同给受托人造成的报酬减少承担赔偿责任❶。

关于损害赔偿范围，在无偿委托中，解除方的责任范围仅限于直接损失；而在有偿委托中，解除方的责任范围不仅包括直接损失，还包括间接损失，即可得利益损失。直接损失就是实际损失，是指当事人信赖合同能够履行并得到履行利益所提前支出的费用或财产因违约遭受的损失。可得利益是指如果合同按照约定履行当事人原本应当得到的经济利益。需要说明的是，原《合同法》第四百一十条规定："委托人或者受托人可以随时解除委托合同。因解除合同给对方造成损失的，除不可归责于该当事人的事由以外，应当赔偿损失"。由于该条未明确具体的赔偿范围，导致司法裁判尺度不一，有的法院只认可直接损失［如（2005）民二终字第143号民事判决书］，有的法院认为可得利益也应赔偿［（2015）民一终字第226号］。《民法典》第九百三十三条明确了赔偿范围，终止了上述争议。

上述案例是依据原《合同法》裁判的。售电公司主张电力用户应支付其因解除合同导致的预期可得利益损失，但法院认为："该款项系售电公司的可期待利益，并非其直接损失，况且该可期待利益也并不确定，受政策变化、供需关系、经济大环境、企业经营状况

---

❶ 黄薇主编：《中华人民共和国民法典合同编释义》，法律出版社，2020，第890页。

等各方面因素影响。在双方实际合作期限结束、双方利润均已结清的情况下，售电公司主张电力用户赔偿该预期可得利益的依据不足",故不予支持售电公司主张，该案如果发生在《民法典》颁布之后，法院裁判可能是另一种结果。

【启示】

（1）在电力交易委托合同履行过程中，售电公司和电力用户都有任意解除委托合同的权利，但因该解除合同的行为给对方造成损失的，应予赔偿。在电力用户与售电公司构成买卖合同等其他类型合同法律关系的情况下，由于法律并未规定相应的任意解除权，电力用户或售电公司想要提前解除合同，需慎重决策。

（2）当事人的任意解除权一般须以通知的方式行使。根据《民法典》第五百六十五条规定，当事人一方依法主张解除合同的，应当通知对方，合同自通知到达对方时解除。当事人也可以直接以提起诉讼或者申请仲裁的方式行使解除权。站在诚信的角度，不管是售电公司还是电力用户，如果要解除合同，都应当提前通知，给予对方一定的准备时间，尽量避免或减少因此给对方造成的损失。

3. 售电公司因自身过错造成电力用户损失的，应当予以赔偿

案例4：A 实业有限公司与 B 工程有限公司买卖合同纠纷案[1]

一审原告（反诉被告）、二审被上诉人：A 实业有限公司

一审被告（反诉原告）、二审上诉人：B 工程有限公司

A 实业有限公司诉讼请求：①B 工程有限公司向 A 实业有限公司支付合同违约金 740 万元。②B 工程有限公司承担本案诉讼费用。事实与理由：A 实业有限公司与 B 工程有限公司签订《电力交易合同》。但 B 工程有限公司未经 A 实业有限公司同意在广东电力交易市场系统撤销代理关系确认，拒不履行《电力交易合同》。因此 A 实业有限公司只能采取补救措施，与其他第三方签订了购售电协议。B 工程有限公司根本违约，应当按照合同约定向 A 实业有限公司承担违约责任。

B 工程有限公司反诉请求：①解除 B 工程有限公司与 A 实业有限公司签订的《电力交易合同》。②A 实业有限公司向 B 工程有限公司支付合同违约金 740 万元。③由 A 实业有限公司承担本案的全部诉讼费用（含本诉及反诉）。事实与理由：B 工程有限公司与 A 实业有限公司签订了《电力交易合同》及《补充协议》。但在合同履行过程中，A 实业有限公司却擅自在 2017 年 11 月 10 日前另行与其他第三方签订购售电协议并确立了代理关系，故合同的违约方显然是 A 实业有限公司。

一审法院认定事实如下：2017 年 10 月 16 日，A 实业有限公司（甲方）与 B 工程有限公司（乙方）签订《电力交易合同》，约定双方将通过广东省电力交易中心及电网经营企业的输配电往来完成购售电交易。合同第 1 条约定双方同意自 2018 年 1 月 1 日至 2018 年 12 月 31 日，甲方将此期间其全部电量委托乙方进行电力交易，甲方愿意向乙方总购电约 9520 万千瓦时，其中首年度购电 9520 万千瓦时。甲方同意乙方在双方交易期间任意采用"双边协商""集中竞价"

---

[1] 裁判文书：（2018）粤 0112 民初 2560 号一审民事判决书、（2019）粤 01 民终 5975 号二审民事判决书。

等多种广东电力交易中心许可的交易方式在电力市场购电参与电力批发交易。1月、3月至12月每月交易电量均为820万千瓦时,2月交易电量为500万千瓦时。第2条约定甲乙双方同意在甲方现行目录电价的基础上下降0.08元/千瓦时,即固定价差为0.08元/千瓦时(含税)进行上述约定电量的电力交易,此价差与甲方现行适用的目录电价联动。第6条约定本协议书签订后,甲方同一交易周期内不得与其他市场主体再次签订同类型代理交易协议。第10条约定由于乙方原因导致本合同无法履行的,违约部分电量按照0.08元/千瓦时(含税)赔偿甲方。

2017年9月30日,广东省经济和信息化委员会发布电力函226号,对2018年电力市场交易规模、市场主体准入、年度及月度市场化交易等作出相关安排,其中年度双边协商交易相关安排确定系统开放双方协商合同电量申报的开始时间为2017年10月11日9时,双边协商合同电量申报期截至2017年11月10日24时。售电公司、电力大用户申报的月度需求总电量减扣月度双边协商电量、年度合同集中交易的分月电量后,剩余电量为月度集中竞争电量。年度双边协商交易结束后,广东电力交易中心根据市场用户2016年10月至2017年9月的实际用电量,开展交易结果校核工作。年度双边协商交易完成校核后,拟组织开展年度合同集中交易。

2017年10月12日,广东电力交易中心发布《广东电力交易中心关于明确2018年双边协商交易组织有关事项的通知》,通知明确:①交易校核所取用的售电公司与市场用户代理关系以2017年11月10日24时为准。②发电企业发起双边协商交易申报并经用电企业确认后,市场主体不可自行退回。

2017年10月30日,B工程有限公司员工李×乙在广东电力市场交易系统发起B工程有限公司与A实业有限公司的代理关系申请,后于2017年11月7日撤销了全部交易类型的代理关系申请。

2017年11月9日,A实业有限公司(甲方)与案外人F售电有限公司(乙方)签订《购售电服务合同》,合同约定自2018年1月1日至2018年12月31日,甲方同意向乙方以"年度双边协商"方式购买电量10050万千瓦时。甲乙双方同意在现行目录电价的基础上下降7.1分/千瓦时(含税),此价差与甲方现行的目录销售电价联动。上述交易在广东电力交易市场系统进行了确认。

2017年11月10日,A实业有限公司向B工程有限公司李×乙邮寄落款日期是2017年11月9日的《告知函》,主要内容为:"……贵司于2017年11月7日在交易中心撤回代理关系确认申请及《电力交易合同》,我司得知后当即向贵司沟通确认,贵司于2017年11月7日明确告知我司:因贵司问题无法履行《电力交易合同》。我司于2017年11月8日前往贵司进行情况确认,贵司再次告知我司无法履行《电力交易合同》,并向我司退回贵司所执的《电力交易合同》……现正式函告贵司:如因贵司原因导致《电力交易合同》无法履行的,我司将立即采取自救措施,并保留向贵司追究违约责任的权利……"该《告知函》因收件人不在指定地址而被退回。

2017年12月5日下午,A实业有限公司邓××和李×甲到B工程有限公司向李×乙当面送达了《告知函》,并商讨撤销代理关系赔偿问题。在谈话中,李×甲提及B工程有限公司11月7日撤回代理关系申请,A实业有限公司只能自行解决剩下的问题,李×乙表示"当时我们也是本着客户不要因为我们的原因受到更大的损失"。

2017年12月26日，A实业有限公司向B工程有限公司邮寄《索赔函》，正式函告B工程有限公司："……根据《电力交易合同》约定，贵司应当向我司支付违约金为0.08元/千瓦时乘以9250万千瓦时，总额为740万元。但考虑到贵我双方友好合作关系，我司就贵司违约行为提出协商解决方案，亦为我司最低限度可接受的赔偿方案：即以0.009元/千瓦时乘以9250万千瓦时，总额为832500元……"B工程有限公司对A实业有限公司的索赔请求未予回复，A实业有限公司经催讨无果，遂提起本案诉讼。

一审法院认为，A实业有限公司与B工程有限公司签订的《电力交易合同》是双方当事人的真实意思表示，合同内容不违反法律、行政法规的效力性强制性规定，合法有效，双方均应依约履行。本案双方的争议焦点为：一、案涉《电力交易合同》是否已解除；二、案涉合同未能履行是因哪方的违约行为所导致；三、违约金该如何确定。

一、关于第一个争议焦点。根据《广东电力市场交易基本规则（试行）》第二十九条规定，一般用户在同一时期内只可选择一家售电公司购电。A实业有限公司与B工程有限公司签订案涉《电力交易合同》及《补充协议》，是为了向B工程有限公司购买2018年度的电量，并委托B工程有限公司进行电力交易。B工程有限公司2017年11月7日在广东电力交易市场系统上撤销了其与A实业有限公司全部交易类型的代理关系申请后，A实业有限公司于2017年11月9日与案外人另行签订《购售电服务合同》并在广东电力交易市场系统进行了确认，根据上述《交易规则》的规定，案涉合同此时实际已不能履行。故本案双方当事人是以实际行动在2017年11月9日解除了案涉《电力交易合同》。

二、关于第二个争议焦点。本院认为案涉合同未能履行是因为B工程有限公司的违约行为所致，理由如下：

首先，B工程有限公司辩称A实业有限公司一直未在电力交易系统上确认代理关系，所以其在11月7日撤销代理关系申请。但根据电力函226号，双边协商合同电量申报期截至2017年11月10日24时。如果A实业有限公司未在电力交易系统上确认代理关系，B工程有限公司完全有时间催告A实业有限公司进行确认，但B工程有限公司没有证据显示其在电力交易系统上申请时通知并催告A实业有限公司确认代理关系。B工程有限公司未作任何催告即在离截止尚有三日时间的情况下自行撤销代理关系申请不符合常理。B工程有限公司进一步辩称其只是将双边协议的代理申请暂时撤回，以后可用集中交易的方式再行申请。本院认为B工程有限公司该辩论意见不具合理性。根据《广东电力市场交易基本规则（试行）》第四十九条，在月度基数电量计划和月度双边协商交易电量的基础上，首先组织月度合同电量转让交易，然后开展月度集中竞争交易。电力函226号亦明确售电公司、电力大用户申报的月度需求总电量减扣月度双边协商电量、年度合同集中交易的分月电量后，剩余电量为月度集中竞争电量。可见，电力交易的时序是先进行双边协商交易，再进行集中竞争交易。在A实业有限公司已经与B工程有限公司签订《电力交易合同》，在交易电量与交易价格均已确定的情况下，促进代理关系的确认是对B工程有限公司最有利的方式。在代理关系确认尚有充裕时间的情况下，B工程有限公司不去催促A实业有限公司尽快确认，转而寄望于结果不确定的集中竞价交易，显然不符合常理。

其次，在 A 实业有限公司邓××和李×甲到 B 工程有限公司向《电力交易合同》的联系人李×乙当面送达《告知函》并商讨撤销代理关系赔偿问题时，李×乙表示"当时我们也是本着客户不要因为我们的原因受到更大的损失"，表明案涉《电力交易合同》不能履行的原因在于 B 工程有限公司。这一点与 A 实业有限公司在《告知函》中陈述"……贵司于 2017 年 11 月 7 日明确告知我司：因贵司问题无法履行《电力交易合同》。我司于 2017 年 11 月 8 日前往贵司进行情况确认，贵司再次告知我司无法履行《电力交易合同》，并向我司退回贵司所执的《电力交易合同》……"的内容相互印证。

最后，A 实业有限公司于 2017 年 11 月 9 日与案外人 F 售电有限公司签订《购售电服务合同》中确定的电价是在现行目录电价的基础上下降 7.1 分 / 千瓦时，与 B 工程有限公司的《电力交易合同》相差 0.9 分 / 千瓦时。若非 B 工程有限公司不能履行《电力交易合同》，A 实业有限公司没有理由在双边协商合同电量申报期截止前另行与案外人签订价格更高的合同。这进一步说明是因为 B 工程有限公司的原因导致案涉《电力交易合同》不能履行。

三、关于第三个争议焦点。B 工程有限公司因其违约行为不履行案涉合同，B 工程有限公司应向 A 实业有限公司承担相应的违约责任。案涉《电力交易合同》第 10 条约定由于 B 工程有限公司原因导致合同无法履行的，违约部分电量按照 0.08 元千瓦时（含税）赔偿 A 实业有限公司。A 实业有限公司主张违约金为 740 万元，B 工程有限公司对违约金的计算方式无异议，但认为违约金总额过高。本院认为，根据《最高人民法院关于适用〈中华人民共和国合同法〉若干问题的解释（二）》第二十九条第二款规定，当事人约定的违约金超过造成损失的百分之三十的，一般可以认定为合同法第一百一十四条第二款规定的"过分高于造成的损失"。在本案中，B 工程有限公司给 A 实业有限公司造成的实际损失为 A 实业有限公司与案外人签订的售电代理协议相较于与 B 工程有限公司签订的售电代理协议价差 0.009 元 / 千瓦时，总损失为 9520 万千瓦时 ×0.009 元 / 千瓦时 =856800 元。A 实业有限公司在本案中主张违约金 740 万元明显高于其实际损失。考虑到 B 工程有限公司擅自撤回代理申请，A 实业有限公司在 B 工程有限公司违约后多次与 B 工程有限公司协商赔偿，但 B 工程有限公司未予理会等情况，根据公平原则和诚实信用原则，本院将违约金依法调整为以实际损失为基础上浮百分之三十计算，即 1113840 元［856800 元 ×（1+30%）=1113840 元］。对超出部分的违约金，本院不予支持。

综上所述，判决如下：①原告（反诉被告）A 实业有限公司与被告（反诉原告）B 工程有限公司签订的《电力交易合同》和《电力用户增值服务补充协议》于 2017 年 11 月 9 日解除。②被告（反诉原告）B 工程有限公司于本判决发生法律效力之日起十日内向原告（反诉被告）A 实业有限公司支付违约金 1113840 元。③驳回原告（反诉被告）A 实业有限公司的其他诉讼请求。④驳回被告（反诉原告）B 工程有限公司的全部诉讼请求。

B 工程有限公司上诉，请求：撤销一审判决第二项、第三项及第四项；改判驳回 A 实业有限公司对 B 工程有限公司的全部诉讼请求；改判 A 实业有限公司向 B 工程有限公司支付合同违约金 740 万元。

二审法院对一审法院查明的事实予以确认。二审法院认为：一审认定事实清楚，判决并无不当。判决如下：驳回上诉，维持原判。

案例 5：A 石粉厂与 B 售电有限公司委托合同纠纷案 ❶

一审原告、二审上诉人、再审申请人：A 石粉厂

一审被告、二审被上诉人、再审被申请人：B 售电有限公司

一审原告诉称，原告与被告签订委托代理合同及补充协议，约定由被告代理原告进行 2017 年全年直购电交易。但被告不仅未替原告拿到合同约定电量，而且没有将委托代理合同备案，导致原告无法参加 2017 年直购电交易，无法享受电价优惠。被告不履行合同义务构成违约，应赔偿原告购电差价损失。

法院审理查明，2017 年 11 月 18 日，原告（甲方、委托方）与被告（乙方、受托方）签订《委托代理合同》，约定原告委托被告代理其参与电力交易、代理购售电，由被告在电力交易市场组织电量出售给原告；原告实际电量超过成交电量的部分，按照原告原执行目录电价结算，电价差利润＝成交电量×电价差；原告实际电量低于成交电量，电价差利润＝实际电量×电价差；电价差利润甲乙双方按甲方 80%（含税）、乙方 20%（含税）的比例进行分配。合同签订后，被告联系多家电厂购电，但最终未成功购电。

一审法院认为，首先，在双方签订的委托代理合同中，被告未承诺会成功购电。双方约定被告代理原告购电，在电力交易市场组织优质优价电量出售给原告，并约定成功购电后，须按照电力交易规则及参与电力市场交易，签订和履行购售电合同，故从合同内容看双方对购电能否成功是不确定的，被告的委托事项仅为代理购电，而非成功购电。其次，合同项下并未约定原告向被告支付委托报酬的数额，双方约定在成功购电后，被告按实际成交价格与目录电价之间的电价差利润计算收取委托报酬，即原告在购买到参加交易电量而节省的费用中，按一定比例向被告支付报酬。因此，被告收取代理费是附条件的，在购电成功之前，被告为无偿代理，购电成功之后，被告为有偿代理。本院认为在签订合同时，原、被告双方对不能成功购电的可能性都有预测。被告未成功购电，并未构成违约。再次，被告在成功购电前处理委托事务是无偿的。根据合同法的有关规定，无偿的委托合同，因受托人故意或重大过失给委托人造成损失的，委托人可以要求赔偿损失。原告认为被告未及时将合同备案导致其不能参加双边交易存在过错，参加双边交易的前提是被告为原告购买到用于交易的电量，且根据《辽宁省电力中长期交易规则（暂行）》规定，选择售电公司代理交易的用户只能由一家售电公司代理。被告在未购到电的情况下，绑定原告的交易对象，原告将无法向其他企业购电。故本院认为被告在处理委托事务过程中不存在过错，原告提供的证据亦不能证明被告购不到电存在故意或重大过失。且按常理分析，被告签订委托代理合同的目的是为获取代理费，如果在有电可购的情况下，其理应积极完成委托事项，取得委托报酬。综上，原告主张被告赔偿因违约给原告造成的购电差价损失 773500 元的诉讼请求，没有事实和法律依据，本院不予支持。

一审法院判决如下：驳回原告的诉讼请求。

---

❶ 裁判文书：（2018）辽 0203 民初 2345 号一审民事判决书、（2018）辽 02 民终 8272 号二审民事判决书、（2019）辽民申 3273 号再审审查与审判监督民事裁定书、（2020）辽 02 民再 115 号再审民事判决书。

A 石粉厂上诉请求：撤销一审判决并依法改判 B 售电有限公司给付 773500 元经济损失或将本案发回重审；上诉费用由 B 售电有限公司承担。

二审法院认为，上诉人与被上诉人在案涉合同中约定，双方按照电价差利润进行二八分成，除此之外，上诉人无须给付被上诉人任何委托代理费用；而电价差利润只有在被上诉人受托购电成功后方可产生，故被上诉人因案涉委托代理合同获得一定报酬的前提是购电成功；如未成功购电，则上诉人无须向被上诉人支付任何费用。据此，上诉人与被上诉人之间形成的委托代理关系并非有偿代理关系。在被上诉人接受委托而代理上诉人与第三方协商购电至购电成功前，案涉委托代理合同也未约定在此期间产生的费用由上诉人承担，故被上诉人在此期间的行为确属无偿。本案中，案涉委托代理合同并未约定被上诉人成功购电为强制性义务及未购电成功时应承担责任，上诉人提供的证据也不足以证明被上诉人在双方洽谈签订案涉委托代理合同过程中已向被上诉人承诺为其成功购电。故，上诉人主张被上诉人应对未成功购电承担赔偿责任无事实和法律依据。

综上所述，A 石粉厂上诉请求不能成立，应予驳回，判决如下：驳回上诉，维持原判。

A 石粉厂申请再审，请求撤销原判，依法再审。

再审法院经审查，裁定：指令二审法院再审本案。

A 石粉厂申请再审称，请求撤销一审民事判决，判令 B 售电有限公司赔偿因违约造成的购电差价损失 773500 元。

再审法院再审查明的事实与二审认定的事实一致。

再审法院再审认为，本案中，被申请人作为再审申请人在 2017 年度内的唯一代理方，在再审申请人全部用电量范围内参与市场化电力交易，双方形成委托合同关系。关于委托合同的利润分成模式，双方约定电价差利润按再审申请人 80%、被申请人 20% 的比例进行分配。故案涉《委托代理合同》系有偿的委托代理合同。本案中，被申请人没有完成委托事项，未能成功购电，再审申请人未能享受优惠电价且存在损失系不争的事实。对于被申请人在履约过程中是否存在过错，本院认为，2017 年 11 月 16 日印发的《辽宁省工业和信息化委国家能源局东北监管局关于组织开展我省第四次双边交易的通知》第三条规定：拟通过售电公司代理购电的电力用户必须与售电公司签订委托代理协议并送交交易中心备案；参与交易的是售电公司为第一批已完成注册的售电公司。《辽宁电力市场售电公司履约保函管理办法》第五条规定：售电公司将与电力用户签订的代理合同向辽宁电力交易中心报备后，方可参与交易。被申请人作为再审申请人在 2017 年度全部用电量范围内参与市场化电力交易的唯一代理方，应严格按照上述规定的要求及时将双方签订的委托代理合同向辽宁电力交易中心报备，备案后方能参与正常的电力市场交易，否则被申请人不具备交易资格。本案中，被申请人显然未将委托代理合同备案，其不具备在电力市场进行交易的资格。对此，被申请人存在过错。

关于被申请人未能成功购电的原因，被申请人辩解系因电力市场无电可售，故而未能完成购电义务，被申请人称其已联系多家电厂，电厂均表示无电可售。本院认为，被申请人主张其已向多家电厂联系购电，但并没有相应的证据予以证明。对于被申请人主张的多家电厂均表示无电可售，其也仅是提供了 C 热电有限责任公司购电咨询函回函，该公司表示交易额度已满，已无剩余市场交易电量。被申请人未能提供其他公司关于已无剩余电量可供交易的明确书面回函。被申请人不能证明在其未按相关文件要求及时备案的情况下,其已积极履行了合同约定的义务,未能成功购电确系因市场无电可售所致。被申请人未能就其在履约过程中无过错提供充分的证据予以证明,应承担举证不能的不利后果。况且,《2017年度电力用户与发电企业第四次年度双边交易出清公告》显示,全年成交电量共计42.6亿千瓦时,超出交易规模的0.6亿千瓦时也全部成交。再审申请人在二审期间提供的录音证据亦显示,被申请人在2017年度已成功购电2.8亿度电,其并非完全未能成功购电,只是未将已购电量分配给再审申请人。故在本案现有证据情况下,若被申请人妥善履行合同义务,将双方签订的委托代理合同如期备案,具备市场交易主体资格,则再审申请人委托的电量具有全部成交的可能或被申请人至少可以在其成功购电的额度内分配给再审申请人部分电量,也不会导致再审申请人未能得到任何优惠电量。综上,被申请人关于因无电可购故而未能完成委托合同义务的辩解,本院不予采信。

关于被申请人应承担的违约责任计算方法如何确定一节,本院认为,如前所述,被申请人对于未能完成委托事项存在过错,对再审申请人造成的损失应予赔偿。该损失应为再审申请人实际购电花费的金额与委托交易电量按照优惠价格购买后的差额扣除再审申请人应给予被申请人的报酬。本案中,2017年度目录电价与优惠电价差额按照双方委托代理协议约定的计算方式即目录电价与成交价格加上输配电价和政府性基金附加值之和的差额〔0.5286-(0.3571+0.1327+0.0287)〕元/千瓦时×8500万千瓦时=85.85万元。再审申请人与被申请人在《委托代理合同》中约定电价差利润按再审申请人80%、被申请人20%的比例进行分配。双方在《补充协议》中同时约定:被申请人承诺合同项下2017年度双边协商交易的成交价格较现行辽宁省执行的目录电价至少低0.008元/千瓦时,低于0.008元/千瓦时部分的金额,甲乙双方按照5∶5比例分成。本案中,在购电成功的情况下,被申请人应分得收益为(0.01-0.008)元/千瓦时×50%×8500万千瓦时+0.008元/千瓦时×20%×8500万千瓦时=22.1万元。再审申请人的损失应为85.85万元-22.1万元=63.75万元。

综上,再审申请人的再审请求部分成立,应予支持。原一、二审判决虽认定事实清楚,但适用法律不当,应予纠正。判决如下:①撤销原一、二审民事判决。②B售电有限公司自本判决生效之日起十日内支付A石粉厂赔偿款63.75万元。③驳回A石粉厂的其他诉讼请求。

【分析】

一、售电公司与电力用户达成的合同是委托合同而不是买卖合同

如前所述,电力用户基于对电力交易专业技术的依赖和对售电公司专业化服务的信赖,将参加电力直接交易的劳务委托给售电公司,售电公司以其专业化的售电服务赢得电力用户、赚取收益,该电力交易服务即为可以委托的"事务",双方的交易服务合同实为委托合同。

案例4中,根据售电公司和电力用户签订的《电力交易合同》,电力用户选择售电公司代理其可任意采用"双边协商""集中竞价"等多种电力交易机构许可的交易方式在电力市场参与电力批发交易购电。因此,该合同属于委托合同。但是本案一审法院将当事人之间的纠纷定性为买卖合同纠纷,那意味着其将双方签订的《电力交易合同》认定为买卖合同,

定性不准确。如果是买卖合同，就不存在电力用户再委托其参与直接交易，售电公司通过双边交易或是集中竞价等方式获得电能，与履行其和电力用户之间的售电合同没有关系，电力用户也不用考虑售电公司从何处购买电能再出售给自己。因此，当事人之间建立的是委托合同关系而不是买卖合同关系，本案案由也应确定为委托合同纠纷。

案例5中，售电公司与电力用户签订了《委托代理合同》，约定电力用户委托售电公司代理其参与电力交易、代理购电，并明确约定了代理电力交易的价差及利润分成模式（双方约定电价差利润按电力用户80%、售电公司20%的比例进行分配），该合同显然是附条件的有偿委托合同。原一、二审判决采取"二分法"，倒果为因，认为在售电公司成功购电前处理委托事务是无偿的，此时为无偿的委托合同；在售电公司成功购电后因收取利润分成，此时处理委托事务是有偿的，合同也转化成有偿的委托合同，这种观点是错误的。实则，法院认定的"无偿代理行为"是由于售电公司违约造成的合同未正常履行，而不是签订合同的本意即为不收取报酬的无偿合同，两者有本质上的区别。案涉委托合同约定以处理委托事务结果来收取服务报酬，并没有约定无论结果如何都不收取报酬，不能直接将合同拆分理解为付款条件未成就就是无偿代理，不应以购电是否成功划分为有偿还是无偿。

二、售电公司因自身过错致电力用户损失的，应当赔偿其损失

受托人在处理委托事务过程中，应当勤勉注意，避免给委托人利益造成损失。对于因受托人的过错致委托人受损时，受托人应当承担赔偿责任。在无偿委托合同中，受托人仅负有一般的注意义务，在一般过失下并不承担赔偿责任，只有在故意和重大过失的情况下才对损害承担赔偿责任。而在有偿合同中，受托人可以从委托人处获取一定的报酬，故负有较高的注意义务，其不论存在故意、重大过失还是一般过失，给委托人造成损失的，都应承担赔偿责任。据此，《民法典》第九百二十九条规定："有偿的委托合同，因受托人的过错造成委托人损失的，委托人可以请求赔偿损失。无偿的委托合同，因受托人的故意或者重大过失造成委托人损失的，委托人可以请求赔偿损失。受托人超越权限造成委托人损失的，应当赔偿损失。"

结合案例4来看，售电公司与电力用户签订了《电力交易服务合同》，但是售电公司未按照合同约定履行代理购电义务，而是未经电力用户同意擅自撤销全部交易类型的代理关系申请，导致委托合同无法履行，属于根本违约行为。这种情况下，根据《民法典》第五百六十三条"有下列情形之一的，当事人可以解除合同：……（二）在履行期限届满前，当事人一方明确表示或者以自己的行为表明不履行主要债务"的规定，电力用户可以依法单方解除合同。为了避免造成更大损失，电力用户与案外人另行签订《购售电服务合同》并在电力交易市场系统进行了确认，此时案涉合同实际已不能履行，也就是双方当事人以实际行动解除了案涉《电力交易合同》。这种合同结局的造成，是由售电公司拒不履行委托合同的过错行为造成的，导致电力用户不得不与案外人另行签订《购售电服务合同》，降价幅度小于原合同约定，支付了更高的电价，造成了实际损失。对此，售电公司理应按照合同约定承担赔偿责任，由于约定的违约金标准过分高于电力用户的实际损失，法院将违约金依法调整为以实际损失为基础上浮百分之三十计算。

在案例 5 中，根据《民法典》第九百二十九条规定，售电公司对于最终未成功购电的结果存在过错。售电公司主张其在履约过程已积极履行合同义务，自身并无过错，未能成功购电确系因市场无电可售所致，但法院认定其并没有证据证明该主张，故不予采信。根据相关证据显示，若售电公司妥善履行合同义务，将双方签订的委托代理合同如期备案，具备市场交易主体资格，则电力用户委托的电量具有全部成交的可能或售电公司至少可以在其成功购电的额度内分配给电力用户部分电量，也不会导致电力用户未能得到任何优惠电量，因此售电公司很难证明自己没有过错，就应当赔偿给电力用户造成的损失。至于损失的金额，法院是按照电力用户在购电成功的情况下应分得的收益来计算的。

【启示】

（1）售电公司为了争抢客户、抢占市场，往往重视客户开发、忽略合同细节，难免出现事前约定合同内容考虑不周全、证据保全意识不强等问题。一旦交易过程出现意外达不到合同约定的预期目的，就面临较大法律风险，出现如上述案例中败诉的结果。因此，售电公司必须重视合同与证据，也要勤勉敬业、诚信履约，熟悉掌握和适应适用交易规则，积极处理参与电力交易、代理购售电、申报电量等委托事务，避免因存在过错而承担赔偿责任。

（2）售电公司与电力用户应当就委托事项、交易流程、各方义务、违约情形、免责事由等作出具体规定，如在交易系统上进行代理关系确认、双边协商交易申报确认、参与后续的购电交易等全过程交易流程中双方如何衔接配合，电力用户的委托事项，售电公司可以单方退出代理关系的情形以及因电力用户未及时配合等责任产生损失如何分担等内容事前在委托合同中作出明确详细的约定。如果未作约定，一旦电力交易无法按约定完成，作为专门从事电力交易的售电公司，则可能被法院认为存在未尽提示义务、未勤勉履行受托人义务、未及时报告处理等过错，将承受更大的风险。

4. 电力用户订立电力交易委托合同后又与第三方另行签订同类合同的，应当向售电公司承担违约责任

案例 6：A 能源技术有限公司与 B 电池有限公司买卖合同纠纷案 ❶

原告：A 能源技术有限公司

被告：B 电池有限公司

原告 A 能源技术有限公司诉讼请求：①判令被告向原告支付 2019 年 1 月 1 日至 2019 年 12 月 31 日期间的收益分成 51584.67 元。②诉讼费由被告承担。事实和理由：2018 年 12 月 15 日，原、被告签订《购售电交易合同》，约定被告委托原告代理购电业务，被告在协议有效期内不得与其他市场主体再次签订委托购电协议，违反此约定的将承担违约责任。但被告与第三方重复签订购售电代理合同，将本应委托原告的代理业务委托给第三方，已构成根本违约，并向原告发出《解除合同通知书》，要求单方解除合同。

法院认定事实如下：2018 年 12 月 15 日，原告 A 能源技术有限公司与被告 B 电池有限公司

---

❶ 裁判文书：（2020）粤 1284 民初 2006 号民事判决书。

签订《购售电合同》,约定被告委托原告购电,交易期自 2018 年 12 月 15 日至 2020 年 12 月 31 日,每年购电量约 2077 万千瓦时,原告采用月度竞价或其他方式购电供被告使用,每月月度竞价电量以被告每月 15 日提交给原告的月度交易电量需求计划为准,月度电量成功交易产生的收益双方进行分成,被告占 75%、原告占 25%,被告在协议有效期内不得与其他市场主体再次签订委托购电协议,违反此约定的,被告将承担违约责任等内容。签订合同后,被告没有按合同约定向原告提供到广东电力交易中心注册备案所需的资料。2018 年 12 月,原告向广东电力交易中心查询发现,被告已委托第三方代理 2019 年度的购电业务。2019 年 10 月至 12 月期间,原、被告经沟通协商,被告提供相关资料给原告,由原告在广东电力交易平台注册成为被告的代理人,为被告开展竞价购买 2020 年度用电量的业务。

另查明:被告在 2019 年的用电量,1 月为 65.912 万千瓦时、2 月为 45.324 万千瓦时、3 月为 82.604 万千瓦时、4 月为 77.944 万千瓦时、5 月为 68.776 万千瓦时、6 月为 70.112 万千瓦时、7 月为 82.368 万千瓦时、8 月为 52.44 万千瓦时、9 月为 37.584 万千瓦时、10 月为 32.352 万千瓦时、11 月为 24.42 万千瓦时、12 月为 21.624 万千瓦时。

根据广东电力交易中心平台数据显示,2019 年 1 月的电力竞价价差为 0.03505 元 / 千瓦时、2019 年 2 月的电力竞价价差为 0.0372 元 / 千瓦时、2019 年 3 月的电力竞价价差为 0.03405 元 / 千瓦时、2019 年 4 月的电力竞价价差为 0.0288 元 / 千瓦时、2019 年 5 月的电力竞价价差为 0.0293 元 / 千瓦时、2019 年 6 月的电力竞价价差为 0.03095 元 / 千瓦时、2019 年 7 月的电力竞价价差为 0.0305 元 / 千瓦时、2019 年 8 月的电力竞价价差为 0.02995 元 / 千瓦时、2019 年 9 月的电力竞价价差为 0.0295 元 / 千瓦时、2019 年 10 月的电力竞价价差为 0.029 元 / 千瓦时、2019 年 11 月的电力竞价价差为 0.02795 元 / 千瓦时、2019 年 12 月的电力竞价价差为 0.02695 元 / 千瓦时。

法院认为,原、被告签订《购售电合同》,被告委托原告通过广东电力交易中心竞价购买电力,双方构成合法的委托合同关系,受法律保护,故本案案由应为委托合同纠纷。原、被告均应按合同行使权利、履行义务。但被告在和原告签订合同后,却另行委托第三方代理竞价购买 2019 年度的电力,违反了合同第 5 条"本协议书签订以后,甲方在本协议有效期内不得与其他市场主体再次签订委托购电协议,违反此约定的甲方将承担违约责任"的约定,造成原告无法履行代理被告竞价购买 2019 年度电力的义务,原告因此要求被告赔偿损失符合我国《合同法》第一百零七条❶"当事人一方不履行合同义务或者履行合同义务不符合约定的,应当承担继续履行、采取补救措施或者赔偿损失等违约责任"的规定,本院予以支持;原告要求被告根据其 2019 年度的用电量乘以竞价价差计算收益,再按原告所占的收益分成比例 25% 计算被告应赔偿的数额为 51584.67 元,该赔偿数额符合《合同法》第一百一十三条第一款❷"当事人一方不履行合同义务或者履行合同义务不符合约定,给对方造成损失的,损失赔偿额应当相当于因违约

---

❶《民法典》第五百七十七条 当事人一方不履行合同义务或者履行合同义务不符合约定的,应当承担继续履行、采取补救措施或者赔偿损失等违约责任。

❷《民法典》第五百八十四条 当事人一方不履行合同义务或者履行合同义务不符合约定,造成对方损失的,损失赔偿额应当相当于因违约所造成的损失,包括合同履行后可以获得的利益;但是,不得超过违约一方订立合同时预见到或者应当预见到的因违约可能造成的损失。

所造成的损失,包括合同履行后可以获得的利益"的规定,本院予以采纳。

判决如下:被告B电池有限公司应于本判决生效之日起10日内向原告A能源技术有限公司赔偿损失51584.67元。

案例7:A能源技术有限公司与B木业有限公司、C木业有限公司合同纠纷案 ❶

一审原告、二审被上诉人、再审被申请人:A能源技术有限公司

一审被告、二审上诉人、再审申请人:B木业有限公司

一审被告、二审上诉人、再审申请人:C木业有限公司

A能源技术有限公司起诉请求:①B木业有限公司赔偿A能源技术有限公司损失95万元。②C木业有限公司对上述债务承担连带清偿责任。③B木业有限公司、C木业有限公司承担本案诉讼费用。

一审法院认定事实:B木业有限公司为C木业有限公司独资设立的一人有限责任公司。2017年7月29日,A能源技术有限公司与B木业有限公司签订《购售电合同》,约定:自2017年7月29日至2022年12月31日为双方进行电力交易期,B木业有限公司委托A能源技术有限公司购电,每年购电量约3830万千瓦时;双方同意上述约定电量中的2000万千瓦时按在现行目录电价的基础上下降3分/千瓦时(含税)的价格进行电力交易,此价差与B木业有限公司现行的目录电价联动,长协(注:是长期协议的简称,一般指年度及多年以上的电量交易)其余收益为A能源技术有限公司所有;月度竞得电量的成交价差扣除偏差电量结算价格后进行利益分成,分成比例为B木业有限公司占60%、A能源技术有限公司占40%;如不能按上述模式进入广东电力交易中心交易则按月度电量成功交易产生的收益双方按6∶4分成;B木业有限公司在本协议有效期内不得与其他市场主体再次签订委托购电协议,违反此约定的,B木业有限公司将按合同法相关法律规定承担违约责任。同日,B木业有限公司向A能源技术有限公司出具《购电代理服务委托书》,载明:B木业有限公司委托A能源技术有限公司前往相关部门办理备案,注册成为符合电力交易准入条件的电力用户;B木业有限公司同意成为符合电力交易准入条件的电力用户后,由A能源技术有限公司代理其成为准入电力用户后的第一年度到第6年度的电力交易事宜,双方以委托方占60%、受托方占40%的比例共同分配电力交易带来的电厂价差返利。

上述合同签订后,B木业有限公司为了成为电力一般用户向A能源技术有限公司提交的申报材料中显示其2016年用电量为541万千瓦时,2017年1—9月份用电量为2269.38千瓦时,2017年度预计用电量为3830万千瓦时。

2017年10月20日,A能源技术有限公司与××热电有限公司签订《购售电合同》,约定:自2018年1月1日至2018年12月31日,A能源技术有限公司向××热电有限公司购买长协电量40000万千瓦时,长协电量优惠价差为在××热电有限公司现行上网电价的基础上下降0.076元/千瓦时(含税)。

---

❶ 裁判文书:(2018)粤03民终18275号二审民事判决书、(2019)粤民申4503号再审审查与审判监督民事裁定书。

2017年10月，B木业有限公司与案外人签订购售电合同，并在电力交易平台进行了注册和绑定。

2017年11月6日，A能源技术有限公司向B木业有限公司邮寄《律师函》，认为B木业有限公司在与A能源技术有限公司签订合同后又与其他电力交易市场主体签订委托购电协议，严重违约，要求双方协商处理继续履行或违约赔偿事宜。B木业有限公司拒收。

一审法院认为：本案A能源技术有限公司与B木业有限公司签订的《购售电合同》为双方真实意思表示，不违反法律、行政法规的强制性规定，故该合同依法成立并生效。B木业有限公司根据《广东电力市场交易基本规则（试行）》的规定主张电力交易需经电力交易平台绑定和安全校核后方才生效，但该基本规则并非法律、行政法规，依据《合同法》第四十四条❶关于"法律、行政法规规定应当办理批准、登记等手续生效的，依照其规定"的规定，对B木业有限公司的上述意见不予采纳。

B木业有限公司在《购售电合同》依法成立并生效的情况下，与案外人签订购售电合同，并在电力交易平台进行了注册和绑定，严重违反合同约定，已经构成了根本违约，应向A能源技术有限公司支付因违约造成的损失，包括合同履行后可以获得的利益。根据B木业有限公司违约的情节、合同约定的内容以及B木业有限公司向A能源技术有限公司提交的申报材料所显示的用电量，A能源技术有限公司主张B木业有限公司向其支付一年的预期长协收益损失92万元有事实及法律依据，法院予以支持。

C木业有限公司为B木业有限公司的唯一股东，但其所提交的证据仅能证明二者分别纳税，而不足以证实二者之间财产独立，故应对B木业有限公司的上述债务承担连带清偿责任。

综上所述，一审法院判决：①B木业有限公司于一审判决生效之日起三日内赔偿A能源技术有限公司损失92万元。②C木业有限公司对B木业有限公司的上述债务承担连带清偿责任。

B木业有限公司、C木业有限公司上诉请求：①撤销一审判决，发回重审或改判驳回A能源技术有限公司的诉讼请求。②本案一审、二审诉讼费用均由A能源技术有限公司负担。

二审法院对一审法院认定的事实予以确认。

二审法院认为：上诉人B木业有限公司与被上诉人A能源技术有限公司签订的《购售电合同》是双方的真实意思表示，不违反法律的强制性规定，合法有效，双方均应遵照履行。B木业有限公司在上述合同签订后，又与案外人签订了购售电合同，并在电力交易平台进行注册和绑定，违反了双方合同的约定，构成根本违约，一审认定正确。对于违约金计算方法问题，一审以B木业有限公司支付一年的预期长协收益损失计，亦为根据本案实际及双方合同目的综合考虑，并无不当。C木业有限公司为B木业有限公司的唯一股东，一审认定其应为B木业有限公司承担债务的连带清偿责任正确，本院予以认同。

---

❶ 《民法典》第五百零二条　依法成立的合同，自成立时生效，但是法律另有规定或者当事人另有约定的除外。依照法律、行政法规的规定，合同应当办理批准等手续的，依其规定。未办理批准等手续影响合同生效的，不影响合同中履行报批等义务条款以及相关条款的效力。应当办理申请批准等手续的当事人未履行义务的，对方可以请求其承担违反该义务的责任。依照法律、行政法规的规定，合同的变更、转让、解除等情形应当办理批准等手续的，适用前款规定。

综上所述，B 木业有限公司、C 木业有限公司的上诉请求不能成立。判决如下：驳回上诉，维持原判。

B 木业有限公司、C 木业有限公司申请再审。

再审法院认为，本案系合同纠纷。B 木业有限公司与 A 能源技术有限公司签订的《购售电合同》是双方的真实意思表示，不违反法律、行政法规的强制性规定，合法有效。B 木业有限公司主张合同未生效，缺乏依据。B 木业有限公司签订上述合同后，又与案外人签订了购售电合同，并在电力交易平台进行注册和绑定，违反了双方合同的约定。二审法院根据本案实际并综合考虑双方合同目的，以 B 木业有限公司支付一年的预期长协收益计算 A 能源技术有限公司损失，并无不当。C 木业有限公司作为 B 木业有限公司的唯一股东，未能证明 B 木业有限公司财产独立于自己的财产，故二审法院判决 C 木业有限公司对 B 木业有限公司的债务承担连带清偿责任，并无不当。

再审法院裁定如下：驳回 B 木业有限公司、C 木业有限公司的再审申请。

案例 8：A 售电有限公司与 B 塑料制品厂委托合同纠纷案❶

原告：A 售电有限公司

被告：B 塑料制品厂

原告诉讼请求：①被告支付原告毁约金 3 万元。②本案诉讼费用由被告承担。事实与理由：被告作为甲方（委托方）、原告作为乙方（受托方）签订《购售电合同》，合同约定被告全权且唯一委托原告参与电力市场化交易。双方签订合同并生效后，被告又委托第三方代理其进入电力市场进行交易，原告丧失了代理被告进行电力交易获利的机会，被告的行为已构成毁约。

法院经审理查明：2019 年 6 月 3 日，原告 A 售电有限公司（乙方、受托方）与被告 B 塑料制品厂（甲方、委托方）签订《售电公司与电力用户购售电合同》，约定：甲方委托乙方代为处理电力市场化交易业务有关事宜；委托参与交易时间为 2019 年 6 月 3 日至 2022 年 6 月 2 日；委托期间，由广西电力交易中心按以下模式提供结算服务，双方同意以交易系统填报为准；企业进入交易前的电价与进入交易后电价差可按甲方 75% 含税、乙方 25% 含税的比例分配；甲方已认真履行广西电力市场主体的准入手续，符合广西电力市场准入条件，并纳入市场主体目录；甲方在委托期间内，未经乙方书面同意，不得擅自申请暂停市场主体资格或退出电力市场；甲方在委托期间内，全权且唯一委托乙方参与电力市场化交易，并按照约定方式支付电费，不得非法干预乙方任何合法的市场行为；本合同签订后，甲方在合同有效期内不得与其他市场主体再次签订本合同项下约定电量的交易合同；甲乙双方在签订本协议后，任何一方毁约，则赔偿对方毁约金三万元人民币。

被告 B 塑料制品厂于 2019 年 8 月 17 日进入电力市场交易。广西电力交易中心出具的《关于市场主体交易情况的复函》显示，被告的代理交易售电公司为 G 售电有限公司，代理交易合同期限为 2019 年 6 月—2024 年 6 月，系统确认代理时间为 2019 年 9-12 月、2020 年 1-12 月。

法院认为，原、被告双方订立的《购售电合同》系双方真实意思表示，不违反法律法规禁

---

❶ 裁判文书：（2020）桂 0102 民初 2333 号民事判决书。

止性和强制性规定,应为合法有效的委托合同,双方均应恪守履行。被告在签订涉案《购售电合同》后,又另行委托G售电有限公司代理参与电力市场交易,明显违反了合同关于委托方在委托期间内全权且唯一委托受托方参与电力市场交易的约定,其行为已构成根本违约,故原告依据合同第五条第2款"甲乙双方在签订本协议后,任何一方毁约,则赔偿对方毁约金三万元人民币"之约定,主张被告支付毁约金3万元,理据充足,本院予以支持。

综上所述,判决如下:被告B塑料制品厂向原告A售电有限公司支付毁约金30000元。

案例9:A售电有限公司与B电子科技有限公司委托合同纠纷案 ❶

一审原告、二审上诉人:A售电有限公司

一审被告、二审被上诉人:B电子科技有限公司

A售电有限公司一审诉讼请求:①判令B电子科技有限公司赔偿因其违约行为造成A售电有限公司的经济损失32400元。②判令B电子科技有限公司双倍返还补偿款36800元。③B电子科技有限公司承担该案的诉讼费用。

一审法院查明事实,2019年3月12日,A售电有限公司与B电子科技有限公司签订《安徽电力市场售电公司代理合同》,合同约定双边交易,按A售电有限公司批发市场年度双边交易成交电价折算至用电侧价格与目录销售电价的差价,固定降4分/千瓦时,余下部分按比例分成,B电子科技有限公司0%,A售电有限公司100%;集中交易,按A售电有限公司批发市场年度集中交易成交电价折算至用电侧价格与目录销售电价的差价,固定降0分/千瓦时,余下部分按比例分成,B电子科技有限公司60%,A售电有限公司40%。

2019年3月12日,A售电有限公司与B电子科技有限公司签订补充协议,约定如双方继续合作签订2020年的购售电合同,A售电有限公司将补偿B电子科技有限公司2018年度电力补贴18400元,如果B电子科技有限公司拿到补偿款后双签其他售电公司,B电子科技有限公司要双倍补偿A售电有限公司。此后,A售电有限公司将18400元补偿款给付B电子科技有限公司。

在签署上述合同及补充协议之后,A售电有限公司与B电子科技有限公司又进行协商,于2019年12月份签订新的《安徽电力市场售电公司代理合同》,约定A售电有限公司代理B电子科技有限公司参与电力直接交易。该合同执行周期自2020年1月1日至2020年12月31日,B电子科技有限公司2020年度的意向电量为1500兆瓦时,双边交易按A售电有限公司批发市场年度双边交易成交电价折算至用电侧价格与目录销售电价的差价,固定降5分/千瓦时,余下部分按比例分成,B电子科技有限公司0%,A售电有限公司100%;集中交易按A售电有限公司批发市场年度集中交易成交电价折算至用电侧价格与目录销售电价的差价,固定降0分/千瓦时,余下部分按比例分成,B电子科技有限公司70%,A售电有限公司30%。另外,双方还约定本合同为双方就本合同标的达成的参与安徽电力市场的全部协议,并作为省电力交易中心执行电力市场交易的唯一认定合同。

在新的代理合同已经生效的情况下,B电子科技有限公司违反约定又与其他售电公司签订

---

❶ 裁判文书:(2020)皖1181民初3139号一审民事判决书、(2020)皖11民终3990号二审民事判决书。

代理合同。因B电子科技有限公司与两家以上售电公司签订代理合同，安徽电力交易中心有限公司于2020年1月13日发文宣布取消B电子科技有限公司2020年度的直接电力交易资格。

一审法院认为，A售电有限公司与B电子科技有限公司于2019年12月份签订的《安徽电力市场售电公司代理合同》是委托合同，根据《合同法》第四百一十条❶的规定，基于特定原因，B电子科技有限公司有权解除委托合同，但应赔偿A售电有限公司的损失。B电子科技有限公司因其双签委托合同的不当行为，导致被取消安徽电力市场直接交易资格，形成了与A售电有限公司的代理合同不能实际履行的后果，据此B电子科技有限公司应当赔偿A售电有限公司的损失。但是A售电有限公司未能举证其为了履行委托合同所造成的直接损失，其要求B电子科技有限公司赔偿预期可得利益32400元的诉讼请求，该院不予支持。

A售电有限公司为了解决索赔争议和挽留客户，于2019年3月12日同B电子科技有限公司签订补充协议，其中仅有电力用户栏和补偿金额栏留空待补，其余条款均预先拟定，其中第一条第二款第二项是格式条款，该条款加重电力用户责任、排除电力用户解除委托合同的权利，相应约定内容无效，故A售电有限公司据此要求B电子科技有限公司双倍返还补偿款36800元的诉讼请求，该院也不予支持。A售电有限公司的诉讼请求缺乏事实依据，其诉讼请求应予以驳回。判决：驳回原告A售电有限公司的诉讼请求。

A售电有限公司上诉请求：①依法撤销原审判决，改判支持A售电有限公司诉讼请求。②一审、二审诉讼费用由B电子科技有限公司承担。

二审查明的事实与一审一致。

二审法院认为，A售电有限公司与B电子科技有限公司双方签订的《安徽电力市场售电公司代理合同》第2.3.3条约定，按相关规定收取电力交易代理费用，故案涉代理合同为有偿委托合同。根据《民法典》第九百三十三条的规定，委托人或者受托人可以随时解除委托合同。因解除合同造成对方损失的，除不可归责于该当事人的事由外，无偿委托合同的解除方应当赔偿因解除时间不当造成的直接损失，有偿委托合同的解除方应当赔偿对方的直接损失和合同履行后可以获得的利益。本案中，2019年3月12日，A售电有限公司为使B电子科技有限公司与其续签2020年度代理合同，与其签订补充协议并支付18400元电力补贴款。该款项系A售电有限公司信赖双方能够履行2020年度代理合同所支出的费用，现因B电子科技有限公司双签委托合同的不当行为，致使双方签订的2020年度《安徽电力市场售电公司代理合同》不能实际履行，该费用B电子科技有限公司应当返还A售电有限公司。

根据双方2019年12月签订的《安徽电力市场售电公司代理合同》约定，A售电有限公司代理B电子科技有限公司参与电力直接交易方式为双边交易和集中交易两种。其中，双边交易按A售电有限公司批发市场年度双边交易成交电价折算至用电侧价格与目录销售电价的差价，固定降5分/千瓦时，余下部分按比例分成，B电子科技有限公司0%，A售电有限公司100%；集中交易按A售电有限公司批发市场年度集中交易成交电价折算至用电侧价格与目录销售电价的差价，固定降0分/千瓦时，余下部分按比例分成，B电子科技有限公司70%，A售电有限

---

❶ 对应《民法典》第九百三十三条。

公司 30%。因案涉代理合同并未实际履行，A 售电有限公司将以何种交易形式代理并不明确，且在代理电力直接交易实践中，成交率并不能达到 100%。本院酌定 B 电子科技有限公司赔偿 A 售电有限公司预期可得利益 11600 元。故 B 电子科技有限公司应支付 A 售电有限公司共计 30000 元（18400 元 +11600 元）。

综上，二审法院判决如下：①撤销一审民事判决。② B 电子科技有限公司于本判决生效之日起十日内支付 A 售电有限公司直接损失和预期可得利益共计 30000 元。③驳回 B 电子科技有限公司其他诉讼请求。

【分析】

上述四起案例都是因电力用户重复委托两家售电公司代理购电引起的纠纷。电力用户作为电能的消费者，在电力市场中拥有自由选择电力供应商和议价的权利，如果滥用这种选择权，就可能构成违约，售电公司可以依法追究其违约责任。

一、《民法典》关于重复委托的规定

相互信任是委托合同双方当事人订立合同的基础。委托合同订立后，受托人就已经开始着手处理委托事务，为此付出人力、物力、财力，如果委托人擅自委托他人，可能导致多个受托人之间对委托事务的处理发生冲突，也可能增加受托人处理委托事务的成本，甚至可能给受托人造成损失。因此，委托人如果要把委托事务再委托他人处理，需要征得受托人的同意。如果受托人不同意，委托人或者受托人都可以解除合同，因解除合同给对方造成损失的需要承担相应的赔偿责任。当然，如果委托人未经受托人同意，擅自将委托事务重复委托给第三人，不仅需要向受托人支付全部报酬，如果给受托人造成损失的，受托人亦可以向委托人请求赔偿[1]。

对此，《民法典》第九百三十一条规定："委托人经受托人同意，可以在受托人之外委托第三人处理委托事务。因此造成受托人损失的，受托人可以向委托人请求赔偿损失。"该条规定了另行委托的处理规则，适用该条的前提是，委托人在受托人之外委托第三人处理的委托事务，应当与受托人处理的委托事务内容相同，也就是委托人将同一事项先后委托两个受托人，存在两个委托合同，也就是"重复委托"。

二、对案件的法律分析

按照一些地方的电力直接交易规则，电力用户及其委托的售电公司应执行一对一绑定。如果出现电力用户与多个售电公司同时签订代理协议提交给交易中心的"双签"行为，是被明令禁止的，有的省规定取消 1 年的直接交易资格，如《安徽省能源局关于印发 2020 年全省电力直接交易实施方案的通知》（皖能源电力〔2020〕60 号）规定："2021 年参与电力中长期交易电力用户须全电量进入市场，并符合以下规定：……（3）同一二级用户只能与 1 家售电公司签订年度代理合同，否则该二级用户退出本年度交易，执行保底电价。"当然对此行为，售电公司可以通过法律途径追究其违约责任。依据《民法典》第九百三十一条规定，售电公司与电力用户订立电力交易委托合同，将代理交易事项委托给售电公司之后，

---

[1] 黄薇主编：《中华人民共和国民法典合同编释义》，法律出版社，2020，第 887 页。

就同一事项原则上不宜再委托给第三人办理，如果有必要同时委托给第三人办理的，应征得售电公司同意，如果未经售电公司同意而且给其造成损失的，应赔偿售电公司应当得到的服务报酬等损失，但同时也要遵守不得"双签"的规定。

在上述案件中，依据法院认定的事实，售电公司与电力用户签订了委托参与交易的委托合同，约定成功交易产生的收益按照一定比例（如案例6中电力用户75%、售电公司25%）进行分成支付委托服务报酬，且明确约定电力用户不得与其他市场主体另行签订委托购电合同及相应违约责任等内容。但是电力用户未经售电公司同意即另行委托第三方代理其购电业务，构成了根本违约，导致其委托合同履行后可以获得的利益受损，委托服务报酬得不到支付，对此电力用户应予赔偿。

在案例6、案例7中，最终法院支持售电公司主张的损害赔偿请求，按照电力用户用电量乘以竞价价差计算收益，再按售电公司所占的收益分成比例计算应赔偿数额为计算依据，判令电力用户赔偿因其违约行为给售电公司造成的损失，这符合合同约定，也符合《民法典》第九百三十一条、第五百八十四条的规定❶。案例8中，因双方订立的合同对电力用户擅自另行委托约定了违约金，法院依据合同约定判令电力用户支付违约金，赔偿售电公司的损失。案例9中法院最终判决电力用户赔偿了售电公司的直接损失和预期可得利益。

【启示】

（1）电力交易双方都应当恪守契约精神，不能擅自违约。电力用户不能在与原售电公司的委托合同关系未终止的情况下就擅自与第三人签订委托合同，否则将会因该违约行为赔偿原售电公司的各项损失，包括履行合同可能获得的收益。

（2）售电公司提出赔偿损失请求时，一定要对损失（主要是合同履行后的可得利益）有充分的证据支持，比如以电力交易机构公示的直接交易电量和交易价格作为证据，也可以如同案例8在委托合同中事前约定违约金。

（3）实践中，对于电力用户的"双签"行为，电力市场中也采取了一些制裁措施，如安徽电力交易中心2020年12月2日印发的《关于取消部分二级用户2021年交易资格的通知》，安徽电力市场因违反同一二级用户只能与1家售电公司签订年度代理合同的规定，取消了123家二级电力用户2021年直接交易资质。这也提示电力用户要做好风险防范，以免适得其反，不仅无法享受市场价差红利，反而还要承担赔偿损失等责任。

5. 电力用户不向售电公司交纳购电费，售电公司起诉追偿

案例10：A售电股份有限公司与B冶金股份有限公司买卖合同纠纷案 ❷

原告、执行申请人：A售电股份有限公司

被告、执行被申请人：B冶金股份有限公司

原告A售电股份有限公司诉讼请求：①请求判令被告向原告支付购电款53538848.36元。

---

❶《民法典》第五百八十四条　当事人一方不履行合同义务或者履行合同义务不符合约定，造成对方损失的，损失赔偿额应当相当于因违约所造成的损失，包括合同履行后可以获得的利益；但是，不得超过违约一方订立合同时预见到或者应当预见到的因违约可能造成的损失。

❷ 裁判文书：（2018）云01民初2394号民事判决书、（2020）云03执91号执行实施类执行裁定书。

②请求判令被告向原告支付资金占用费3023640.71元。事实与理由:2016年至2018年间,原、被告双方先后签署三份购售电合同,约定被告向原告购买电量。2018年9月4日,经双方协商一致,签订了解除协议,在终止合同关系时,双方对历年购售电价款进行了结算,截至2018年8月31日,被告尚欠原告购电款53538848.36元,以及资金占用费3023640.71元,合计56562489.07元。

法院认定事实如下:2016年至2018年期间,原、被告先后签署3份购售电合同,约定:被告向原告购买电量,具体方式为被告每月向原告提供次月用电计划。购电价格按照云南电力市场化交易成交结果,以企业所在地供电局每月出具的电费结算清单的综合电价及购销差价0.002元千瓦时作为双方交易电价。被告当月的电力交易结算于次月26日前进行。被告若未履行合同项下的约定,给原告造成损失,由被告向原告赔偿相应经济损失。经原、被告核算,三年原告向被告实际购电108214560千瓦时,购电款364435016.16元,三年已付购电款310896167.8元,被告欠原告购电款共计53538848.36元。合同履行过程中,原告从2016年起每月为被告垫付被告当月应当支付的购电款,经原、被告核算资金占用费按照每月原告垫付的购电费及垫付期限根据银行同期利率进行滚动计算,三年合计资金占用费3023640.71元。综上,被告欠原告购电款和资金占用费合计56562489.07元。2018年9月4日,经原、被告协商一致,签订了解除协议,约定:解除购售电合同。2016年5月至2018年8月31日,被告欠原告购电款53538848.36元,被告自愿按6%的标准承担原告用本金垫付资金的资金使用费3023640.71元,合计56562489.07元。原、被告的合同关系解除。2018年9月4日,被告向原告出具《确认函》,内容为:经被告核算,被告尚欠原告购电费56562489.07元,资金按照利率6%计算资金占用费为3023640.71元。

法院认为,本案原、被告之间签订的3份购售电合同和1份《解除协议》,为双方真实意思表示,不违反法律、行政法规的强制性规定,自双方签字时成立并生效,经协商一致,可以解除合同。原、被告供电合同解除后,原告主张被告支付其尚欠购电款53538848.36元及资金占用费3023640.74元,资金占用费根据每月原告垫付的购电费、垫付期限、同期银行年利率进行滚动计算,购电款和资金占用费合计56562489.07元。被告对欠款总额及计算方式均未提出异议,并予以确认。购电款有证据予以支持,能够形成完整的证据链条,本院予以确认。根据《最高人民法院关于审理买卖合同纠纷案件适用法律问题的解释》第二十四条第四款❶"买卖合同没有约定逾期付款违约金或者该违约金的计算方法,出卖人以买受人违约为由主张赔偿逾期付款损失的,人民法院可以中国人民银行同期同类人民币贷款基准利率为基础,参照逾期罚息利率标准计算"的规定,原告有权主张赔偿逾期付款损失。原告诉请按中国人民银行同期贷款利率计

---

❶ 2020年12月23日最高人民法院审判委员会第1823次会议通过的《最高人民法院关于修改〈最高人民法院关于在民事审判工作中适用《中华人民共和国工会法》若干问题的解释〉等二十七件民事类司法解释的决定》将该款修改为:买卖合同没有约定逾期付款违约金或者该违约金的计算方法,出卖人以买受人违约为由主张赔偿逾期付款损失,违约行为发生在2019年8月19日之前的,人民法院可以中国人民银行同期同类人民币贷款基准利率为基础,参照逾期罚息利率标准计算;违约行为发生在2019年8月20日之后的,人民法院可以违约行为发生时中国人民银行授权全国银行间同业拆借中心公布的一年期贷款市场报价利率(LPR)标准为基础,加计30%—50%计算逾期付款损失。

付利息（实质为逾期付款损失），未超出法定可支持标准，本院予以确认。故被告应依约履行其义务，支付原告购电款和资金占用费合计 56562489.07 元。判决如下：由被告 B 冶金股份有限公司于本判决生效之日起十日内支付原告 A 售电股份有限公司供电费 53538848.36 元和资金占用费 3023640.71 元。

后，A 售电股份有限公司申请强制执行。法院经调查，B 冶金股份有限公司现处于停产状态，公司无收入来源，名下的账户内无可扣划资金，公司名下的土地、厂房、设备有其他案件的查封，本案属轮候查封无优先处置权。现被执行人无可供执行的财产，申请人也不能提供可执行的财产线索。法院裁定如下：终结本次执行程序。若申请人发现被申请人有可供执行的财产，可向本院申请恢复执行。

案例 11：A 智慧能源有限公司与 B 化工有限公司、计××、徐×× 买卖合同纠纷案❶

原告：A 智慧能源有限公司

被告：B 化工有限公司

被告：计××

被告：徐××

原告 A 智慧能源有限公司诉讼请求：①判令被告 B 化工有限公司向原告支付电费 5595995.01 元。②判令被告 B 化工有限公司支付自 2017 年 10 月 9 日起至款项实际支付之日止的逾期付款违约金，每天按照应付电费总额的 0.5‰计算。③判令原告对被告 B 化工有限公司提供抵押的财产折价、拍卖或变卖所得款项享有优先受偿权。④判令被告计××、被告徐××承担连带担保责任。事实与理由：原告、被告 B 化工有限公司以及案外人××热电有限公司签订了《购售电合作协议》，协议约定原告根据被告的用电需求量向××热电有限公司购入，再销售给被告。被告应在结算当月 9 日前向原告支付全额电费。协议还约定，未按照约定时间支付电费的，应按应付电费总金额的 0.5‰支付违约金。为确保《购售电合作协议》的履行，被告 B 化工有限公司以其有权处分的财产提供抵押担保，被告计××、被告徐××同意提供无限连带责任担保。原告按协议要求进行了售电。根据《电费结算单》，被告 B 化工有限公司应向原告支付电费共计 7195995.01 元，然而仅支付了 160 万元电费，尚欠 5595995.01 元，原告多次催要后均未支付。

法院查明事实：2017 年 8 月，原告 A 智慧能源有限公司、被告 B 化工有限公司、案外人××热电有限公司共同签订《购售电合作协议》（甲方为原告 A 智慧能源有限公司，乙方为案外人××热电有限公司，丙方为被告 B 化工有限公司），约定"甲方根据丙方每月提出的当月用电需求量，向乙方购入当月丙方所需电量；甲方将每月向乙方购入的电量再销售给丙方，丙方实际产生电费以甲方出具的电费结算书单进行确认"。"违约责任"为"若丙方在协议期内，未按照协议约定的时间向甲方支付全额电费，丙方除应继续向甲方支付全额电费以外，还须支付违约金给甲方，违约金每天按应付未付电费总金额的 0.5‰进行支付，直至丙方付清全部应付

---

❶ 裁判文书：（2018）云 0111 民初 11711 号民事判决书。

电费之日止。"2017年8月29日，原告与被告B化工有限公司签订《动产抵押合同》，同日向曲靖市陆良县工商行政管理局申请办理动产抵押登记。2017年9月12日，原告与被告B化工有限公司签署《2017年8月电费结算确认单》，确认2017年8月电费为1600389.79元；2017年10月16日，原告与被告B化工有限公司签署《2017年9月电费结算单》，确认2018年9月电费为3301910.47元；2017年11月8日，原告与被告B化工有限公司签署《2017年10月电费结算单》，确认2018年10月电费为2293694.75元。被告B化工有限公司于2017年10月23日向原告交付出票金额为60万元的银行承兑汇票、于2017年11月16日向原告交付出票金额为100万元的银行承兑汇票用以支付电费。

另，被告计××、徐××曾共同向原告出具《最高额无限连带责任担保承诺书》一份，主要内容为："A智慧能源有限公司：为保证B化工有限公司履行《购售电合作协议》及其相关补充协议项下各项义务，本人愿以无限连带责任的方式向贵公司提供最高额为1425万元的不可撤销的保证担保……"

本院认为，本案所争议的《购售电合作协议》为原告、被告B化工有限公司、案外人××热电有限公司签订，约定由案外人××热电有限公司向被告B化工有限公司供电，但以原告转售被告B化工有限公司方式处理，三者之间分别进行结算。被告B化工有限公司确认应付原告以该种交易模式所产生电费7195995.01元，扣除已付款项1600000元，尚余5595995.01元未付。对未付电费，已届履行期，原告诉请要求被告支付相应电费5595995.01元有事实和法律依据，本院予以支持。

一、关于逾期付款违约金问题。原告以《购售电合作协议》约定为据，诉请要求被告支付自2017年10月9日起至上述电费实际支付之日止的按照每日万分之五标准计付的逾期付款违约金，被告抗辩原告主张的违约金过高，要求按银行同期贷款利率计付。对此，涉案《购售电合作协议》就原告和被告B化工有限公司之间结算付款事项约定"若丙方在协议期内，未按照协议约定的时间向甲方支付全额电费，丙方除应继续向甲方支付全额电费以外，还须支付违约金给甲方，违约金每天按照应付未付电费总金额的0.5‰进行支付，直至丙方付清全部应付电费之日止。"原告诉请要求被告承担逾期付款违约金有事实及合同约定依据。但涉案《购售电合作协议》所约定违约金计付方式，折算年利率为18.5%，在整体经济下行情形下已高出一般的资金占用损失。在被告B化工有限公司抗辩违约金约定过高的情况下，本院予以酌情调整，即确定由被告按年利率6%标准计付原告逾期付款违约金。具体为：……（略）

二、关于原告要求实现担保物权的请求。本案原、被告所签订《动产抵押合同》约定就双方所签订的《电力购销合作协议》的履行由被告以自有财产在最高额14252580元范围内向原告提供抵押担保，相应约定符合最高额抵押特征。现被告未清偿相应债务，依《物权法》第一百九十五条第二款❶"抵押权人与抵押人未就抵押权实现方式达成协议的，抵押权人可以请求人民法院拍卖、变卖抵押财产"之规定，原告有权要求实现抵押权并请求法院拍卖、变卖抵押财产。现原告诉请要求实现抵押权，就相应抵押物拍卖、变卖所得价款优先受偿于法有据，本

---

❶ 对应《民法典》第四百一十条第二款，内容同此。

院予以支持。

三、关于所主张保证责任。本案中，被告计××、徐××向原告出具《最高额无限连带责任担保承诺书》，明确就涉案《购售电合作协议》项下被告B化工有限公司所负债务向原告提供最高额1425万元的连带保证担保，以及保证期限为主合同所涉及所有款项履行期届满之日起二年。相应承保事项为被告计××、徐××真实意思表示，不违反法律、行政法规的强制性规定，合法有效。现原告在保证期间内诉请要求计××、徐××就《购销电合作协议》项下被告B化工有限公司所负债务承担保证责任于法有据，本院予以确认。同时，就《购售电合作协议》项下原告所享有债权，除被告计××、徐××提供最高额保证担保外，被告B化工有限公司以其自有财产向原告提供最高额动产抵押担保，即存在混合共同担保情形。相应担保事项中，担保人与债权人就权利实现的顺序未做明确约定。根据《物权法》第一百七十六条❶之规定，就涉案担保的实现顺序，本院确定如下：即原告应当先行就被告B化工有限公司提供的抵押财产以实现本案确定债权，不足以清偿部分则由保证人承担补充性质的连带清偿责任。

综上，判决如下：①由被告B化工有限公司于本判决生效后十日内支付原告A智慧能源有限公司电费5595995.01元、截至2017年11月17日的逾期付款违约金20376.91元，并计付原告相应电费5595995.01元自2017年11月18日起至款项付清之日止按年利率6%计算的逾期付款违约金。②若被告B化工有限公司未履行上述债务，原告A智慧能源有限公司有权实现抵押权，就设备拍卖、变卖所得价款在最高额14252580元范围内优先受偿。③在原告A智慧能源有限公司就上述第二项所明确最高额抵押事项实现抵押权不足以清偿上述第一项所确定的被告B化工有限公司所负债务情形下，由被告计××、徐××就不足部分在最高额14250000元范围内承担连带清偿责任。④原告A智慧能源有限公司的其他诉讼请求不予支持。

【分析】

上述两起案件都是售电公司与电力用户订立电能买卖合同后，因电力用户违约未支付购电费而引起的合同纠纷，案情并不复杂，但是对于普遍规模不大的售电公司而言，如何防范欠费风险，保证持续经营，提出了新的课题和挑战。

一、售电公司自行与电力用户结算电费时应承担电费风险

电力市场化交易中，售电公司从批发市场向发电企业购买电能后，再转售给终端电力用户使用的经营模式下，售电公司需要与市场化电力用户签订《购售电合同》，本质上是电能买卖合同。山东、江苏、四川等多个省份电力主管部门都出台了上述合同的示范文本，指导、规范售电公司与电力用户的电力交易行为。在二者的购售电合同关系中，电费结算都是重要的内容。

根据《电力中长期交易基本规则》，电力用户按时支付购电费、输配电费、政府性基

---

❶ 《民法典》第三百九十二条 被担保的债权既有物的担保又有人的担保的，债务人不履行到期债务或者发生当事人约定的实现担保物权的情形，债权人应当按照约定实现债权；没有约定或者约定不明确，债务人自己提供物的担保的，债权人应当先就该物的担保实现债权；第三人提供物的担保的，债权人可以就物的担保实现债权，也可以请求保证人承担保证责任。提供担保的第三人承担担保责任后，有权向债务人追偿。

金及附加等,售电公司按照规则参与电力市场化交易,签订和履行市场化交易合同,按时完成电费结算;电网企业收取输配电费,代收代付电费和政府性基金及附加等,按时完成电费结算;电力交易机构提供电力交易结算依据以及相关服务,按照规定收取交易服务费。电力用户向电网企业交纳电费,并由电网企业承担电力用户侧欠费风险;售电公司按照电力交易机构出具的结算依据与电网企业进行结算。市场主体可自行约定结算方式,未与电网企业签订委托代理结算业务的,电网企业不承担欠费风险❶。上述关于电费结算安排是主要考虑市场交易结算的安全和风险控制做出的权利义务分配。

一般情形下,售电公司与电力用户的购售电合同按照上述规定具体约定电费结算方式,也就是电力用户向电网企业缴交用电电费,电网企业向发电企业、售电公司结算上网电费和售电公司收益,并承担电力用户侧欠费风险。这种结算方式是目前常见的主流方式。但是如果售电公司、电力用户等市场主体自行约定了结算方式,并未与电网企业签订电费结算协议的,电网企业不承担欠费风险,也就是电力用户欠费风险与电网企业无关,售电公司将自行承担电费风险。

在上述案例10中,售电公司与电力用户签署《购售电合同》并得到履行,电力用户直接向售电公司支付购电款,但是未全额支付,部分拖欠购电款从而成诉。法院判决支持了售电公司主张的追索购电款及其资金占用费的诉讼请求。后来,售电公司申请强制执行,但因电力用户无可供执行的财产,售电公司也不能提供可执行的财产线索,执行法院依法裁定终结本次执行程序,致5000多万元的损失风险无可避免。

在案例11中,售电公司根据电力用户每月用电需求量,向发电企业购入当月所需电量后再销售给电力用户,形成了购售电合同关系。合同履行过程中,因电力用户未按照合同约定的时间向售电公司支付全额电费成诉,法院也是依法判令电力用户支付电费及相应违约金。

二、采取担保措施可有效管控欠费风险

案例11中售电公司提前采取了最高额抵押和最高额保证的混合担保措施,有效管控欠费风险,值得借鉴。售电公司因这些担保措施享有《民法典》上的担保物权,从而确保电力用户无力支付电费及其违约金时,售电公司可以通过行使担保物权,处置抵押的动产财产和向保证人追偿的渠道追索其电费债权。

根据《民法典》第三百八十六条、第三百八十九条规定,担保物权是担保物权人在债务人不履行到期债务或者发生当事人约定的实现担保物权的情形,依法享有就担保财产优先受偿的权利。担保物权的担保范围包括主债权及其利息、违约金、损害赔偿金、保管担保财产和实现担保物权的费用等,可以对电费债权及相关费用给予全面的保全。担保分为人保(保证方式)和物保(动抵押产、不动产抵押及权利质押、动产质押等方式)。对于购售电合同这种持续履行的合同,电费债权持续发生,比较适合采取最高额担保方式。《民法典》第四百二十条规定了最高额抵押权,即:"为担保债务的履行,债务人或者第三人对一

---

❶ 该部分内容出自《电力中长期交易基本规则》第九十八条。

定期间内将要连续发生的债权提供担保财产的，债务人不履行到期债务或者发生当事人约定的实现抵押权的情形，抵押权人有权在最高债权额限度内就该担保财产优先受偿。"《民法典》第六百九十条规定了最高额保证，即："保证人与债权人可以协商订立最高额保证的合同，约定在最高债权额限度内就一定期间连续发生的债权提供保证。最高额保证除适用本章规定外，参照适用本法第二编最高额抵押权的有关规定。"当同时存在人保和物保等担保事项时按照一定的顺序行使担保物权。对此，《民法典》第三百九十二条规定："被担保的债权既有物的担保又有人的担保的，债务人不履行到期债务或者发生当事人约定的实现担保物权的情形，债权人应当按照约定实现债权；没有约定或者约定不明确，债务人自己提供物的担保的，债权人应当先就该物的担保实现债权；第三人提供物的担保的，债权人可以就物的担保实现债权，也可以请求保证人承担保证责任。提供担保的第三人承担担保责任后，有权向债务人追偿。"关于担保物权和保证合同的具体规则，《民法典》都有具体明确的规定，不再赘述。

在案例 11 中，售电公司为了防范电力用户欠费风险，在双方建立购售电合同关系的同时，即采取了最高额动产抵押和最高额保证等混合共同担保措施，在追索电力用户的拖欠电费责任时，一并也提出行使担保物权，要求抵押人和保证人承担担保责任，有力地保护了自己的债权不致落空。需要提及的是，由于同时存在抵押和人保措施，且就担保权利实现的顺序未作明确约定，故根据《民法典》第三百九十二条规定，法院判定售电公司应当先行就电力用户提供的抵押财产进行拍卖、变卖，以实现本案确定债权，不足以清偿部分则由保证人承担补充性质的连带清偿责任。

【启示】

（1）售电公司如果与电力用户约定自行结算电费，则电网企业不承担欠费风险，而由售电公司自行承担，这种情况下欠费如何收回，供电企业的有关做法值得新兴的售电公司学习借鉴。

（2）如同案例 11，售电公司可以要求电力用户提交动产、不动产等财产抵押或质押，或者采取权利质押、第三人提供保证等担保措施，一旦电力用户拖欠电费，就可以行使担保物权或行使保证合同赋予的权利，就抵押、质押财产拍卖、变卖所得价款优先受偿或者要求保证人承担连带保证责任，以保障其债权最终能得到清偿。

（3）上述案例提醒售电公司开发市场化电力用户、开拓售电市场固然重要，但选择优质客户、事前防范风险同样重要，对于电费结算方式也要慎重选择。《电力中长期交易基本规则》坚持由电网企业结算、清分电费并承担电力用户侧欠费风险，减少了售电公司的该项风险。面对电力用户欠费的风险，售电公司是否还争取电费结算权，需重新审视。

6. 电力用户不向售电公司支付电力交易委托服务费被索赔

案例 12：A 售电有限公司与 B 纸业有限公司合同纠纷案 [1]

原告：A 售电有限公司

---

[1] 裁判文书：（2020）云 2502 民初 1153 号民事判决书。

被告：B 纸业有限公司

原告 A 售电有限公司诉称：①判令被告立即支付原告 2016 年 12 月 –2017 年 3 月的交易委托服务费 17720.50 元。②判令被告立即向原告支付自 2017 年 5 月 16 日起计算至被告实际还清款项之日止的违约金，以 17720.50 元为基数按照年利率 24% 计算，暂计至 2020 年 8 月 4 日为 13714.21 元。③判令被告承担本案的诉讼费、保全费、保全担保费、律师费以及因诉讼产生的其他费用（包括但不限于公告费、邮寄费等）。事实和理由：原、被告双方签订《购电委托合同》，合同约定由原告代理被告在昆明电力交易中心进行电力市场化交易工作。原告方已按合同约定完成了全部义务并于 2020 年 6 月 23 日通过邮寄付款申请，要求被告支付服务费，被告至今未付任何款项，已构成违约。

被告 B 纸业有限公司辩称：被告根本不知道这份购电合同的存在，所以被告不应当支付原告主张的款项；本案已经超过诉讼时效，所以被告不应当支付原告主张的款项。综上，请求法院依法驳回原告的诉讼请求。

法院认定事实如下：原告 A 售电有限公司、被告 B 纸业有限公司于 2016 年 11 月 1 日签订《购电委托合同》，合同约定由原告代理被告在昆明电力交易中心进行电力市场化交易工作，为被告在昆明电力交易中心以大工业用电价格采购生产用电，委托期限为 2016 年 11 月 1 日至 2017 年 12 月 31 日，原告收取委托购电服务费，被告在收到电网企业提供的电费结算清单后 5 个工作日内传真至原告处，15 日内支付委托费用。双方未按约定支付的，承担当期应付费用每日 1% 的违约金。原告收到委托服务费后，5 个工作日内开具相关服务费收入增值税发票。合同签订后，原告按合同为被告在昆明电力交易中心以大工业用电价格采购生产用电四个月，时间为 2016 年 12 月至 2017 年 3 月，委托购电服务费为 17720.50 元，被告至今未支付委托购电服务费。原告于 2020 年 6 月 23 日通过邮寄方式进行催收。

法院认为，委托合同是指委托人与受托人约定，由委托人处理委托人相关事宜的合同，原告与被告签订的《购电委托合同》不违反法律法规强制性规定，合法有效。双方均应全面履行合同约定，原告按合同约定为被告在昆明电力交易中心以大工业用电价格采购生产用电四个月，时间为 2016 年 12 月至 2017 年 3 月，依据合同约定被告在收到电网企业提供的电费结算清单后 5 个工作日内传真至原告处，15 日内支付委托费用。被告理应在 2017 年 4 月 15 日支付委托购电服务费为 17720.50 元。2017 年 4 月 15 日至 2020 年 6 月 23 日期间，原告未向被告主张权利，诉讼时效期间届满，原告理应收取被告的委托购电服务费不受法律保护。对于原告提出通过电话、信函的方式在此期间向被告主张权利，从而中断诉讼时效。原告的主张无证据证明，本院不予支持。原告向本院提起诉讼主张权利，已超过法律规定的三年诉讼时效，对原告的诉讼请求，本院不予支持。为此，判决如下：驳回原告的诉讼请求。

案例 13：A 化工有限公司与 B 售电有限公司合同纠纷案[1]

一审原告、二审被上诉人：B 售电有限公司

一审被告、二审上诉人：A 化工有限公司

---

[1] 裁判文书：（2020）宁 0205 民初 2377 号一审民事判决书、（2021）宁 02 民终 393 号二审民事判决书。

B售电有限公司一审诉讼请求：①判令A化工有限公司支付B售电有限公司代理用电服务费1921219.60元，逾期付款违约金576365.88元，合计2497585元。②判令A化工有限公司赔偿B售电有限公司律师代理费48000元、交通费2000元、庭审中增加担保费2547元，总计2550132.48元。③判决A化工有限公司承担本案的诉讼费用、保全费、担保费。

一审法院认定事实：B售电有限公司与A化工有限公司签订两份委托周期分别为2019年2月1日至2019年6月30日、2019年7月1日至2019年12月30日的《电力用户与售电用户委托代理交易合同》，约定A化工有限公司将上述期间内的全部用电量委托B售电有限公司全权代理，根据宁夏回族自治区政府和电力交易中心规则参与市场化交易。在委托周期内，B售电有限公司根据宁夏电力交易市场规则，代理A化工有限公司参与年度交易/月度交易等。在委托周期内，A化工有限公司同意B售电有限公司通过年度交易购买，A化工有限公司在年度交易指定B售电有限公司分别为其购电6000万千瓦时、12000万千瓦时。同时约定，B售电有限公司确保当交易价格高于0.2475元/千瓦时（2019年2月1日至2019年6月30日期间）、0.2495元/千瓦时（2019年7月1日至2019年12月30日期间）时所有优惠全部归A化工有限公司所有，B售电有限公司不收取服务费；当交易中心交易价格低于0.2475元/千瓦时（2019年2月1日至2019年6月30日期间）、0.2495元/千瓦时（2019年7月1日至2019年12月30日期间）的优惠部分A化工有限公司享有80%，B售电有限公司享有20%作为服务费。B售电有限公司按照协议约定及政策规定在授权范围内为A化工有限公司申请用电优惠，并根据结果收取服务费，无效果不收费，但不承担其他违约责任。由于A化工有限公司原因造成年度/月度实际交易电量低于协议约定电量时，差额部分可由B售电有限公司向其代理的其他用户调剂使用。因一方违约，守约方通过诉讼要求违约方承担违约责任的，违约方除本协议约定承担违约责任外，还应赔偿守约方主张权利的成本，包括但不限于诉讼费、保全费、律师费、因财产保全申请的支付给第三方的保全费、公证费及其他取证费用。

同时查明，根据B售电有限公司与A化工有限公司签订的《电力用户与售电用户委托代理交易合同》，A化工有限公司将2019年3月1日至2019年6月30日的全部电量委托B售电有限公司代理交易，并签订《直购电补充协议》，约定：

1. B售电有限公司代理A化工有限公司的服务费，鉴于双方签署的直购电协议约定，目前电力优惠都低于1.2分/千瓦时，月度交易价格高于0.2475元/千瓦时不产生服务费，所有优惠全部归A化工有限公司所有。

2. 根据每月实际情况，当B售电有限公司将所代理其他用户服务费分配给A化工有限公司结算时，经双方协商，A化工有限公司结算后再按照A化工有限公司20%、B售电有限公司80%的比例进行分成，B售电有限公司给A化工有限公司开具6%的增值税服务费发票，A化工有限公司向B售电有限公司付款可以由银行转账或承兑汇票方式支付。

3. 结算方式：3.1 A化工有限公司在每月20-22日收到电网企业出具的电费单后，双方采用书面对账方式确认电量，由B售电有限公司开具合规发票，A化工有限公司以电汇结算；3.2 A化工有限公司确保在次月电费结算后的一周内将B售电有限公司的服务费结清，如未能按时支付服务费，A化工有限公司按每日千分之五支付违约金给B售电有限公司，如因B售电有限公

司开具的发票不符合税法相关规定的，付款顺延至B售电有限公司开具合规发票的次日。

又查明，B售电有限公司与A化工有限公司签订《电量转让交易合同》，约定B售电有限公司受A化工有限公司委托，负责A化工有限公司2019年12月份参与负荷需求的电量交易，并最终完成A化工有限公司的诉求。A化工有限公司诉求如下：B售电有限公司按照法律法规的规定，负责协调A化工有限公司所需的电量交易等相关事宜，双方约定，A化工有限公司所需的700万千瓦时电量转让价格为0.2395元/千瓦时。当交易电量实际成交结算价格为0.222元/千瓦时时，超出优惠部分由A化工有限公司结算给B售电有限公司。以宁夏电力交易中心安全校核通过电量及宁夏电力交易中心月度电量电费结算单为支付依据。A化工有限公司2019年12月份参与需求的电量为700万千瓦时。超出约定优惠部分由A化工有限公司收到宁夏电力交易中心月电量电费结算单后，转付给B售电有限公司，B售电有限公司开具相应的6%的增值税专用发票。超出约定优惠部分：A化工有限公司电量电费计算单的电价差（0.0375元/千瓦时－双方约定的电价差0.02元/千瓦时）×700万千瓦时（含税）。在电网企业出具A化工有限公司当月电费结算单后，B售电有限公司应向A化工有限公司开具支付申请及6%的服务费专用发票，A化工有限公司收到B售电有限公司支付申请及发票后，7个工作日内向B售电有限公司提供的银行账号进行转账支付。

再查明，经B售电有限公司、A化工有限公司对账，A化工有限公司应向B售电有限公司支付代理用电服务费2549373.80元。在庭审中，B售电有限公司认可A化工有限公司向其支付820000元。因A化工有限公司未支付服务费，B售电有限公司提起诉讼并支付律师费48000元、担保费2547元。

一审法院认为，B售电有限公司与A化工有限公司签订的《电力用户与售电用户委托代理交易合同》《直购电补充协议》《电量转让交易合同》系双方真实意思表示，对双方均具有约束力。B售电有限公司与A化工有限公司虽仅对2019年3月1日至2019年6月30日的《电力用户与售电用户委托代理交易合同》签订《直购电补充协议》，但双方在2019年8月、2019年9月的对账单中对分配数额及比例等盖章予以确认，故A化工有限公司关于B售电有限公司按80%计算2019年8月、2019年9月服务费用无依据的意见不予采纳。B售电有限公司提交的2019年7月的对账单系复印件、2019年12月的对账单未经A化工有限公司盖章或签字确认，且在庭审中A化工有限公司不认可，故对该部分诉讼请求不予支持。依据双方签订的合同、对账单，A化工有限公司应向B售电有限公司支付剩余代理用电服务费1729373.80元。因双方对违约责任进行了约定，且B售电有限公司以未付代理用电服务费的30%计算违约金未超出按每日千分之五支付违约金的约定，故逾期付款违约金予以支持518812.14元（1729373.80元×30%）。B售电有限公司主张的律师费48000元，有委托代理合同、发票为证，合同中亦对该费用进行了约定，且该费用并未超过《宁夏回族自治区律师业服务收费指导意见》中的规定，故该项请求予以支持。B售电有限公司主张的担保费2547元，有保函、发票为证，故对该项诉讼请求予以支持。B售电有限公司主张的交通费2000元，因未提交证据证实，故对该项诉讼请求不予支持。判决：①A化工有限公司于判决生效之日起十五日内支付B售电有限公司代理用电服务费1729373.80元、逾期付款违约金518812.14元、律师费48000元、担保费2547元，共计2298732.94元。②驳回B售电有限公司的其他诉讼请求。

A化工有限公司上诉请求：①请求依法撤销一审民事判决书，依法驳回B售电有限公司的诉讼请求。②一、二审案件受理费由B售电有限公司承担。

二审法院经审理查明的事实与一审查明的事实一致。

二审法院认为，本案的焦点问题为：

1. A化工有限公司是否应支付B售电有限公司代理用电服务费；

2. 一审判决认定的A化工有限公司应支付B售电有限公司代理用电服务费1729373.80元数额是否正确；

3. 一审判决认定逾期付款违约金518812.14元是否正确；

4. 一审判决认定的A化工有限公司应支付B售电有限公司律师费48000元、担保费2547元是否正确。

关于焦点问题1，B售电有限公司与A化工有限公司签订的《电力用户与售电用户委托代理交易合同》《直购电补充协议》《电量转让交易合同》系双方真实意思表示，对双方均具有约束力，双方应恪守履行。且B售电有限公司一审提交了加盖A化工有限公司印章的对账单，证明双方对应付代理用电服务费进行了确认，A化工有限公司关其提供的2019年1-12月、2020年1-12月用电量及电价能够证实没有B售电有限公司提供服务的月份电价低于有服务月份，B售电有限公司没有提供相应的服务，A化工有限公司合同目的没有实现，B售电有限公司计算的服务费没有合同依据和事实依据，B售电有限公司在没有提供任何服务的情况下计取了高额的服务费，一审判决有违权利义务应当对等、公平、等价原则等上诉理由不能成立，本院不予采纳。

关于焦点问题2，一审法院以B售电有限公司提交的2019年7月的对账单系复印件、2019年12月的对账单未经A化工有限公司盖章或签字确认，且在庭审中A化工有限公司不认可，对该部分诉讼请求不予支持正确。B售电有限公司与A化工有限公司虽仅对2019年3月1日至2019年6月30日的《电力用户与售电用户委托代理交易合同》签订《直购电补充协议》，但双方在2019年8月、2019年9月的对账单中对分配数额及比例等盖章予以确认，故A化工有限公司关于B售电有限公司按80%计算2019年8月、2019年9月服务费用无依据的意见，一审法院不予采纳并无不当。一审法院依据B售电有限公司一审提交的且经一审判决分析认定的对账单计算应付代理用电服务费为1729373.80元正确。

关于焦点问题3，因双方对违约责任进行了约定，B售电有限公司以未付代理用电服务费的30%计算违约金未超出按每日千分之五支付违约金的约定，一审判决以应付代理用电服务费1729373.80元的30%支付518812.14元逾期付款违约金并无不当。

关于焦点问题4，B售电有限公司主张的律师费48000元、担保费2547元，有委托代理合同、保函、发票为证，《电力用户与售电用户委托代理交易合同》中亦对上述费用进行了约定，律师费48000元并未超过《宁夏回族自治区律师业服务收费指导意见》中的规定，一审判决对上述费用予以支持并无不当。

综上所述，A化工有限公司的上诉请求不能成立，判决如下：驳回上诉，维持原判。

案例 14：A 售电有限公司与 B 电子有限公司服务合同纠纷案 [1]

原告：A 售电有限公司

被告：B 电子有限公司

原告诉讼请求：①请求判决被告赔偿原告可得利益损失 191347.52 元。②请求判决被告承担本案诉讼费、保全费。

法院认定事实如下：

2016 年 10 月 1 日，原告成为经广东省经济和信息化委认可的售电代理公司。2017 年 12 月 8 日，原告与被告签订《售电及综合能源服务合同》，约定，原告为被告申报进入广东省电力交易市场资格，完成被告参与广东省电力市场交易的备案手续，被告暂不符合相关资格，待被告符合进入广东省电力交易市场资格，本合同开始生效；原告作为被告的代理售电商，每月代理被告参加电力交易中心竞价、购电，原、被告双方分享原告代理的成交价差（成交价差指被告原来使用电力的价格和经过原告竞价成功后的价格差值）收益，被告获得价差的 50%，原告获得价差的 50%；原告未能按照合同给予被告价差优惠，被告可要求原告继续履行本合同，如原告拒不执行，被告可终止本合同；按照政府有关文件要求被告必须执行完当年年度计划电量，由于被告未执行完年度计划电量合同所带来的政府相应的罚款由被告承担，原告若代为承担则有权向被告追偿，若被告提前解除合同，被告除需承担原告垫付的罚款外，还应赔偿原告可得利益的损失，该损失按照原告已履行合同期内获得的平均月利润，计算合同未执行完毕期间的利润（比如双方合同期限为一年，前三个月原告可获得利润为 10 万元，被告在第三个月满后就终止合同，剩余九个月的可得利润 30 万元作为原告的损失由被告承担赔偿责任，以此类推）；本合同期限为 3 年，在合同签字后且双方真正实行首次购售电之日起计算。上述合同在广东省电力交易系统上进行了备案登记。

通过原告的代理工作，被告在 2019 年 10 月 1 日取得广东省电力交易市场资格。被告自 2020 年 10 月起以自身行为明示不再继续履行合同。原、被告实际履行合同的期限为 2019 年 10 月至 2020 年 12 月。原告在 2021 年 4 月向被告发出《律师函》，称被告既不继续履行合同，亦未支付相关损失款项，因此要求被告赔偿原告的经济损失。

法院认为，原告与被告签订的《售电及综合能源服务合同》是原、被告的真实意思表示，内容不违反法律、行政法规的强制性规定，合法有效。通过原告的代理工作，被告在 2019 年 10 月 1 日取得广东省电力交易市场资格，被告作为用电企业按照国家政策可以按月享受电力价差，被告应按合同约定与原告分享电力成交价差的收益，被告获得价差的 50%，原告获得价差的 50%，但被告从 2020 年 10 月起以自身行为明示不再继续履行双方签订的合同，被告的行为构成违约；根据合同约定，被告提前解除合同的，除需承担原告垫付的罚款外，还应赔偿原告可得利益的损失，该损失按照原告已履行合同期内获得的平均月利润计算合同未执行完毕期间的利润，故原告要求被告赔偿可得利益损失的诉讼请求，本院予以支持。

综上，判决如下：被告 B 电子有限公司应于本判决生效之日起十日内向原告 A 售电有限公

---

[1] 裁判文书：（2021）粤 0303 民初 24686 号民事判决书。

司赔偿可得利益损失 191347.52 元。

案例 15：A 售电有限公司与 B 材料有限公司委托合同纠纷案 [1]

原告：A 售电有限公司

被告：B 材料有限公司

原告诉讼请求：①判令被告立即支付原告 2017 年 6—8 月服务费 4511.12 元。②判令被告立即向原告支付自 2017 年 10 月 1 日起计算至被告实际还清款项之日止的违约金，以 4511.12 元为基数按照年利率 24% 计算。③判令被告承担本案的诉讼费、保全费、保全担保费、律师费以及因诉讼产生的其他费用（包括但不限于公告费、邮寄费等）。事实与理由：2017 年 5 月 11 日，原告与被告签订了《购电委托合同》，约定由原告为被告代理 0501001702697967 用电户号 2017 年 4 月 12 日－2017 年 8 月 31 日电力市场化交易。委托期限为 2017 年 4 月 12 日—2017 年 8 月 31 日。合同约定："甲乙双方服务费用按季度结算，昆明电力交易中心出具甲方该季度第三个月度电费结算清单后 5 个工作日内（含第 5 个工作日），甲方向乙方支付协议规定的该季度咨询服务费用；当发生价格偏差责任费用或负偏差电量电费（10% 部分）时，由乙方向甲方支付相应费用并通知甲方开具收据。双方未按照约定期限支付费用的，自延期的第 1 个工作日起（含第 1 个工作日），延期的一方每天向对方支付当期应付费用的 1% 作为违约金。乙方在收到甲方当月应支付的咨询服务费用后，5 个工作日内向甲方开具咨询服务普通增值税发票"。原告目前已经按合同约定完成了全部义务，因被告未按合同约定向原告履行义务，原告曾多次向被告主张权利，无果后，原告遂诉至法院主张前述所请。

法院认为，根据庭审的举证，本院认定原告所述为本案法律事实。另查明，履行合同期间，被告欠付原告 2017 年 6—8 月期间应收服务费情况为：2017 年 6 月为 -1046.5 元、7 月为 2451.25 元、8 月为 3106.38 元，总计为 4511.13 元。被告经原告多次催收仍未支付该款项，原告遂诉至本院。本院认为，首先，本案中，原告同被告之间的委托合同关系依法成立并生效。原告依约履行了其合同义务，被告未按约支付咨询服务费事实清楚，故原告要求被告支付欠款的主张，本院予以支持。原告诉请金额为 4511.12 元不违反法律规定，本院予以准许。其次，双方在合同中约定，延期的一方每天向对方支付当期应付费用的 1% 违约金，该约定过高，本院酌情调整为按年利率 10% 计算；至于逾期付款利息的起算时间，应自委托合同约定的支付时间计算，原告主动降低标准请求自 2017 年 10 月 1 日开始计算，本院予以支持。另外，原告诉请的保全费、保全担保费、律师费以及因诉讼产生的其他费用（包括但不限于公告费、邮寄费等）在本案中未产生，本院不予支持。

综上所述，法院判决如下：①被告 B 材料有限公司于本判决生效之日起十五日内向原告 A 售电有限公司支付欠款 4511.12 元。②被告 B 材料有限公司于本判决生效之日起十五日内以货款 4511.12 元为基数，按年利率 10% 向原告计算支付自 2017 年 10 月 1 日起至上述欠款实际付清之日止的逾期付款利息。③驳回原告的其他诉讼请求。

---

[1] 裁判文书：（2020）云 0111 民初 13094 号民事判决书。

案例16：A售电有限公司与B食品有限公司委托合同纠纷案[1]

原告（反诉被告）：A售电有限公司

被告（反诉原告）：B食品有限公司

原告（反诉被告）A售电有限公司诉讼请求：①判令被告立即支付原告2017年服务费47899.40元。②判令被告立即向原告支付自2018年2月1日起计算至被告实际还清款项之日止的违约金，以47899.40元为基数按照年利率24%计算，暂计算至2020年7月31日为28723.89元，以上合计76623.29元。③判令被告承担本案的诉讼费、保全费、保全担保费、律师费以及因诉讼产生的其他费用（包括但不限于公告费、邮寄费等）。事实和理由：2017年3月28日，原告与被告签订了《购电委托合同》，合同约定由原告为被告代理用电户2017年5—12月份电力市场化交易。原告目前已按合同约定完成了全部义务。因被告未按合同约定向原告履行义务，原告多次要求被告支付款项，但被告至今尚未支付欠款，已构成违约。

反诉原告（本诉被告）B食品有限公司反诉请求：①请求变更反诉人与被反诉人签订的《购电委托合同》代理交易服务费条款为：代理交易服务费＝电量×收益标准（0.003元/千瓦时）。②判令被反诉人支付反诉人偏差电费1015.68元。事实和理由：2017年3月28日，反诉人与被反诉人签订《购电委托合同》。合同约定被反诉人为反诉人提供购电服务。但被反诉人却利用专业优势和反诉人没有委托购电交易的经验，出具格式合同，和反诉人签订了显失公平的代理交易服务费条款，被反诉人为反诉人2017年5月至12月8个月中，提供购775000度电的服务，被反诉人要求反诉人支付代理交易服务费47899.40元。可是，反诉人自2018年起，另行委托K售电有限公司提供委托购电服务，2018年5月至12月，K售电有限公司为反诉人购电693111度，收取服务费2080元，2019年5月至12月，K售电有限公司为反诉人购电972495度，收取服务费2918元。从上述K售电有限公司购电量及服务金额可见，被反诉人向反诉人收取的购电服务费是正常服务费的20倍。反诉人与被反诉人签订《购电委托合同》后，被反诉人长期不按合同约定和反诉人按月结算，导致反诉人不能及时知悉支付服务费情况，且在提供委托购电服务的8个月中，就有5个月出现购电偏差超过10%的情况，根据双方签订的《购电委托合同》，被反诉人应当支付反诉人偏差电费1015.68元。

法院确认以下事实：2017年3月28日，原告（反诉被告）A售电有限公司与被告（反诉原告）B食品有限公司双方就推进委托购电有关事宜签订《购电委托合同》一份，该合同约定A售电有限公司受B食品有限公司委托代理该用户在昆明电力交易中心进行电力市场化交易工作。该合同约定自2017年5月1日至2017年12月31日B食品有限公司（甲方）所有符合准入条件的电量均由A售电有限公司（乙方）通过电力市场化交易获得。合同委托期限为2017年5月1日至2017年12月31日。该合同第三条电费结算及服务费支付方式约定："……甲乙双方服务费按月度结算，昆明电力交易中心出具甲方该月度电费结算清单后5个工作日内（含第五个工作日），甲方向乙方支付协议规定的该季度咨询服务费用；当发生价格偏差责任费用或负偏差电量电费（10%部分）时，由乙方向甲方支付相应费用并通知甲方开具收据。双方未按照约

---

[1] 裁判文书：（2020）云0122民初2105号民事判决书。

定期限支付费用的,自延期的第 1 个工作日起(含第 1 个工作日),延期的一方每天向对方支付当期应付费用的 1% 作为违约金。乙方在收到甲方当月应支付的咨询服务费用后,5 个工作日内向甲方开具咨询服务普通增值税(3%)发票。"该合同还对双方合作内容、合作细节、违约责任等内容作了约定。2017 年 5 月 1 日,原、被告签订《电力市场化授权委托协议书》一份,该合同约定 B 食品有限公司委托 A 售电有限公司代为处理电力市场化交易业务有关事宜,委托参与交易的有效时间为 2017 年 5 月至 2017 年 12 月。该合同对结算服务、双方责任义务等内容进行了约定。该合同第四条在受托方责任中约定:委托期间,A 售电有限公司应向 B 食品有限公司支付 10% 的偏差电费,B 食品有限公司应及时全额向电网企业支付电费。上述合同实际进行了履行。A 售电有限公司认为 B 食品有限公司未按合同约定向原告支付 2017 年服务费 47899.40 元,提起本案诉讼。B 食品有限公司认为 A 售电有限公司未按合同约定及时通知其相关结算情况,提起本案反诉。

法院认为,本案 A 售电有限公司与 B 食品有限公司双方于 2017 年 3 月 28 日签订的《购电委托合同》及 2017 年 5 月 1 日签订的《电力市场化授权委托协议书》为有效合同,具有法律约束力,双方当事人应按上述合同约定内容行使权利和履行义务。本案中,B 食品有限公司应按合同约定向 A 售电有限公司支付服务费,本院认为,A 售电有限公司对本案所涉《购电委托合同》第三条中约定的服务费按月度结算及第四条中约定的及时通知 B 食品有限公司相关交易结果及交易进展情况的合同内容在履行中存在瑕疵,A 售电有限公司对此应承担相应的履行瑕疵责任,综上,本院对 A 售电有限公司本案诉请主张由 B 食品有限公司支付 2017 年服务费 47899.40 元的该项诉讼请求中的由 B 食品有限公司支付服务费 40000 元的部分请求予以支持,对 A 售电有限公司其余诉讼请求,本院不予支持。基于双方在 2017 年 5 月 1 日《电力市场化授权委托协议书》中约定 A 售电有限公司应向 B 食品有限公司支付 10% 的偏差电费,对 B 食品有限公司的反诉请求中由 A 售电有限公司支付偏差电费 1015.68 元的该部分反诉请求,本院予以支持,对 B 食品有限公司的其他反诉请求,由于所举证据不足,理由不能成立,本院不予支持。

综上所述,法院判决如下:①由被告 B 食品有限公司于本判决生效之日起十日内向原告 A 售电有限公司支付服务费 40000 元。②由反诉被告 A 售电有限公司于本判决生效之日起十日内向反诉原告 B 食品有限公司支付偏差电费 1015.68 元。③驳回原告 A 售电有限公司的其他诉讼请求。④驳回反诉原告 B 食品有限公司的其他反诉请求。

【分析】

上述案件是因电力用户未按照电力交易委托合同约定支付委托服务报酬引起的纠纷,合同争议主要是围绕是委托服务费应否支付展开的。

一、电力用户有义务支付委托服务报酬

《民法典》第九百二十八条规定:"受托人完成委托事务的,委托人应当按照约定向其支付报酬。因不可归责于受托人的事由,委托合同解除或者委托事务不能完成的,委托人应当向受托人支付相应的报酬。当事人另有约定的,按照其约定。"委托合同可以是有偿合同,也可以是无偿合同。报酬支付在履行时间上采后付主义。如果当事人在合同中约定了

处理委托事务的报酬，在委托事务完成后，委托人应当按照约定向受托人支付报酬。

售电公司是专业从事售电及其相关业务的商事主体，与电力用户订立的购售电合同、委托合同、服务合同等民事合同，一般都是有偿合同。对于电力交易委托合同而言，售电公司与电力用户约定的报酬计算方式，一般未成功购得交易电量的，电力用户不支付服务报酬；交易成功购得电量的，采取价差利润分享等模式支付服务报酬，即双方约定对交易成功获得的价差（交易电价与目录电价或以往购电价格、约定电价的差价）按照一定比例进行分成，实践中电力用户多占60%以上、售电公司多占40%以下。支付委托服务费，是电力用户的主要合同义务，其拒绝履行的，应当承担违约责任。

在案例12中，售电公司与电力用户签订《购电委托合同》，约定由售电公司代理用户进行电力市场化交易购电，并收取委托购电服务费。合同签订后，售电公司按合同约定为电力用户采购用电四个月，形成委托购电服务费，支付服务报酬的条件已具备，但电力用户逾期并未支付该服务费，售电公司经催收未果，依法提起诉讼维权。

在案例13中，售电公司与电力用户签订的《电力用户与售电用户委托代理交易合同》约定了售电公司代理用户参与电力市场化交易后收取代理用电服务费。但电力用户在接受售电公司履行合同提供的代理购电服务后，未依照约定支付代理购电服务费，则被法院判决支付该笔服务费且同时支付合同约定的违约金。

在案例14中，售电公司与电力用户签订《售电及综合能源服务合同》后，售电公司按约定开展代理工作，电力用户参加电力交易按月享受购电价差，其即应按照合同约定与售电公司分享价差收益，但因其拒绝履行该合同义务，构成违约，应赔偿售电公司可得利益的损失。

在案例15中，售电公司为电力用户代理购电，履行合同义务，但电力用户拒绝支付委托报酬，构成违约，法院依法支持售电公司的主张。

在案例16中，售电公司与电力用户订立购电委托合同后，售电公司履行合同促成电力用户实现电力交易目的，电力用户理应按照合同约定支付委托报酬；电力用户同时依据合同约定的由售电公司支付偏差电费的内容提出了反诉请求，均得到了法院支持。

二、售电公司应在诉讼时效期间内提起诉讼

诉讼时效是权利人在法定期间内不行使权利，该期间届满后，发生义务人可以拒绝履行其给付义务效果的法律制度。该制度有利于促使权利人及时行使权利，维护交易秩序和安全❶。

《民法典》第一百八十八条规定了普通诉讼时效和最长权利保护期间，即："向人民法院请求保护民事权利的诉讼时效期间为三年。法律另有规定的，依照其规定。诉讼时效期间自权利人知道或者应当知道权利受到损害以及义务人之日起计算。法律另有规定的，依照其规定。但是，自权利受到损害之日起超过二十年的，人民法院不予保护，有特殊情况的，人民法院可以根据权利人的申请决定延长。"合同纠纷适用三年的普通诉讼时效期间，

---

❶ 黄薇主编：《中华人民共和国民法典总则编释义》，法律出版社，2020，第501页。

但因国际货物买卖合同和技术进出口合同争议提起诉讼或者申请仲裁的时效期间为四年。诉讼时效期间是权利人可以行使权利的"最晚"期间。在权利受到损害后、诉讼时效期间届满前的时间范围内，权利人都可以主张权利。但超出该时效期间的，债务人可以行使抗辩权。《民法典》第一百九十二条规定了诉讼时效期间届满的法律效果，即："诉讼时效期间届满的，义务人可以提出不履行义务的抗辩。诉讼时效期间届满后，义务人同意履行的，不得以诉讼时效期间届满为由抗辩；义务人已经自愿履行的，不得请求返还。"也就是说，诉讼时效期间届满后，义务人取得了拒绝履行义务的抗辩权。诉讼时效期间届满，义务人仅取得抗辩权，法院不予主动干涉，由义务人自己决定是否行使抗辩权，这符合意思自治的理念。

在案例12中，售电公司的纠纷属于委托合同纠纷，适用3年的普通诉讼时效期间。根据合同履行情况，电力用户理应在2017年4月15日支付委托购电服务费，因其未予支付，售电公司自此时其权利受到损害，应自此时起算诉讼时效期间。但是售电公司在2017年4月15日至2020年6月23日期间，一直未向电力用户主张权利，诉讼时效期间届满，且电力用户也提出"本案已经超过诉讼时效，所以被告不应当支付原告主张的款项"的抗辩，则法院认为已超过法律规定的三年诉讼时效，且没有证据证实诉讼时效有中断事由，故对售电公司的诉讼请求不予支持。

【启示】

（1）"法律不保护躺在权利上睡觉的人"，通俗地讲就是"权利不用，过期作废"。在电力交易过程中，售电公司与其他市场主体因合同履行发生纠纷，售电公司应当自其知道对方违约、自身权利受到侵害之日起的3年内提起诉讼，方可以得到法院的保护。如果其长期怠于行使其起诉的权利，则将失去法律强行介入进行保护的机会。

（2）在诉讼时效期间内，售电公司如果通过短信、微信、律师函、电子邮件等形式进行催款讨债，并保留相应的书面证据的，能证明一直在主张权利，则诉讼时效就符合时效中断的事由，应依法重新计算。如果确实诉讼时效过期，则争取和对方协商，签订还款计划，这样诉讼时效就从新的还款期限届满之时重新开始计算。当然，如果电力用户起诉售电公司，诉讼时效期间已经届满且无诉讼时效中止或中断事由的，售电公司可以行使拒绝履行的抗辩权，也可以自愿履行。

（3）售电公司与电力用户订立的合同可以自主约定，如一方违约，另一方采取维权措施所产生的费用，包括但不限于调查费、诉讼费、律师费等，可由违约方承担。如在案例13中，售电公司按照合同约定提出的主张律师费的诉讼请求就得到法院的认可。

7. 电力用户要求售电公司支付优惠电费，由于缺乏法律和事实依据未得到法院支持

案例17：A化学有限公司与B节能科技股份有限公司委托合同纠纷案 ❶

一审原告、二审上诉人：A化学有限公司

一审被告、二审被上诉人：B节能科技股份有限公司

---

❶ 裁判文书：（2020）豫0191民初2805号一审民事判决书、（2020）豫01民终7494号二审民事判决书。

原告 A 化学有限公司诉讼请求：①依法判令被告支付原告优惠电费 1023108.73 元。②本案的诉讼费用由被告承担。事实与理由：原被告签订《售电公司与电力用户委托代理交易合同》，约定由被告在电力市场中为甲方（原告）购电，其中第二条 2.2（1）约定"双边协商交易约定，甲方（原告）零售电价在政府发布的大工业目录电价基础上优惠 0.015 元/千瓦时"。从 2019 年 2 月至 2019 年 12 月份止，被告未向原告支付优惠金额 1023108.73 元。

一审法院经审理查明：原告 A 化学有限公司（甲方）与被告 B 节能科技股份有限公司（乙方）签订《委托代理交易合同》，约定：甲方同意将 2019 年 1 月 1 日至 2019 年 12 月 31 日的全部用电量，委托乙方参与市场化交易；在委托代理期内，乙方负责依据交易规则代理甲方参与市场化交易，甲方同意乙方在双方交易期间采用"双边协商""集中竞价"等多种方式在电力市场中为甲方购电；对甲方首年度的合同电量，甲方零售电价、乙方委托代理服务费率（含税）约定如下：……

2019 年 4 月 4 日，原告 A 化学有限公司（甲方、电力用户）与被告 B 节能科技股份有限公司（乙方、售电公司）签订关于《售电公司与电力用户委托代理交易合同》的补充协议，约定：在双方达成的《售电公司与电力用户委托代理交易合同》基础上，对原合同中关于价格的条款补充如下：乙方在发电侧的购电价格折算至目录电价形成的价差，双方按甲方 100%、乙方 0%的比例进行分成……

庭审中，被告称，其没有获得利润，没有收取代理费，服务费也没有收取，我方支付了差旅费及人员薪酬等。原告认可其没有向被告支付任何费用。原告称，我方没有支付代理费，也没有约定代理费；没有支付服务费，没有向被告支付任何费用。

一审法院认为，当事人对于自己提出的诉讼请求所依据的事实或者反驳对方诉讼请求所依据的事实有责任提供证据加以证明。没有证据或者证据不足以证明当事人的事实主张的，由负有举证责任的当事人承担不利后果。原被告签订《委托代理交易合同》，约定：对甲方首年度的合同电量，甲方零售电价、乙方委托代理服务费率（含税）约定如下：①双边协商交易，甲方的零售电价在政府发布的大工业目录电价基础上优惠 0.015 元/千瓦时，超出部分乙方只收取 0.001 元/千瓦时的服务费。②集中撮合竞价交易，低于政府发布的用户用电目录电价的差价，按甲方 80%、乙方 20%的比例分成。后原被告签订的《售电公司与电力用户委托代理交易合同》补充如下：乙方在发电侧的购电价格折算至目录电价形成的价差，双方按甲方 100%、乙方 0%的比例进行分成。原被告对采取何种方式交易陈述不一致。原告称，电价我方是按双方协商方式进行交易，双方分别是原被告，不存在集中撮合竞价交易方式。被告称，有异议，我方是代理原告与电厂之间的交易，两种交易方式都有，举证责任应当由原告证明。本院认为，原被告系委托合同关系，双方不可能协商并决定购电价格等，故对原告所述本院不予采信；依据原告向本院提交的证据，本院无法确认采取何种方式交易（双边协商交易或集中撮合竞价交易）及其交易数额，故对原告诉请本院不予支持。判决如下：驳回原告的诉讼请求。

A 化学有限公司上诉请求：①撤销原审判决，改判由被上诉人支付上诉人优惠电费 1023108.73 元。②一二审诉讼费由被上诉人承担。

二审法院查明事实与一审法院一致。

二审法院认为，A 化学有限公司与 B 节能科技股份有限公司 2019 年 1 月 28 日签订《委托代理交易合同》，A 化学有限公司委托 B 节能科技股份有限公司根据其 2019 年 1 月 1 日至 2019 年 12 月 31 日的全部用电量代理其参与市场化交易，同意 B 节能科技股份有限公司在双方交易期采用"双边协商""集中竞价"等多种方式于电力市场中为其购电，对委托电量和电价、月度电量调整、违约责任等内容作出了明确约定，双方成立委托合同关系。2019 年 4 月 4 日，为响应河南省电力交易中心下发的关于核实确认代理服务费率的通知，为规避双方市场风险，双方根据电力市场形势变化情况签订"关于《售电公司与电力用户委托代理交易合同》的补充协议"，对原合同中关于价格的条款补充约定"乙方在发电侧的购电价格折算至目录电价形成的价差，双方按甲方 100%、乙方 0% 的比例进行分成；合同其他条款不变"。两份协议均为双方真实意思表示，且不违反国家法律法规强制性规定，合法有效。双方均认可在合同履行过程中 A 化学有限公司未向 B 节能科技股份有限公司支付任何代理费和服务费、B 节能科技股份有限公司未收取任何代理费和服务费。根据"关于《售电公司与电力用户委托代理交易合同》的补充协议"和双方委托合同的履行情况，可以认定双方的委托合同由有偿的委托合同变更为无偿的委托合同。《合同法》第四百零六条❶规定"无偿的委托合同，因受托人的故意或者重大过失给委托人造成损失的，委托人可以要求赔偿损失。"依据该规定，受托人只对因故意或者重大过失给委托人造成的损失负责。本案中，双方在《委托代理交易合同》1.2 中明确约定了上诉人同意被上诉人在交易期间采用交易方式为"双边协商""集中竞价"等多种方式于电力市场中为其购电；根据××公证处第 151 号公证书和《全国统一电力市场交易平台用户手册》"合同分月电量分解操作指南（版本 V1.0）"规定的申报分月电量流程，B 节能科技股份有限公司应当申报分月电量，在申报时应在对应的分月下逐个录入用户的分月分解电量、交易电价及服务费率等内容，A 化学有限公司有权对上述内容的申报进行审核确认，如有异议可以驳回、退回 B 节能科技股份有限公司，只有经 A 化学有限公司认可确认后方可进行下一审批环节。所以，不管双方是"双边协商交易"还是"集中撮合竞价交易"，均系 A 化学有限公司的事先授权和事后确认。A 化学有限公司未提供证据证明其在合同履行过程中就交易电价、交易方式向 B 节能科技股份有限公司提出过异议，也不能证明 B 节能科技股份有限公司有违反交易规则和有悖于交易习惯的故意和重大过失行为，故其主张 B 节能科技股份有限公司支付其 1023108.73 元优惠电费的请求不能成立，本院不予支持。

综上所述，A 化学有限公司的上诉请求不能成立，应予驳回。判决如下：驳回上诉，维持原判。

案例 18：A 水泥有限公司与 B 节能科技股份有限公司委托合同纠纷案❷

原告：A 水泥有限公司

---

❶ 《民法典》第九百二十九条　有偿的委托合同，因受托人的过错造成委托人损失的，委托人可以请求赔偿损失。无偿的委托合同，因受托人的故意或者重大过失造成委托人损失的，委托人可以请求赔偿损失。受托人超越权限造成委托人损失的，应当赔偿损失。

❷ 裁判文书：（2020）豫 0191 民初 5540 号民事判决书。

被告：B 节能科技股份有限公司

原告 A 水泥有限公司诉讼请求：①判令被告赔偿原告违约损失 109.7 万元。②本案的诉讼费用由被告承担。事实与理由：原、被告达成《售电公司与电力用户委托代理交易合同》，合同约定原告 2019 年度全部交易电量 10 万兆瓦时，委托被告代理交易，被告保证原告在目录电价的基础上保底优惠 0.015 元/千瓦时。合同生效后，由于被告没有参加河南省电力交易中心组织的 3 月撮合交易，交易价格在目录电价的基础上只降低了 0.00438 元/千瓦时。2—7 月份原告使用电量 51215960 千瓦时，多支付电费 550436.69 元。经计算，12 个月的用电量总价较双方合同约定保底优惠价共多缴纳 1097000 元。由于被告违约，给原告造成损失。

法院经审理查明：2019 年 1 月 29 日，原告（作为甲方）与被告（作为乙方）签订《售电公司与电力用户委托代理交易合同》一份，约定：甲方全年用电量预计为 10 万兆瓦时；甲方同意将 2019 年 1 月 1 日至 2019 年 12 月 31 日的全部用电量，委托乙方参与市场化交易；在委托代理期内，乙方负责依据交易规则代理甲方参与市场化交易，甲方同意乙方在双方交易期间采用"双边协商""集中竞价"等多种方式在电力市场中为甲方购电；对甲方首年度的合同电量，甲方零售电价、乙方委托代理服务费率（含税）约定如下：（1）双边协商交易，在河南省政府发布的目录电价的基础上保底优惠 0.015 元/千瓦时，超出的价差按甲方 100%、乙方 0% 的比例分成；（2）集中撮合竞价交易，超出当月计划电量的增加电量将以月度竞价的方式交易，交易所得价差按甲方 90%、乙方 10% 的比例分成。

庭审中，原、被告对采取何种方式交易产生争议。原告称协议对交易方式的采用是有先后顺序的，被告应当先按照双边协商交易为原告提供委托代理服务，原告 2019 年 2 月份—2020 年 1 月份的用电总量是 1.1359 亿千瓦时，协议约定的用电量是 1 亿千瓦时，被告通过集中撮合竞价的交易方式只给原告协调了 6408.4 万千瓦时，剩余的用电量是按政府的目录电价交易，所以导致原告多缴纳 109 余万元的电费。被告称双方合同是按照第 2 种集中撮合竞价交易方式履行的，由于电厂电价发生变化及合同 3.1 条约定，原告应当提前 3 日向被告报送计划用电量，原告没有报，所以被告无法去协商而采取双边协商交易，且双边协商交易部分属于无偿代理，被告没有过错更没有重大过错，不应当承担原告所述的责任。

法院认为，本案原、被告签订《售电公司与电力用户委托代理交易合同》约定，A 水泥有限公司委托 B 节能科技股份有限公司根据其 2019 年 1 月 1 日至 2019 年 12 月 31 日的全部用电量代理其参与市场化交易，同意 B 节能科技股份有限公司在双方交易期采用"双边协商""集中竞价"等多种方式于电力市场中为其购电，协议中，双方对委托电量和电价、月度电量调整、违约责任等内容作出了明确约定，双方成立委托合同关系。双方均认可在合同履行过程中 A 水泥有限公司未向 B 节能科技股份有限公司支付任何代理费和服务费、B 节能科技股份有限公司未收取任何代理费和服务费。根据双方委托合同的履行情况，可以认定双方的委托合同为无偿的委托合同。《合同法》第四百零六条❶规定"无偿的委托合同，因受托人的故意或者重大过失

---

❶ 《民法典》第九百二十九条　有偿的委托合同，因受托人的过错造成委托人损失的，委托人可以请求赔偿损失。无偿的委托合同，因受托人的故意或者重大过失造成委托人损失的，委托人可以请求赔偿损失。受托人超越权限造成委托人损失的，应当赔偿损失。

给受托人造成损失的，委托人可以要求赔偿损失。"依据该规定，受托人只对因故意或者重大过失给委托人造成的损失负责。本案中，双方在委托代理交易合同1.2中明确约定了原告同意被告在交易期间任意采用双边协商、集中竞价等多种方式于电力市场中为其购电；根据××公证处第151号公证书和《全国统一电力市场交易平台用户手册》"合同分月电量分解操作指南（版本V1.0）"规定的申报分月电量流程，B节能科技股份有限公司应当申报分月电量，在申报时应在对应的分月下逐个录入用户的分月分解电量、交易电价及服务费率等内容，A水泥有限公司有权对上述内容的申报进行审核确认，如有异议可以驳回、退回B节能科技股份有限公司，只有经A水泥有限公司认可确认后方可进行下一审批环节。所以，不管双方是"双边协商交易"还是"集中撮合竞价交易"，均系A水泥有限公司的事先授权和事后确认。A水泥有限公司未提供证据证明其在合同履行过程中就交易电价、交易方式向B节能科技股份有限公司提出过异议，也不能证明B节能科技股份有限公司有违反交易规则和有悖于交易习惯的故意和重大过失行为，故其主张B节能科技股份有限公司支付其109.7万元优惠电费的请求不能成立，本院不予支持。

判决如下：驳回原告的诉讼请求。

案例19：A设备有限公司、B售电有限公司供用电合同纠纷案[1]

一审原告、二审上诉人：A设备有限公司

一审被告、二审被上诉人：B售电有限公司

A设备有限公司诉讼请求：①判令被告给付原告电价优惠返还款116978.50元。②本案诉讼费用由被告承担。事实和理由：原、被告签订《购售电合同》，其中约定："乙方B售电有限公司在现行目录电价的基础上给予甲方A设备有限公司返还5分/千瓦时（含税）"。原告2018年全年用电量为2339570千瓦时，根据合同约定，被告应返还原告116978.50元，但被告一直拖延支付。

一审法院经审理查明：原、被告于2017年12月30日签订《购售电合同》，约定：①合同有效时间区间自2018年1月1日0时0分起至2018年12月31日24时0分止。②乙方（被告）根据甲乙双方签订的《购售电合同》进行电量直接交易，经乙方申报，安徽省电力交易中心确认2018年度电力双边实际交易电量。自2018年1月1日0时0分至2018年12月31日24时0分，用户侧执行大工业电价的交易电量为210万千瓦时。③本合同约定期限内，乙方在现行目录电价的基础上给予甲方（原告）返还5分/千瓦时（含税），此返还价与甲方现行的目录销售电价联动，不受目录价变动影响，下降标准不得调整……合同签订后，B售电有限公司开始给A设备有限公司在安徽省电力交易中心进行注册、备案。2018年1月20日，安徽省电力交易中心发布《关于开展安徽省2018年度电力双边直接交易的市场公告》，要求2018年新入市的二级用户（年用电量在100万千瓦时至1000万千瓦时之间的电力用户，需由售电公司代理参与，由售电公司代理的电力用户称为二级用户）须按照2018年版示范文本签订代理合同，其余二级用户可先提交现有代理合同，于1个月内按示范文本重签后替换。此后，B售电有限公司开始与A设备有限公司就签订2018年版示范文本代理合同进行磋商，因2017年版示范文本合

---

[1] 裁判文书：（2019）皖0207民初1464号一审民事判决书、（2019）皖02民终2200号二审民事判决书。

同第三条交易价格及优惠的计量方式与 2018 年版示范文本第三章交易电量、电价的计量方式有变化，双方就此多次协商未果，造成 B 售电有限公司无法在安徽省电力交易中心规定的最后期限内（截至 2018 年 3 月 6 日）提交与 A 设备有限公司签订的 2018 年版示范文本代理合同，导致 A 设备有限公司在安徽省电力交易中心备案失败，未能参与安徽省电力交易中心 2018 年度电力双边直接交易。2018 年 3 月 6 日，B 售电有限公司以 A 设备有限公司放弃签署 2018 年版示范文本代理合同导致无法备案为由，解除与 A 设备有限公司的代理合同。

另查明：A 设备有限公司 2018 年 1 月 1 日 0 时 0 分起至 2018 年 12 月 31 日 24 时 0 分止共使用大工业电量 2339570 千瓦时。

一审法院认为：本案的争议焦点为：①原、被告基于《购售电合同》形成的是供用电合同关系还是委托合同关系。②被告在履行合同中是否存在违约，是否需要承担违约责任。

针对争议焦点 1，本院认为：

一、《安徽省电力直接交易规则》及《安徽省电力市场交易主体准入退出实施细则》规定，电力直接交易是指符合准入条件的发电企业、电力用户和售电公司等市场交易主体，依托市场运营机构和电网企业，通过双边交易、集中交易等市场化方式开展电力交易。电力用户准入条件为：①电压等级 10 千伏以上、年用电量 100 万千瓦时及以上，执行大工业和一般工商业电价，在电网企业独立开户，单独计量的企业。②年用电量在 100 万千瓦时和 1000 万千瓦时之间的企业，由售电公司代理参与，年用电量 1000 万千瓦时及以上的企业，可直接或委托售电公司代理参与。③执行阶梯电价、差别性和惩罚性电价的电力用户不得参与。根据上述规定可见，原告作为年用电量在 100 万千瓦时至 1000 万千瓦时之间的电力用户，其作为市场主体参与电力直接交易须由售电公司代理参与，而不能直接参与。

二、依据《购售电合同》第六条"根据国家发改委、安徽省能源局文件要求，甲方用电方式、结算方式均不发生任何改变，仍由电网企业向电力用户提供电费结算、收费及发票开具等服务"的约定可见，A 设备有限公司是与电网企业进行电费结算，而非与 B 售电有限公司进行电费结算，双方之间不具备供用电法律关系的特征。

三、依据《购售电合同》第七条"甲方应按安徽省电力交易中心要求提供有关资料和申报信息，乙方服务甲方完成本合同约定的电量交易采购工作。本合同书签订后，甲方在同一交易周期内不得与其他市场主体再次签订电力、电量交易合同或委托交易合同，否则，甲方应向乙方承担违约责任"的约定，被告的合同义务是服务原告完成本合同约定的电量交易采购工作，而非向原告销售电量。综上，原、被告签订的名为购售电合同，实为委托合同，双方基于《购售电合同》形成委托合同关系，而非供用电合同关系。

针对争议焦点 2，本院认为：

一、本案 A 设备有限公司与 B 售电有限公司在《购售电合同》中未明确约定委托报酬，通过法庭调查，双方均认可 B 售电有限公司获得报酬的前提是购电成功，如果购电不成功，则 A 设备有限公司不需要向 B 售电有限公司支付任何报酬。根据本院查明的事实可以确定，A 设备有限公司与 B 售电有限公司之间形成的是附条件的有偿委托合同关系，在条件未成就之前，即购电未成功之前，B 售电有限公司的代理行为为无偿代理。依据《合同法》第四百零六条❶第一款"有偿的委托合同，因受托人的过错给委托人造成损失的，委托人可以要求赔偿损失。无偿的委托合同，因受托人的故意或者重大过失给委托人造成损失的，委托人可以要求赔偿损失"的规定，B 售电有限公司只有对最终未成功受托购电成功的结果存在故意或重大过失时，才应当承担违约责任，赔偿 A 设备有限公司的损失。关于 B 售电有限公司对未成功购电是否存在故意或者重大过失问题，本院认为：①B 售电有限公司与 A 设备有限公司签订的《购售电合同》是附条件的有偿委托合同，B 售电有限公司只有在购电成功后才能取得相关报酬，为获得报酬，B 售电有限公司没有理由不积极完成受托事项，协助 A 设备有限公司购电成功，如果说 B 售电有限公司对购电未果存有故意，显然违背常理，与事实不符，且原告亦无证据证明被告对此存在故意。②根据本院查明，B 售电有限公司未能在安徽省电力交易中心给 A 设备有限公司备案成功，并最终参与电力直接交易进行购电，主要原因在于双方就 2018 年版示范文本代理合同签订发生争议，导致 B 售电有限公司未能在安徽省电力交易中心规定的时间提交示范文本合同，造成备案失败。由此可见，B 售电有限公司就示范文本的签订多次和 A 设备有限公司进行沟通，基本尽到代理人的职责，对未能及时备案，最终未能购电成功不存在重大过失。

二、根据《安徽省电力直接交易规则》及《安徽省电力交易市场主体准入退出管理实施细则》的规定，A 设备有限公司要参与电力直接交易须由 B 售电有限公司代理参与，在安徽省电力交易中心注册备案，申报交易电量、电价，安徽省电力交易中心再按统一出清原则竞价形成匹配结果送安徽省电力调度中心进行安全校核，后通过交易平台发布成交结果。可见，即使 B 售电有限公司给 A 设备有限公司备案成功后，也并不意味着购电必然成功。现涉案的《购售电合同》是按照安徽省电力交易中心提供的 2017 版示范文本合同进行签订，故根据相关规定，B 售电有限公司在该合同第九条中承诺保证 A 设备有限公司全电量交易应理解为对双方约定的交易电量进行申报，而非保证全电量购电成功，即 B 售电有限公司并非保证 A 设备有限公司购电成功。

综上，鉴于 B 售电有限公司在履行《购售电合同》中既无过错及重大过失，且亦无其他违约行为，故 A 设备有限公司要求 B 售电有限公司承担赔偿责任无事实及法律依据，本院对此不予支持。

一审法院判决如下：驳回原告 A 设备有限公司要求被告 B 售电有限公司给付其电价优惠返还款 116978.50 元的诉讼请求。

A 设备有限公司上诉请求：依法撤销原审判决，改判 B 售电有限公司支付 A 设备有限公司电价优惠返还款 116978.50 元。

二审法院对一审查明的事实予以确认。

二审法院认为，二审争议焦点为 B 售电有限公司是否应对 A 设备有限公司的购电损失承担责任。①根据《安徽省电力直接交易规则》的规定，用电方需由售电公司进行代理在安徽省电

---

❶ 《民法典》第九百二十九条　有偿的委托合同，因受托人的过错造成委托人损失的，委托人可以请求赔偿损失。无偿的委托合同，因受托人的故意或者重大过失造成委托人损失的，委托人可以请求赔偿损失。受托人超越权限造成委托人损失的，应当赔偿损失。

力交易中心注册备案，并申报交易电量、电价，之后安徽省电力交易中心再按统一出清原则竞价形成匹配结果送安徽省电力调度中心进行安全校核，后通过交易平台发布成交结果，是否购电成功并非售电公司能控制，故即使备案成功也并非一定能够购电成功，即 A 设备有限公司主张的损失并非必然发生。②关于案涉示范文本的备案。A 设备有限公司、B 售电有限公司已经于 2017 年 12 月 3 日签订了合同，后因安徽省电力交易中心要求按照示范文本进行备案，故双方就示范文本的签订进行了多次协商，B 售电有限公司已经提交了相应证据证明了双方协商的过程，A 设备有限公司未能举证证明该协议协商不成的责任在 B 售电有限公司，亦未能举证证明 B 售电有限公司故意拖延导致示范文本不能备案的事实，故一审法院认定 B 售电有限公司在合同备案过程中不存在过错符合法律规定，并无不妥。综上，A 设备有限公司的上诉请求不能成立，应予驳回。判决如下：驳回上诉，维持原判。

案例 20：B 食品有限公司与 A 售电有限公司买卖合同纠纷案[1]

原告：B 食品有限公司

被告：A 售电有限公司

B 食品有限公司诉讼请求：①判令被告赔偿原告实际经济损失 266478 元（2018 年度原告实际用电量 579.3 万千瓦时，按双方合同约定年度双边交易固定降 4.6 分 / 千瓦时，579.3 万千瓦时 ×0.046 元 =266478 元）。②本案诉讼费用由被告承担。事实和理由：原、被告签订一份《安徽电力市场售电公司代理合同》。合同约定，2018 年度，原告委托被告参与电力市场年度双边直接交易，约定按被告批发市场年度双边交易成交电价折算至用电侧价格与目录销售电价的差价，固定降 4.6 分 / 千瓦时。合同签订后，由于被告的原因，被告未能在电力交易市场成功购电。由于被告故意不履行合同的违约行为，致使原告不能享受降价用电优惠，从而直接多支付 2018 年度用电费 266478 元。原告的实际经济损失应该由被告承担。

法院查明以下事实：2018 年 1 月 24 日，原、被告签订《安徽电力市场售电公司代理合同》。主要内容为：甲方 B 食品有限公司，乙方 A 售电有限公司。……3.1 合同周期：本合同执行周期自 2018 年 1 月 1 日至 2018 年 12 月 31 日，合同周期一年。3.2 2018 年度，甲方委托乙方参与电力市场年度双边直接交易，甲方意向购电量 7000 兆瓦时。3.3 年度双边，按乙方批发市场年度双边交易成交电价折算至用电侧价格与目录销售电价的差价，固定降 4.6 分 / 千瓦时。

2018 年 1 月 17 日安徽省电力交易中心公布的安徽省售电主体是 169 家，被告在列，被告是有权签订售电代理合同的。原、被告签订合同后，被告联系多家电厂购电，但最终未成功购电。根据《安徽省电力双边直接交易执行细则》第二条规定，原告作为一般用户在同一年内只可选择一家售电公司代理购电。由于原、被告签订的《安徽电力市场售电公司代理合同》无法执行，原告在 2018 年度按照正常电价用电，共用电 579.3 万千瓦时，根据原、被告合同约定的每度电便宜 4.6 分钱，原告认为，原告 2018 年度的用电损失共计 266478 元（579.3 万千瓦时 × 0.046 元）。

另查明，本案原、被告在《安徽电力市场售电公司代理合同》中未明确约定委托报酬，通

[1] 裁判文书：（2020）皖 0405 民初 845 号民事判决书。

过法庭调查，双方均认可被告获得报酬的前提是购电成功，如果购电不成功，则原告不需要向被告支付任何报酬。至本案开庭前，原告未向被告支付过任何报酬。

法院认为，本案焦点一是原、被告之间是买卖合同关系还是委托合同关系。

1.《安徽省电力直接交易规则》及《安徽省电力市场交易主体准入退出实施细则》规定，电力直接交易是指符合准入条件的发电企业、电力用户和售电公司等市场交易主体，依托市场运营机构和电网企业，通过双边交易、集中交易等市场化方式开展电力交易。电力用户准入条件为：（1）电压等级 10 千伏及以上执行大工业和一般工商业电价，且在电网企业独立开户、单独计量的电力用户。（2）年用电量 1000 万千瓦时以下的电力用户须由售电公司代理参与，年电量 1000 万千瓦时及以上的电力用户，可直接或委托售电公司代理参与。（3）执行惩罚性电价的电力用户不准参与。根据上述规定可见，B 食品有限公司作为年用电量在 1000 万千瓦时以下的电力用户，其作为市场主体参与电力直接交易须由售电公司代理参与，而不能直接参与。

2. 依据原、被告签订的《安徽电力市场售电公司代理合同》第二章中第 2.2.3 约定，原告按电力相关规定和省电力公司签署的《供用电合同》，按时足额交纳电费。通过上述约定可见，原告是与电力公司进行电费结算，而非与被告进行电费结算，双方之间不具备买卖合同法律关系的特征。

3. 依据原、被告签订的《安徽电力市场售电公司代理合同》第二章中第 2.2.2 约定，原告向被告提供与履行本合同相关的其他信息。如实提供用户用电信息，配合被告、省电力公司及安徽省电力交易中心进行电量交易、电费结算、数据统计等工作。综上，原、被告基于签订的《安徽电力市场售电公司代理合同》形成委托合同关系，而非买卖合同关系。

本案焦点二是 A 售电有限公司在履行合同中是否存在违约，是否需要承担违约责任。

本案 B 食品有限公司与 A 售电有限公司在《安徽电力市场售电公司代理合同》中未明确约定委托报酬，通过法庭调查，双方均认可 A 售电有限公司获得报酬的前提是购电成功，如果购电不成功，则 B 食品有限公司不需要向 A 售电有限公司支付任何报酬。

根据查明的事实可以确定，B 食品有限公司与 A 售电有限公司之间形成的是附条件的委托合同关系，在条件未成就之前，即购电未成功之前，A 售电有限公司的代理行为为无偿代理。依据《合同法》第四百零六条❶规定，有偿的委托合同，因受托人的过错给委托人造成损失的，委托人可以要求赔偿损失。无偿的委托合同，因受托人的故意或者重大过失给委托人造成损失的，委托人可以要求赔偿损失。A 售电有限公司只有对最终未成功受托购电成功的结果存在故意或重大过失时，才应当承担违约责任，赔偿 B 食品有限公司的损失。

关于 A 售电有限公司对未成功购电是否存在故意或者重大过失问题，本院认为，A 售电有限公司与 B 食品有限公司签订的《安徽电力市场售电公司代理合同》是附条件的委托合同，A 售电有限公司只有在购电成功后才能取得相关报酬，为获得报酬，A 售电有限公司没有理由不积极完成受托事项，协助 B 食品有限公司购电成功，如果说 A 售电有限公司对购电未果存有故

---

❶ 《民法典》第九百二十九条　有偿的委托合同，因受托人的过错造成委托人损失的，委托人可以请求赔偿损失。无偿的委托合同，因受托人的故意或者重大过失造成委托人损失的，委托人可以请求赔偿损失。受托人超越权限造成委托人损失的，应当赔偿损失。

意，显然违背常理，与事实不符。本院认为，A 售电有限公司在处理委托事务过程中不存在故意或重大过失，B 食品有限公司提供的证据亦不能证明 A 售电有限公司购不到电存在故意或重大过失的行为。因此，针对 B 食品有限公司关于 A 售电有限公司故意不履行合同，致使 B 食品有限公司不能享受降价用电优惠的诉称理由，本院依法不予采信。综上，B 食品有限公司主张 A 售电有限公司赔偿因违约给 B 食品有限公司造成的用电损失 266478 元的诉讼请求，没有事实和法律依据，本院依法不予支持。

据此，判决如下：驳回原告 B 食品有限公司的诉讼请求。

案例 21：A 锰业有限公司与 B 售电有限公司供用电合同纠纷案[1]

一审原告、二审上诉人：A 锰业有限公司

一审被告、二审被上诉人：B 售电有限公司

原告 A 锰业有限公司诉讼请求：判令被告向原告支付 884405.27 元用电折扣奖励款。事实与理由：原告、被告及××供电局签订《直接交易三方合同》，约定由被告向原告直接供电。其后，被告与原告签订《购售电补充协议》，该协议约定，被告对原告在 2016 年 8 月至 2016 年 12 月期间结算电费的用电情况，按电量折算的合同完成率向原告支付折扣奖励。根据原告 2016 年的用电情况，被告应向原告支付 884405.27 元用电折扣奖励款，但被告拒不与原告续签供用电合同，也拒绝支付原告折扣奖励款，其行为已构成根本性违约。

一审法院认定事实如下：2016 年 1 月 19 日，原告 A 锰业有限公司与被告 B 售电有限公司双方签订《直接交易购售电合同》，合同约定，从 2016 年 1 月 1 日至 2016 年 12 月 31 日原告向被告购电总量为 5900 万千瓦时。2016 年 1 月 28 日，原告、被告、××供电局三方签订《直接交易三方合同》，合同约定，原告向被告购电，并通过××供电局 35 千伏岑源线线路供电，合同有效期为自 2016 年 1 月 1 日起至 2016 年 12 月 31 日止。2016 年 8 月，被告与原告签订《购售电补充协议》，协议约定，为建立长期合作关系，实现双赢战略，鼓励原告提高合同完成率并按时结清电费，多用电。被告将对原告于 2016 年 8 月至 2016 年 12 月期间按时结清电费的用电情况给予一定的折扣奖励。奖励兑现方式为，在 2017 年电力交易合作中，原告应优先与被告合作，待原、被告双方正式签订 2017 年直供电合同后，被告一次性支付原告根据本协议计算的 2016 年奖励金额，若原告与其他发电企业签订 2017 年直供电合同，被告将不向原告支付按本协议计算的 2016 年奖励金额。2017 年 1 月 4 日，原告与 G 发电有限公司、××供电局三方签订《直接交易输配电服务合同》，合同约定，原告向 G 发电有限公司购电，并通过××供电局 35 千伏岑源线线路供电，合同有效期为自 2017 年 1 月 1 日起至 2017 年 12 月 31 日止。

一审法院认为，原告与被告签订的《购售电补充协议》系双方真实意思表示，且合同内容未违反国家法律或者行政法规的强制性规定，属有效合同。因此，签约双方均应当按照约定全面履行自己的义务。本案中，原、被告签订的《购售电补充协议》明确约定奖励兑现方式为，在 2017 年电力交易合作中，原告应优先与被告合作，待原、被告双方正式签订 2017 年直供电合同后，被告一次性支付原告根据本协议计算的 2016 年奖励金额，若原告与其他发电企业签订

---

[1] 裁判文书：（2017）黔 2626 民初 138 号一审民事判决书、（2017）黔 26 民终 1185 号二审民事判决书。

2017年直供电合同，被告将不向原告支付按本协议计算的2016年奖励金额。据此，按照《购售电补充协议》约定，因原告未按协议约定与被告签订2017年直供电合同，被告可不向原告支付2016年奖励。根据民事诉讼法的规定，当事人对自己提出的诉讼请求所依据的事实或者反驳对方诉讼请求所依据的事实有责任提供证据加以证明，没有证据或者证据不足以证明当事人的事实主张的，由负有举证责任的当事人承担不利后果。本案中，原告提出因被告拒绝与其签订2017年供用电合同，迫于无奈才与G发电有限公司签订了2017年供用电合同，但未能提供充分证据予以证实。

综上所述，原告主张要求被告支付884405.27元用电折扣奖励款的诉讼请求，缺乏相应依据，本院不予支持。判决如下：驳回原告A锰业有限公司的诉讼请求。

上诉人A锰业有限公司的上诉请求：①依法撤销一审民事判决，并改判被上诉人B售电有限公司向上诉人支付用电折扣奖励款884405.27元。②本案一、二审诉讼费由被上诉人承担。

二审法院查明的事实与一审认定的事实一致。

二审法院认为，本案中，A锰业有限公司与B售电有限公司于2016年8月签订的《购售电补充协议》第一条第二款明确约定，待甲乙双方正式签订2017年直供电合同后，乙方一次性支付甲方根据本协议计算的2016年奖励金额；若甲方与其他发电企业签订2017年直供电合同，乙方将不向甲方支付按本协议计算的2016年奖励金额。该涉案补充协议第二条第一款约定，"1.本协议的生效条件是：（1）双方已签订《直接交易购销购售电合同》且与有关电网企业签订《直接交易三方合同》，并在贵州省电力交易中心注册成功，并同意进行交易。（2）经双方法定代表人或者授权代理人签字并加盖公章或合同专用章。"本案中，双方当事人并未签订2017年直供电合同，涉案《购售电补充协议》约定的生效条件并未成就，故本案涉案合同尚未生效。据此，A锰业有限公司要求B售电有限公司按照涉案补充协议的约定支付用电奖励折扣款无事实和法律依据，一审判决未予支持并无不当。但一审认定涉案协议系有效协议不当，本院予以纠正。

综上，上诉人A锰业有限公司的上诉理由均不能成立，本院不予支持。判决如下：驳回上诉，维持原判。

案例22：A电子实业有限公司与B售电有限公司委托合同纠纷案 ❶

一审原告、二审上诉人：A电子实业有限公司

一审被告、二审被上诉人：B售电有限公司

A电子实业有限公司一审起诉请求：①解除A电子实业有限公司与B售电有限公司签订的《B售电有限公司与电力用户电力交易合同》。②B售电有限公司向A电子实业有限公司支付2017年11月至2020年11月期间的直购电差价款367153.2元及利息（以367153.2元为基数，自起诉之日起按照全国银行间同业拆借中心公布的同期一年期贷款市场报价利率计至实际履行完毕之日止）。③B售电有限公司承担本案诉讼费。

一审法院经审理查明：2018年5月23日，A电子实业有限公司作为甲方与作为乙方的B

---

❶ 裁判文书：（2021）粤0115民初3976号一审民事判决书、（2021）粤01民终19761号二审民事判决书。

售电有限公司签订《B售电有限公司与电力用户电力交易合同》，约定：甲、乙双方通过广东电力交易中心及电网经营企业的输配电网络完成购售电交易；乙方义务包括：按照国家有关法规、规定和技术规范，为甲方提供电力交易服务，做好需求侧管理及用能服务，参与批发市场交易并按规定结算等；双方同意，2017年11月1日至2022年12月1日，甲方指定乙方每年为其购电约356万千瓦时；合约交易电量的采购目标标的为：以现行目录电价为基础下降0.02元/千瓦时（含税）作为月度集中竞价的保底交易价格；此交易约定价差与甲方现行有效的目录销售电价联动但不改变，具体计算如下：当月度集中竞价的出清价（绝对值）大于保底交易价差（绝对值）时，甲、乙双方按5：5比例分成当月度集中竞价的直购电费；当月度集中竞价的出清价（绝对值）小于保底交易价差（绝对值），乙方向甲方支付不足部分直购电费；若月度集中竞价的出清价（绝对值）等于保底交易价差（绝对值），甲方直接获得保底交易价差的直购电费，乙方不分成直购电费；甲方每月通过乙方销售管理平台或以纸质方式向乙方报送次月计划用电量以及确认结算月实际用电量。

A电子实业有限公司主张，其于2017年11月至2017年12月用电量为648528千瓦时，2018年1月至2018年12月用电量为3851208千瓦时，2019年1月至2019年12月用电量为3669432千瓦时，2020年1月至2020年11月用电量为4069272千瓦时。A电子实业有限公司并认为，其每月按照合同约定用电并按照现行目录电价向××供电局交纳电费，但B售电有限公司未按约支付直购电差价款。A电子实业有限公司另提交其关联公司H电子有限公司与B售电有限公司签订的《B售电有限公司与电力用户电力交易合同补充协议》，主张B售电有限公司曾承诺按照该合同约定的0.03元/千瓦时的标准向A电子实业有限公司计付直购电差价款。B售电有限公司回应称，H电子有限公司已取得电力交易市场的交易主体资格，双方据此履行合同。2020年11月13日，A电子实业有限公司向B售电有限公司发送《律师函》，要求B售电有限公司于2020年11月20日前向A电子实业有限公司支付直购电差价款，按照0.02元/千瓦时的标准计算为220499.28元，逾期则A电子实业有限公司要求解除合同。

B售电有限公司主张，A电子实业有限公司未达到2018年、2019年及2020年电力交易市场的准入条件，一直未符合电力交易市场的交易主体资格，故无法委托B售电有限公司进行交易用电，《B售电有限公司与电力用户电力交易合同》尚未履行。B售电有限公司提交的《广东省经济和信息化委关于2018年电力市场交易安排的通知》《广东省经济和信息化委关于2019年电力市场交易规模安排和市场主体准入的通知》《广东省发展改革委关于2020年电力市场交易规模安排和市场主体准入的通知》记载，2018年珠三角9市的工、商业用户市场准入门槛为年度用电量2500万千瓦时，2019年为1300万千瓦时，2020年为400万千瓦时且满足10千伏的条件。A电子实业有限公司主张，这些规定仅为行政规范性文件，现行法律、行政法规及合同均未明确约定，A电子实业有限公司无须受此约束；A电子实业有限公司使用B售电有限公司提供的电力，故案涉合同已开始履行。B售电有限公司还主张，A电子实业有限公司已符合2021年电力交易市场准入条件，其仅须向广东电力交易中心提交资料及注册，则具备电力交易市场主体资格，双方据此开始履行案涉合同。就申请具体流程，B售电有限公司提交《广东电力市场交易基本规则（试行）》。其中第十六条记载，市场主体资格采取注册制度，参与电力市场的发电企业、售电用户、电力用户应符合国家、广东省有关准入条件，进入广东省公布的名录，并按程序完成注册后方可参与电力市场交易。A电子实业有限公司主张因双方已发生纠纷，故未提交相关资料及进行注册，现A电子实业有限公司明确不同意继续履行案涉合同。

另查明，A电子实业有限公司认为B售电有限公司具备售电资质，可直接向用户供电，故本案应为供用电合同纠纷。B售电有限公司回应称案涉合同已明确记载A电子实业有限公司委托B售电有限公司为其购电，若如A电子实业有限公司主张系B售电有限公司直接供电，则电费应支付给B售电有限公司而非供电部门。B售电有限公司提交的《广东省售电侧改革试点改革实施方案及相关配套改革方案》，附件《广东电力市场建设实施方案》第五条第（六）款"市场结算"记载：①交易机构根据市场主体签订的交易合同及平台集中竞争交易结果和执行结果，出具市场交易结算凭证，建立保障电费结算的风险防范机制。②广东电力市场引入售电公司后的结算关系为：根据广东电力交易中心出具的交易结算凭证，与售电公司有委托协议的用户按照电网企业、售电公司、电力用户三方合同约定向电网企业缴费，电网企业向电力用户开具增值税发票；发电企业从电网企业获取上网电费，向电网企业开具增值税发票；电网公司向售电公司支付或收取价差电费，售电公司向电网公司开具或获取相应的增值税发票。

一审法院认为：《民法典》第六百四十八条规定，供用电合同是供电人向用电人供电，用电人支付电费的合同。第九百一十九条规定，委托合同是委托人和受托人约定，由受托人处理委托人事务的合同。本案中，《B售电有限公司与电力用户电力交易合同》约定A电子实业有限公司指定B售电有限公司为其购电；B售电有限公司为A电子实业有限公司提供的系电力交易服务。A电子实业有限公司于其主张的案涉交易期间支付电费的相对方为××供电局。A电子实业有限公司主张本案案由为供用电合同纠纷，B售电有限公司为供电人，缺乏依据，本院难以支持。据此，本院认定本案为委托合同纠纷。《B售电有限公司与电力用户电力交易合同》为双方当事人的真实意思表示，不违反法律、行政法规的强制性规定，属有效合同，双方当事人应严格依约享受各自权利，履行各自义务。

案涉合同载明A电子实业有限公司、B售电有限公司通过广东电力交易中心及电网经营企业的输配电网络完成购售电交易。就广州市电力市场的准入标准，行政部门已发函明确规定。现有证据可知A电子实业有限公司并不符合2018年至2020年相关标准。诉讼中，A电子实业有限公司亦确认其在符合该标准后并未在广东电力交易中心完成用户注册手续。B售电有限公司抗辩案涉合同因A电子实业有限公司未获得市场交易主体资格而未履行，具有事实依据，本院依法予以采纳。A电子实业有限公司诉请要求B售电有限公司支付直购电差价款，本院难以支持。另本案中，A电子实业有限公司明确不同意继续履行案涉合同，要求解除合同。依照《民法典》第五百八十条的规定，为平衡双方当事人的利益，可以允许。案涉合同应自本判决生效之日起解除。考虑到案涉合同解除的责任方在于A电子实业有限公司，B售电有限公司在履约过程中无违约行为，若B售电有限公司认为A电子实业有限公司解除案涉合同对其造成损失，可另行主张权利。

一审法院判决如下：①A电子实业有限公司与B售电有限公司于2018年5月23日签订的《B售电有限公司与电力用户电力交易合同》于判决发生法律效力之日起解除。②驳回A电子实业有限公司的其余诉讼请求。

A电子实业有限公司上诉请求：①撤销一审判决第二项。②依法改判B售电有限公司向A电子实业有限公司支付2017年11月至2020年11月期间的直购电差价款人民币367153.2元及利息（以367153.2元为基数，自起诉之日起按照全国银行间同业拆借中心公布的同期一年期贷款市场报价利率计至实际履行完毕之日止）。③本案一、二审诉讼费用全部由B售电有限公司承担。

二审法院经审理查明的事实与一审判决查明事实一致。

二审法院认为，本案争议的焦点问题为：①涉案《B售电有限公司与电力用户电力交易合同》的定性问题。②B售电有限公司应否向A电子实业有限公司支付直购电差价款367153.2元。

关于第一个争议焦点问题。本案中，就涉案合同所涉法律关系的性质，双方各执一词。A电子实业有限公司认为涉案合同为供用电合同，B售电有限公司则认为系委托合同。经审查，涉案合同约定，A电子实业有限公司、B售电有限公司通过广东电力交易中心及电网经营企业的输配电网络完成购售电交易。A电子实业有限公司按电力相关规定和与电网经营企业签署的《供用电合同》履行相关义务，B售电有限公司按照国家有关法规、规定和技术规范，为A电子实业有限公司提供电力交易服务，做好需求侧管理及用能服务，参与批发市场交易并按规定结算等；A电子实业有限公司指定B售电有限公司每年为其购电约356万千瓦时；合约交易电量的采购目标标的为：以现行目录电价为基础下降0.02元/千瓦时（含税）作为月度集中竞价的保底交易价格；此交易约定价差与A电子实业有限公司现行有效的目录销售电价联动但不改变。当月度集中竞价的出清价（绝对值）大于保底交易价差（绝对值）时，双方按5∶5比例分成当月度集中竞价的直购电费；当月度集中竞价的出清价（绝对值）小于保底交易价差（绝对值），B售电有限公司向A电子实业有限公司支付不足部分直购电费；若月度集中竞价的出清价（绝对值）等于保底交易价差（绝对值），A电子实业有限公司直接获得保底交易价差的直购电费，B售电有限公司不分成直购电费。本院认为，从涉案合同反映的交易模式来看，为保底价格+按照市场下降均价提成，即B售电有限公司作为售电公司，先与A电子实业有限公司（电力用户）约定保底交易价格及未来的价差分成比例，随后B售电有限公司前往市场参与集中竞价，最后根据竞得价格与市场平均价差计算出收益。而且，A电子实业有限公司需与电网经营企业进行电费的结算，而非由B售电有限公司作为供电企业，直接向A电子实业有限公司出售电力。在此种交易模式下，B售电有限公司实质上是接受A电子实业有限公司的委托前往市场竞价，在A电子实业有限公司的授权范围内为A电子实业有限公司提供电力交易服务，涉案合同应当认定为委托合同，该合同出自双方的真实意思表示，内容无违反国家法律、行政法规的强制性规定，应为有效，双方均应恪守履行。

关于第二个争议焦点问题。根据《广东省售电侧改革试点实施方案及相关配套改革方案》《广东电力市场交易基本规则（试行）》等相关政策的指引和规定，市场主体采取注册制度，参与电力市场的发电企业、售电公司、电力用户应符合有关准入条件，并按程序完成注册后方可参与电力市场交易。结合涉案合同中"A电子实业有限公司、B售电有限公司通过广东电力交易中心及电网经营企业的输配电网络完成购售电交易"的约定，本院认为，涉案合同的履行应以A电子实业有限公司获得市场交易主体资格为基础和前提。经审查，2018年至2020年期间，A电子实业有限公司因未达到相关用电量要求，不符合广东电力交易中心的准入标准，A电子实业有限公司亦确认在符合相关标准后也并未在广东电力交易中心完成用户注册手续。在A电子实业有限公司未取得市场交易主体资格的情况下，双方显然无法按合同约定的交易模式，通过广东电力交易中心及电网经营企业的输配电网络完成购售电交易，B售电有限公司也无法参与市场集中竞价、在A电子实业有限公司授权范围内为A电子实业有限公司提供电力交易服务。因此，B售电有限公司主张涉案合同因A电子实业有限公司未获得市场交易主体资格而未履行，合法有据，本院予以采信。A电子实业有限公司认为涉案合同已实际履行、B售电有限公司应承担涉案合同项下直购电差价款的支付责任，缺乏事实基础及法律依据，本院不予支持。

综上所述，A电子实业有限公司的上诉请求不能成立，应予驳回。二审法院判决如下：驳回上诉，维持原判。

【分析】

上述6起纠纷都是电力用户提起的因没有享受到价差收益、电费优惠而提起的诉讼，或因证据不足，或因缺乏法律依据，法院最终未能支持用户的主张。

一、执行电力交易委托合同并不意味着必然会交易成功获得电价优惠

委托合同的标的是劳务，属于行为之债的范畴，受托人只需按照委托人的指示（如价格指示、缔约条件指示、履约方式指示），以达到一定目的之方向提供劳务，除当事人有明确约定外，并不负有必须完成某种工作成果或者将委托事务办理成功的义务。也就是说，在委托合同中，受托人受托处理委托事务是为了完成委托人所委任的特定事项，从而达到特定的效果，但受托人并不一定能实现委托人订立委托合同所要追求的委托效果。

同样道理，售电公司与电力用户签订的电力市场化交易委托合同也是如此，售电公司有义务按照合同约定代理电力用户进入电力市场，通过双边协商、集中竞价等方式参与电力直接交易，交易价格低于标杆电价的价差部分作为电力用户的收益。这样才能实现电力用户委托其交易的合同目的，售电公司也因此才能获得服务报酬。但是由于电力交易的风险性，能否购电成功并非售电公司所能控制，即使备案成功也并非一定能够购电成功，各市场主体都不能确保能交易成功，也不能确保实现电力用户预期的电价优惠。而且，一般的电力交易委托合同内容中，售电公司受托的委托事项仅为代理电力交易，而非成功购电，双方对购电能否成功是不确定的，售电公司没有在市场上购买到电量，就无法向电力用户分配电量，这是市场风险，售电公司没有过错，不应承担违约责任。如案例19中，法院就认为"是否购电成功并非售电代理公司能控制，故即使备案成功也并非一定能够购电成功，即A设备有限公司主张的损失并非必然发生"，符合客观实际和市场规律。

当然，如果售电公司在双方签订的委托合同中，售电公司承诺成功购电，则一旦其未按照合同约定从电力市场交易中购得电量，就应当按照双方约定承担违约责任。

二、电力用户诉请电费损失赔偿必须有证据证实

《民事诉讼法》第六十七条第一款规定："当事人对自己提出的主张，有责任提供证

据"。《最高人民法院关于适用〈中华人民共和国民事诉讼法〉的解释》第九十条进一步补充规定："当事人对自己提出的诉讼请求所依据的事实或者反驳对方诉讼请求所依据的事实，应当提供证据加以证明，但法律另有规定的除外。在作出判决前，当事人未能提供证据或者证据不足以证明其事实主张的，由负有举证证明责任的当事人承担不利的后果。"简单来说，证据规则就是"谁主张，谁举证"和"举证不能，承担法律后果"。依据《民事诉讼法》第六十七条规定，对于当事人因客观原因不能自行收集的证据，可以申请人民法院调查收集，人民法院认为审理案件需要的证据也应当自行调查收集。

"打官司就是打证据"。在委托合同中，委托人如果提出受托人未完成委托事务应赔偿其委托收益损失的主张，则应当证明受托人未按照合同约定和其指示勤勉谨慎履行合同以及受托人的行为导致其损失必然发生。

案例 17 中，售电公司与电力用户先后签订《委托代理交易合同》和《售电公司与电力用户委托代理交易合同》，两份合同约定的交易方式（双边协商交易或集中撮合竞价交易）和优惠电价、价差分成模式不一致，发生纠纷后，双方就采取何种方式交易陈述不一致，举证责任在电力用户，但其就此未提供有力证据证实，一审法院依据证据规则判令电力用户承担举证不能的不利后果，驳回其诉讼请求。二审法院又结合合同约定及实际未支付代理服务费的实际，认为履行的是无偿的委托合同，根据《民法典》第九百二十九条第一款规定，又因原告不能证明受托人有违反交易规则和有悖于交易习惯的故意和重大过失行为，故其主张再次被驳回。同理，案例 18 中，电力用户也是追索价差损失，但是法院的观点同案例 17 二审观点，当事人也承担举证不能的不利后果，被驳回诉讼请求。

案例 22 中，因电力用户未获得市场交易主体资格而导致与售电公司签订的电力交易委托合同未实际履行，故其诉请售电公司应支付直购电差价款责任既缺乏事实基础也缺乏法律依据，故法院不予支持。

三、售电公司参与电力直接交易购电未果是否应向电力用户承担赔偿责任

违约责任的归责原则主要是严格责任。《民法典》第五百七十七条规定："当事人一方不履行合同义务或者履行合同义务不符合约定的，应当承担继续履行、采取补救措施或者赔偿损失等违约责任。"第五百八十四条规定："当事人一方不履行合同义务或者履行合同义务不符合约定，造成对方损失的，损失赔偿额应当相当于因违约所造成的损失，包括合同履行后可以获得的利益；但是，不得超过违约一方订立合同时预见到或者应当预见到的因违约可能造成的损失。"即当事人只要提出证据证实违约人没有履行合同或者履行合同不符合约定，且该行为造成损失即可，并不要求证明违约人在主观上是否存在过错。

当然，《民法典》合同编分则也有一些法条规定适用过错责任原则，当事人只有存在"故意""重大过失"或"过错"才承担民事责任。《民法典》第九百二十九条第一款就属于此情形，即"有偿的委托合同，因受托人的过错造成委托人损失的，委托人可以请求赔偿损失。无偿的委托合同，因受托人的故意或者重大过失造成委托人损失的，委托人可以请求赔偿损失。"这里，受托人对委托人的违约责任需要考察受托人是否具有过错，无过错即无责任。

对于电力用户委托售电公司代理电力直接交易的委托合同也是如此，售电公司可能因为种种原因购电未果从而导致电力用户无法获得市场化交易带来的收益，电力用户享受不到价差收益时即会起诉向售电公司追索，此时也必须要有充足的证据和法律依据证明其电费损失已经实际发生，且系售电公司的过错或重大过失、故意的违约行为所致。售电公司对电力用户主张的"价差损失"存在"过错"是承担赔偿责任的前提条件。

案例19中，售电公司接受交易委托，但未能在电力交易机构规定的截止时间提交合同文本，造成备案失败。法院认定售电公司就合同文本的签订多次和电力用户进行沟通，基本尽到受托人的职责，无证据证实合同文本协商不成的责任及备案失败的责任在售电公司，故其不存在过错。再者，即使备案成功，也并不意味着购电必然成功，委托合同的性质决定了售电公司并没有保证全电量购电成功的义务，故电力用户的诉请缺乏事实及法律依据，依法不予支持。

案例20中，法院审理认为双方签订的售电代理合同是附条件的委托合同，售电公司只有在购电成功后才能取得相关报酬，为获得报酬，其没有理由不积极完成受托事项。售电公司在处理委托事务过程中不存在故意或重大过失，电力用户提供的证据亦不能证明售电公司对购不到电存在故意或重大过失，因此，法院没有支持电力用户主张售电公司赔偿损失的诉请。

案例21中，电力用户主张售电公司承诺在其购电后按电量折算的合同完成率向其支付折扣奖励，但售电公司违约，故追索该笔款项。法院认定售电公司支付2016年奖励的协议生效条件是双方已签订2017年购售电合同，因该合同并未签订，故该协议并未生效，也没有证据认定售电公司恶意阻止生效条件成就，故电力用户要求售电公司按照涉案协议约定支付用电奖励折扣款并无事实和法律依据。

【启示】

（1）售电公司应增强证据保全意识，履行电力交易委托合同过程中，应当按照合同约定和电力用户的指示，积极沟通协商参与电力直接交易，勤勉履行高度注意义务，积极推进委托事项。对于双方配合协调事项、备案失败、购电不能等可能承担责任的事件，要注意收集证据，如因电力用户不配合等原因或第三方原因导致其购电不能，应积极出示证据证明其在此过程中并无过错而不承担违约责任。

（2）根据"谁主张，谁举证"的一般举证原则，当电力用户享受不到价差收益起诉向售电公司追偿时，必须要有充足的证据和法律依据证明其电费损失已经实际发生，且系售电公司的过错引发的违约行为所致。如果是无偿的委托合同，必须举证证明售电公司对购电未果存在重大过失或故意，否则就要承担举证不能的后果。

8. 电力用户依据合同约定享有购电价差分成、保底价差、电价优惠等收益

案例23：A家纺有限公司与B售电有限公司供用电合同纠纷案[1]

原告：A家纺有限公司

---

[1] 裁判文书：（2020）苏1311民初3003号民事判决书。

被告：B 售电有限公司

原告 A 家纺有限公司诉讼请求：①判令被告支付 2019 年 9 月至 12 月的电量差价 56795.2 元。②本案诉讼费用由被告承担。事实和理由：原、被告签订购售电合同，因被告未及时结算，致使原告依合同应得的电量价差没有得到扣减。

法院认定事实如下：A 家纺有限公司（甲方）与 B 售电有限公司（乙方）签订《售电公司与电力用户购售电合同》，约定甲乙双方通过电力交易中心及电网经营企业的输配电网络完成购售电交易。甲方同意向乙方购买交易周期内的全部用电量，预估交易电量为 820 万千瓦时，其中年度交易合约电量 820 万千瓦时，剩余电量为月度交易合约电量。甲方按与售电公司、电网经营企业签订的《江苏电网公司［输（配）电公司］、售电公司、电力市场化零售用户三方购售电合同》约定交付用电电费，原有向电网经营企业缴交用电电费、计费方式以及结算流程均保持不变。甲方收益直接在向电网经营企业缴交用电电费中扣减。……A 家纺有限公司另向 B 售电有限公司出具了交易电量确认函，确认 2018 年 1—12 月 820 万千瓦时电量，其中年度交易合约电量 820 万千瓦时。

另查明，实际交易过程中，双方对所产生的差价收益采取比例分成，交易收益 70% 归甲方、30% 归乙方。江苏省电力公司通用机打发票显示按上述分成比例计算后，A 家纺有限公司优惠额为 0.01456 元/千瓦时。2019 年 1—8 月份 A 家纺有限公司用电量总计 622.589 万千瓦时，9—12 月用电量总计 386.361 万千瓦时。

法院认为，涉案购售电合同合法有效，双方应按合同约定行使权利，履行义务。合同约定交易周期内合约电量为 820 万千瓦时，截至 2020 年 8 月底，A 家纺有限公司已使用电量共计 622.589 万千瓦时，剩余优惠电量为 197.411 万千瓦时。按照每度优惠 0.01456 元计算，合约周期内 A 家纺有限公司还可以得到的补助为 28743.04 元（0.01456 元/千瓦时×197.411 万千瓦时×10000 千瓦时）。原告 A 家纺有限公司关于每千瓦时优惠 0.0147 元、超过 820 万千瓦时仍享有优惠的诉求无事实依据，本院不予支持。被告关于原告合约期内双签不应享有优惠的辩解，因未提供证据予以证实，本院不予采信。

综上，判决如下：①被告应于本判决发生法律效力之日起五日内给付原告电量价差 28743.04 元。②驳回原告的其他诉讼请求。

案例 24：A 售电有限公司与 B 水泥有限公司买卖合同纠纷案❶

一审原告、二审被上诉人、再审申请人：B 水泥有限公司

一审被告、二审上诉人、再审被申请人：A 售电有限公司

一审第三人：×× 供电分公司

B 水泥有限公司起诉请求：①A 售电有限公司支付购电款 2720783 元，同时以 2720783 元为基数，按照年利率 6% 的标准，自 2019 年 1 月 1 日起支付至实际付清之日止期间的资金占用损失。②本案的诉讼费用由 A 售电有限公司承担。

一审法院认定事实：2017 年 12 月 20 日，B 水泥有限公司（购电方、甲方）与 A 售电有

---

❶ 裁判文书：（2020）苏 06 民终 558 号二审民事判决书、（2021）苏民申 396 号民事裁定书。

限公司（售电方、乙方）签订《售电公司与电力用户购售电合同》，约定：①合同交易周期自 2018 年 1 月 1 日至 2018 年 12 月 31 日。②双方同意 12000 万千瓦时电量交易电价按 -3.5 分 / 千瓦时（含税）的价差与甲方现行的目录销售电价联动。（注：价差为正时，表示电力用户高于目录电价结算；价差为负时，表示电力用户低于目录电价结算）③甲方按与售电公司、电网经营企业签订的《江苏电网公司［输（配）电公司］、售电公司、电力市场化零售用户三方购售电合同》约定交付用电电费，原有向电网经营企业缴交用电电费、计费方式以及结算流程均保持不变。甲方收益直接在向电网经营企业缴交用电电费中扣减。

2017 年 12 月 25 日，B 水泥有限公司（用电方）、A 售电有限公司（售电方）与 ×× 供电分公司［输（配）电方］签订三方购售电合同，约定：①结算依据：输（配）电方按照江苏电力交易中心提供的结算依据和用电计量装置的记录，定期与用电方结算电费。②输（配）电方按本合同约定的度购电价格和抄录的电量与用电方结算购电电费，与售电方结算价差电费。用电方采用分次划拨方式向输（配）电方交纳购电费用。

上述合同签订后，B 水泥有限公司 2018 年度总用电量为 116952404 千瓦时，按原合同约定，按照 -3.5 分 / 千瓦时计算优惠额为 4093334 元，A 售电有限公司已给予优惠价差 1372551 元，实际上应返差额为 2720783 元。2019 年 8 月，双方就此进行协商，于 2019 年 8 月 15 日形成补充协议一份，载明：致 B 水泥有限公司：①我司与贵公司签署的购售电合同中价格（每千瓦时电 3.5 分）与现在江苏省电力市场成交均价差距较大，我司未能给贵公司带来预期的用电优惠深表歉意。②我司承诺将根据贵公司 2018 年 1—12 月实际用电量，按照 -2 分 / 千瓦时的价差与贵司 2018 年 1 月起的目录销售电价联动（注：价差为负时，表示电力用户低于目录电价结算），2018 年 1—12 月电费优惠差额如附件。③上表中月电费优惠差额 = 每千瓦时电优惠差额 × 实际用电量。④按照上述计算，2018 年 1—12 月除贵司目前已享受到的优惠外，我司还需要给予贵司电费优惠合计为 961758.8 元。⑤我司承诺严格按照上述第 3 条执行，如未按照上述承诺执行，我司愿无条件按照原合同优惠（每千瓦时电优惠 3.5 分）执行。⑥从本协议签订之日起，我司于 15 日内无条件支付至给乙方。

一审法院认为：B 水泥有限公司与 A 售电有限公司之间就购售电发生业务往来，双方就此形成的供用电合同关系系当事人真实意思表示，不违反法律、行政法规的强制性规定，应当认定合法有效，受到法律保护。合同签订后，A 售电有限公司供电，B 水泥有限公司依约支付了电费，但双方就电费优惠存有争议，双方形成了补充协议。

关于案涉补充协议第 5.6 条的理解，即协议签订之日起 15 日内 A 售电有限公司未按照协议支付款项，B 水泥有限公司可否按照双方签订合同的电费优惠主张权利的问题。首先，从补充协议形成的原因及目的看，双方合同约定的供电期限为 2018 年，供电优惠为 -3.5 分 / 千瓦时（含税），结算方式为按月结算，并以分次划拨的形式支付。B 水泥有限公司已按照约定支付了电费，但并未能享受到约定的供电优惠，在此种情形下才形成了补充协议，目的是为解决双方之间的争议。其次，从补充协议的形式看，该补充协议抬头为"致 B 水泥有限公司"，应为 A 售电有限公司向 B 水泥有限公司出具，A 售电有限公司理应严格按照协议履行。最后，从补充协议的文义及体系看，A 售电有限公司承诺按照补充协议约定的电费优惠执行，并承诺自协议

签订之日起 15 日内无条件支付，否则无条件按照原合同优惠执行。双方就此补充协议的签章落款日期均为 2019 年 8 月 15 日。综合上述三点，A 售电有限公司根据补充条款第 5.6 条的签订顺序辩称不应将补充协议理解为 15 天内未支付即按照原合同优惠执行的观点显然不能成立，不予采信。

关于 B 水泥有限公司主张的利息，虽然合同约定了违约责任，但未约定违约金的具体数额或计算方法，且双方于 2019 年 8 月 15 日再次就优惠进行了协商，并达成了如未按照补充协议约定的优惠执行则无条件按照原合同优惠执行的条款，综合双方合同的履行及合同履行期届满后再次磋商的情况，对 B 水泥有限公司主张的资金占用损失，一审法院酌定自补充协议约定的履行期限届满即 2019 年 9 月 1 日起按照年利率 6% 计算至实际给付之日止。据此，判决：① A 售电有限公司给付 B 水泥有限公司购电款 2720783 元。② A 售电有限公司支付 B 水泥有限公司逾期付款损失（以 2720783 为基数，自 2019 年 9 月 1 日起按照年利率 6% 计算至实际给付之日止）。③ 驳回 B 水泥有限公司的其他诉讼请求等。

A 售电有限公司上诉请求：撤销一审判决，改判我司向 B 水泥有限公司支付 961758.8 元，驳回 B 水泥有限公司的其他诉请；由 B 水泥有限公司承担本案一、二审诉讼费。

二审法院经审理，对一审法院认定的案件事实予以确认。

本案二审争议焦点为：是否应当按照原合同约定优惠政策执行。

二审法院认为，案涉补充协议系 A 售电有限公司出具给 B 水泥有限公司的付款承诺，协议第 5.6 条约定从协议签订之日起，A 售电有限公司于 15 日内无条件按补充协议约定的优惠支付至 B 水泥有限公司，否则将按照原合同优惠执行。对于上述两项条款的理解并不能因其顺序而产生变化，A 售电有限公司认为第 6 条系单独对付款期限的约定，未约定逾期付款的违约责任，不导致按原合同执行的理由显然不能成立。A 售电有限公司二审中主张原协议存在显失公平及情势变更情形，应予撤销。《民法总则》第一百五十一条❶规定，一方利用对方处于危困状态，缺乏判断能力等情形，致使民事法律行为成立时显失公平的，受损方有权请求人民法院或者仲裁机构予以撤销。本案中，A 售电有限公司的主要经营范围为电力销售，对于电力销售业务的理解程度应远高于 B 水泥有限公司，故本案不存在 A 售电有限公司处于危困状态或者缺乏判断力而草率无经验订立案涉合同的情形，A 售电有限公司主张显失公平不能成立。所谓情势变更原则，是指合同依法有效成立后、全面履行前，因不可归责于当事人的原因，使合同赖以成立的基础或环境发生当事人预料不到的重大变化，若继续维持合同的原有效力将显失公平，此时允许变更合同内容或者解除合同。本案中，A 售电有限公司在合同签订后依约供电，B 水泥有限公司亦支付了电费，双方仅就电费优惠存在争议，而后就该争议又形成了补充协议，并不存在合同之基础动摇或丧失等情形，故 A 售电有限公司的主张没有依据，本院不予采信。综上，一审判决 A 售电有限公司按原合同优惠执行并无不当。

综上，判决如下：驳回上诉，维持原判。

A 售电有限公司申请再审称，①一、二审法院认定 A 售电有限公司付款时间的起始点错

---

❶ 现为《民法典》第一百五十一条，内容同此。

误。②一、二审法院对《补充协议》条文理解错误。③按原合同执行优惠政策对A售电有限公司极不公平，应依法予以调整。

再审法院经审查认为，A售电有限公司的再审申请不能成立。理由：

1. 关于《补充协议》签订时间认定的问题。A售电有限公司主张案涉《补充协议》签订的时间为2019年11月20日，根据《最高人民法院关于适用〈中华人民共和国民事诉讼法〉的解释》第九十条的规定，A售电有限公司对自己提出的反驳对方诉讼请求所依据的事实，应提供证据加以证明。未提供证据或者证据不足以证明其事实主张的，应承担不利的后果。经审查，《补充协议》尾部双方盖章位置落款日期均为2019年8月15日，且B水泥有限公司提供其工作人员与A售电有限公司公司售电业务联系人谢某的聊天记录证实谢某于8月16日已经确认。一、二审法院结合在案证据，认定案涉《补充协议》签订时间为2019年8月15日，并无不当。

2. 关于案涉《补充协议》条文理解的问题。案涉《补充协议》第5条约定A售电有限公司承诺按照《补充协议》约定的电费优惠执行，否则愿意无条件按照原合同优惠执行；第6条约定A售电有限公司自协议签订之日起15日内无条件支付。从《补充协议》形成的原因、目的及形式看，案涉《补充协议》应系A售电有限公司因未按照其与B水泥有限公司之间的《购电公司与电力用户购售电合同》约定的供电优惠执行，而出具给B水泥有限公司的电费优惠承诺。《补充协议》作为一个整体，条款的理解不能割裂其他内容而独立存在，其第6条中A售电有限公司无条件支付的款项系第5条承诺的内容，A售电有限公司未能按照《补充协议》约定付款期限履行给予B水泥有限公司电费优惠的承诺，应当无条件按照原合同优惠执行。对于上述两项条款的理解不应因其顺序的变化而有所变化，A售电有限公司依据《补充协议》第5条、第6条的约定顺序主张第6条对付款期限的约定独立，逾期付款不导致按原合同执行的主张，超出对合同的一般理解认知，亦不符合本案的实际情况，本院不予支持。一、二审法院据此判决A售电有限公司按原合同优惠执行并无不当。

3. 关于本案是否存在显失公平及情势变更情形的问题。①对比B水泥有限公司，电力销售是A售电有限公司的主要经营范围，其对电力销售业务理解处于相对优势地位，本案不存在B水泥有限公司利用A售电有限公司处于危困状态、缺乏判断力等状况进而订立原合同的情形。②A售电有限公司主张2018年市场供求变化导致用电价格调整，本案应适用情势变更进行判决。本院认为，市场供求变化属于商业风险，并非当事人不可预见、不能承受的预期范围。因此，二审法院不予支持A售电有限公司关于原合同存在显失公平及情势变更情形的主张，并无不当。

再审法院裁定：驳回A售电有限公司的再审申请。

案例25：A售电有限公司与B科技股份有限公司居间合同纠纷案[1]

一审原告、二审被上诉人：B科技股份有限公司

一审被告、二审上诉人：A售电有限公司

B科技股份有限公司起诉请求：①判令A售电有限公司支付电量价差收益1435107.96元并

---

[1] 裁判文书：（2020）苏02民终1422号二审民事判决书。

赔偿损失430532.39元。②本案诉讼费用由A售电有限公司负担。

一审法院认定B科技股份有限公司作为用电企业，为参与电力市场化交易，在2017年与售电企业A售电有限公司先后签订有《A售电有限公司与电力用户购售电合同》（以下简称《A售电有限公司合同》）、《售电公司与电力用户购售电合同》（以下简称《售电公司合同》），两份合同对合同期限、价差收益、合同生效要件等约定存在差异。因两份合同未注明签订日期，双方对两份合同订立时间先后及实际履行哪份合同存在分歧。在双方签订购售电合同的基础上，双方又与××供电公司签订了《三方购售电合同》。合同履行过程中，双方就约定的价差收益分配产生争议。为此，B科技股份有限公司向省电力交易中心以邮件形式提出异议，省电力交易中心告知可通过法律途径解决，B科技股份有限公司遂诉至法院。

双方合同约定的价差收益，是指B科技股份有限公司通过A售电有限公司参与江苏省电力市场集中竞价交易，经过加权公式计算得出每月的加权平均电价，与省物价局公布的目录电价对比后得出每月价差，以每月差价乘以双方每月结算电量，所得结果即为价差收益。双方再依据合同约定进行收益分配。

为查明事实，一审法院于2019年8月26日对省电力交易中心财务结算部主任赵×进行调查，形成调查笔录。省电力交易中心同时向法院提供B科技股份有限公司2018年1月至12月电力市场零售用户结算核对单（以下简称结算核对单），其上载明实际抄表电量、价差。该结算核对单中的实际抄表电量即为购售电双方结算电量。2019年9月23日，省电力交易中心向法院提供了B科技股份有限公司2018年7月至9月市场化电价优惠情况（以下简称优惠情况说明）及由××供电公司出具的电费发行情况说明（以下简称发行情况说明）。

双方争议焦点为：①A售电有限公司与B科技股份有限公司实际履行的是《A售电有限公司合同》还是《售电公司合同》。②如双方实际履行《售电公司合同》，合同中4.3.2条约定的"乙方承诺"部分应如何理解。③如何认定双方之间的结算电量。

争议焦点一，该院认为双方实际履行的是《售电公司合同》。理由如下：①A售电有限公司与B科技股份有限公司在庭审中均确认苗××系签订《售电公司合同》过程中A售电有限公司的业务人员，而A售电有限公司提供的《三方购售电合同》后附的授权委托书显示双方均委托苗××代为办理双方与××供电公司签订三方合同的事宜，且据A售电有限公司提供的微信聊天记录显示，其公司曾在合同履行过程中就B科技股份有限公司预报月计划电量事宜询问苗××是否需要确认，进一步印证了苗××经手的《售电公司合同》系双方实际履行的合同。②《三方购售电合同》与《售电公司合同》落款处A售电有限公司的印章样式相同，与《A售电有限公司合同》落款处的印章样式不同。③就内容而言，《售电公司合同》中提及双方应与供电方签订三方合同，与《三方购售电合同》的约定相互印证，且合同期限亦与《三方购售电合同》一致，而《A售电有限公司合同》并未提及签订三方合同，约定的三年合同有效期亦与《三方购售电合同》的合同期限不符；就形式而言，《售电公司合同》的模板由国家能源局江苏监管办公室监制，相较《A售电有限公司合同》条款更为详尽明确，与B科技股份有限公司"因细则出台、原有合同版本不符合规定故重新签订合同"的陈述相互印证，反之A售电有限公司并不清楚两份合同签订的具体日期，仅以《A售电有限公司合同》业务人员的说辞而认定实际履行《A 售电有限公司合同》，不具有说服力。综上，《售电公司合同》虽在生效要件上存在未有法定代表人或授权代表签字的瑕疵，但合同已经双方公司盖章，应视为双方的真实意思表示，结合前述分析，足以认定双方实际履行的是《售电公司合同》。

争议焦点二，该院认为《售电公司合同》4.3.2 条"乙方承诺"内容应理解为 B 科技股份有限公司实际获得收益不低于 2 分/千瓦时。理由如下：该条款第一款约定价差收益采取比例分成，70% 归 B 科技股份有限公司，30% 归 A 售电有限公司，第二款约定"……若达不到 2 分，由乙方差额补足，甲方价差收益按 2 分计"，从文义理解，条款明确约定 B 科技股份有限公司的价差收益按 2 分计，即确保 B 科技股份有限公司实际获得收益 2 分；从上下文体系理解，双方在前款中已约定按三七比例分成，如按 A 售电有限公司理解是参与市场化交易的价差收益不少于 2 分，则计算 70% 比例分成后，后款"乙方承诺"部分应约定为"甲方价差收益按 1.4 分计"。综上，应认定条款约定的是在计算分成后，B 科技股份有限公司仍应取得不少于 2 分的收益。

争议焦点三，该院认为双方之间的结算电量即为省电力交易中心提供的结算核对单中所载实际抄表电量。理由如下：①《售电公司合同》中明确约定结算电量即指电力交易中心依据电力交易市场规则出具的结算凭证中的抄表电量，《三方购售电合同》中约定输配电方按照省电力交易中心提供的结算依据和用电计量装置的记录，定期与用电方结算电费，而省电力交易中心财务结算部主任赵×明确表示用购售电双方的结算电量即为实际抄表电量，赵×作为省电力交易中心财务结算部主任，在其职权范围内对其业务知识所作的专业解释具有较高可信度及权威性，且与《售电公司合同》《三方购售电合同》的约定相互印证，应予采信。② A 售电有限公司依据《江苏省电力中长期交易规则（暂行）》第一百一十七条规定主张月度计划电量与实际结算电量之间存在关联性，但该条款规定参照分月计划结算指的是第一类电力用户，即参与市场化批发交易的电力用户，而根据《三方购售电合同》及省电力交易中心出具的结算核对单显示，B 科技股份有限公司为第二类电力用户，即参与市场化零售交易的电力用户，并不适用该规则第一百一十七条的规定。A 售电有限公司辩称 B 科技股份有限公司未预报 2018 年 1 月至 6 月计划电量，无法参与市场化交易，系其公司为 B 科技股份有限公司预报了计划电量，该院认为无论是 B 科技股份有限公司向 A 售电有限公司预报了计划电量或者是 A 售电有限公司自行为 B 科技股份有限公司预报了计划电量，均不能否认 2018 年 1 月至 6 月实际产生了价差及结算电量，则双方理应按合同约定对价差收益进行分配。

一审法院认为，本案中，双方签订的《售电公司合同》约定双方对参与电力市场化交易的价差收益进行比例分成，如 B 科技股份有限公司所得价差收益不足 2 分/千瓦时，由 A 售电有限公司补足。该合同系双方真实意思表示，双方均应按约履行。根据省电力交易中心提供的结算核对单，结合 B 科技股份有限公司的主张，应认定 B 科技股份有限公司 2018 年 1 月至 8 月参与电力市场化交易的价差（单位：元/千瓦时，下同）分别为 0.0112、0.0098、0.00242……，10 月至 12 月的价差均为 0.014；按约定补足 B 科技股份有限公司 2 分收益计算，A 售电有限公司对应每月应补差额分别为 0.0088、0.0102、0.01758……；2018 年 1 月至 12 月（9 月除外）实际结算电量（单位：万千瓦时）分别为 1738.176、323.796、1638.186……上述对应月份应补差额乘以结算电量,计算得出 A 售电有限公司应补足价差收益合计为 1347061.37 元。关于赔偿损失,《售电公司合同》约定违约方赔偿另一方因违约所致经济损失的 30%,A 售电有限公司辩称该经济损失的 30% 即指向 B 科技股份有限公司返还本应分配给其公司的 30% 价差收益,B 科技股份有限公司已主张价差,故不得再主张违约损失。该院认为"违约方赔偿另一方因违约所致经济损失的 30%"是对违约损失计算方式的约定,系格式条款约定的固定比例,而价差收益分成的 30% 是双方对价差收益分配比例的约定,视当事人双方协商结果而定,两者并不等同,现 A 售电有限公司未按约补足价差收益,构成违约,B 科技股份有限公司有权要求 A 售电有限公司赔偿损失,B 科技股份有限公司主张经济损失 430532.39 元,未能举证证明,法院依据合同约定,综合考虑实际损失、合同履行情况、过错程度及预期利益等因素,酌定 A 售电有限公司承担以 1347061.37 元为基数,自主张权利之日(2019 年 4 月 4 日)起至 2019 年 8 月 19 日止按中国人民银行同期同档贷款基准利率的 1.3 倍及自 2019 年 8 月 20 日起至实际给付之日止按全国银行间同业拆借中心公布的贷款市场报价利率的 1.3 倍计算的利息损失。判决:①A 售电有限公司于判决发生法律效力之日起十日内支付 B 科技股份有限公司 1347061.37 元及该款逾期利息损失。②驳回 B 科技股份有限公司的其他诉讼请求。

A 售电有限公司上诉请求:撤销一审判决,依法改判。

二审法院对一审法院查明的事实予以确认。

二审法院认为,B 科技股份有限公司与 A 售电有限公司实际履行的是《售电公司合同》。理由:①《售电公司合同》约定本合同及其附件构成双方就本合同标的达成的全部内容,取代所有双方在此之前就本合同标的所签订的协议和合同。双方确认除案涉两份合同,双方之间无其他合同,故可以明确双方之间除《售电公司合同》外,仅存在《A 售电有限公司合同》。而如双方签订《售电公司合同》之前尚未签订《A 售电有限公司合同》,则也无需作取代所有双方在此之前就本合同标的所签订的协议和合同的约定,故可以认定《售电公司合同》是在《A 售电有限公司合同》之后签订,且双方约定《售电公司合同》取代之前的《A 售电有限公司合同》。②《售电公司合同》约定应签订三方售电合同,《A 售电有限公司合同》对此并未约定,B 科技股份有限公司、A 售电有限公司、××供电公司三方也确签订了《三方购售电合同》,合同载明鉴于售电方与用电方已签订相关购售电合同,为明确三方的权利义务而订立本合同。该约定与 A 售电有限公司与 B 科技股份有限公司签订的《售电公司合同》可以相互印证。《三方购售电合同》生效日期为 2018 年 1 月 1 日,有效期 1 年,也与《售电公司合同》约定的有效期限相同,而《A 售电有限公司合同》约定的期限为三年。③合同履行中,2018 年 9 月 A 售电有限公司给予了 B 科技股份有限公司 2 分收益,而该月实际差价为 1.4 分,A 售电有限公司不能合理解释,如无保底 2 分收益的约定,在未实际达到 2 分收益的情况下,A 售电有限公司给予 B 科技股份有限公司 2 分收益的原因。根据 A 售电有限公司提供的短信记录,A 售电有限公司询问 7 月份是否报 5 月份的一半,说明 B 科技股份有限公司并非只在 7 月至 12 月有计划电量,在 5 月份也报过电量。这也与《售电公司合同》的约定相符。④《售电公司合同》虽约定合同由经双方法定代表人或授权代理人签字并加盖公章或合同专用章后生效,但合同已经双方公司盖章,结合前述分析,双方已经以实际行为表示该合同已成立并生效。

综上,一审判决认定事实清楚、适用法律正确,应予维持。据此,判决如下:驳回上诉,维持原判。

案例26:A售电有限公司与B水泥有限公司合同纠纷案[1]

一审原告、二审被上诉人:B水泥有限公司

一审被告、二审上诉人:A售电有限公司

B水泥有限公司起诉请求:①判令A售电有限公司立即支付电价价差收益962148.5元及利息26739.71元(自2019年1月1日起暂计算至2019年8月19日;自2019年8月20日起至实际支付之日止按全国银行间同业拆借中心公布的贷款市场报价利率计算)。②本案诉讼费用由A售电有限公司负担。

一审法院认定事实:2017年8月13日,B水泥有限公司与A售电有限公司签订购售电合同1份,双方就电力交易事项达成一致意见,其中合同第一条至第四条,双方对各自的权利义务作了约定;第五条约定,双方同意自2018年1月1日至2018年12月31日B水泥有限公司向A售电有限公司购电;第七条约定,双方同意在合同有效期内,2018年双方根据市场实际成交电价与目录电价的价差实行比例分成,双方各得50%;第十二条约定,A售电有限公司通过江苏省电力交易中心及电网经营企业的输配电网完成售电交易成功后生效。该合同由B水泥有限公司的法定代表人陈××签名并加盖了公章,A售电有限公司由其公司委托代理人孙××签名并加盖了公司合同专用章。

同日,B水泥有限公司与A售电有限公司另行签订了1份购售电合同补充协议,约定:双方根据江苏省售电侧改革试点方案签订的售电合同中约定的电价补贴分成并没有体现出B水泥有限公司实际享有的补贴价格。实际的补贴价格需在2018年A售电有限公司代理B水泥有限公司参加江苏省电力直接交易成功后才能产生。现A售电有限公司根据2017安徽省的补贴价格,承诺B水泥有限公司享有的补贴不低于3.5分/千瓦时,如若实际发生低于承诺的价格,由A售电有限公司无条件补满3.5分/千瓦时。该补充协议由B水泥有限公司的法定代表人陈××签名并加盖了公章,A售电有限公司由其公司委托代理人孙××签名并加盖了公司合同专用章。

B水泥有限公司作为用电方、A售电有限公司作为售电方、××供电公司作为输(配)电方,另行签订了三方协议约定:其中11.1.1条约定,用电方电度购电价格由市场交易价格、输配电价(含线损和交叉补贴)、政府性基金及附加三部分组成。12.1.1条约定输(配)电方按本合同约定的电度购电价和抄录的电量与用电方结算购电电费,与售电方结算价差电费。12.1.2条约定与用电方的结算周期为按月/旬。12.1.3条约定与售电方的结算周期为按月结算。

另查明,《江苏省电力中长期交易规则(暂行)》第一百一十一条第七款规定:市场主体接收电费结算依据后,应核对确认,如有异议在3个工作日内通知电力交易机构,逾期则视为没有异议。

再查明,B水泥有限公司自2018年1月至12月用电总量为33303695千瓦时,B水泥有限公司

---

[1] 裁判文书:(2019)苏0282民初13638号一审民事判决书、(2021)苏02民终1174号二审民事判决书。

共获得价差补贴 203480.82 元。2018 年度江苏省目录电价与月度交易价格差价在 0.008 元 / 千瓦时至 0.016 元 / 千瓦时之间，均未达到 0.035 元 / 千瓦时。

本案一审的争议焦点为：补充协议中载明的承诺 B 水泥有限公司享有的补贴不低于 3.5 分 / 千瓦时，能否作为结算价差的依据。

一审法院认为，B 水泥有限公司与 A 售电有限公司签订购售电合同后，与第三方 ×× 供电公司签订了三方协议，且该三方协议已得到履行，可以证明 A 售电有限公司委托孙 ×× 签订的购售电合同有效。A 售电有限公司应当按照该补充协议关于 B 水泥有限公司享有补贴不低于 3.5 分 / 千瓦时价差的承诺履行义务。

A 售电有限公司抗辩称，B 水泥有限公司应在收到核查通知书 3 日内提出异议，否则视为无异议。该抗辩的依据为《江苏省电力中长期交易规则（暂行）》第一百一十一条第七款：市场主体接收电费结算依据后，应进行核对确认，如有异议在 3 个工作日内通知电力交易机构，逾期则视同没有异议。该规定约束的是市场主体与电力交易机构之间的电费结算，而非售电方与用电方之间的结算分配，故对 A 售电有限公司的抗辩不予采纳。

B 水泥有限公司 2018 年全年用电量为 33303695 千瓦时，B 水泥有限公司与 A 售电有限公司约定 B 水泥有限公司享有的补贴不低于 3.5 分 / 千瓦时，2018 年全年的电价价差均未超过 3.5 分 / 千瓦时，故 A 售电有限公司支付给 B 水泥有限公司的电价价差应按照 3.5 分 / 千瓦时计算，价差总额为 33303695 千瓦时 ×3.5 分 / 千瓦时 =1165629.33 元，扣除 B 水泥有限公司已收到的价款 203480.82 元，A 售电有限公司尚应支付给 B 水泥有限公司的价差款为 962148.51 元。关于 B 水泥有限公司主张的利息，应当自 B 水泥有限公司向 A 售电有限公司主张之日起，按全国银行间同业拆借中心公布的贷款市场报价利率计算，对超过部分不予支持。

综上，该院判决：①A 售电有限公司于判决发生法律效力之日起 10 日内支付 B 水泥有限公司 962148.51 元，并承担该款自 2019 年 12 月 5 日起至实际给付之日止按全国银行间同业拆借中心公布的贷款市场报价利率计算的利息。②驳回 B 水泥有限公司的其他诉讼请求。

A 售电有限公司上诉请求：撤销原审判决，依法改判驳回 B 水泥有限公司的全部诉讼请求。

本案二审的争议焦点为：A 售电有限公司是否应当按照补充协议的约定与 B 水泥有限公司结算价差收益。

二审法院认为，综合本案现有证据，A 售电有限公司应当按照补充协议的约定向 B 水泥有限公司补足价差收益。理由：A 售电有限公司与 B 水泥有限公司签订的补充协议对 A 售电有限公司产生法律效力，A 售电有限公司应按照补充协议的约定向 B 水泥有限公司补足 3.5 分 / 千瓦时的价差收益。

关于 A 售电有限公司主张 B 水泥有限公司未能按照《江苏省电力中长期交易规则（暂行）》第一百一十一条的规定及时提出异议以及 2019 年才提出异议不合常理的意见，本院认为，该规定约束的是市场主体与电力交易机构之间的电费结算，而本案系用电方和售电方两个市场主体之间就价差收益分配的争议，故该规定不适用于本案。另外，因实际价差需待电力交易成功后才能产生，故 B 水泥有限公司在 2018 年电力交易结束后向 A 售电有限公司主张按照补充协议的约定补足价差收益亦属合理。

综上所述，A售电有限公司的上诉请求不能成立，应予驳回；一审判决应当予以维持。判决如下：驳回上诉，维持原判。

案例27：H特种钢有限公司与A售电有限公司买卖合同纠纷案[1]

原告：H特种钢有限公司

被告：A售电有限公司

原告H特种钢有限公司诉讼请求：①判令被告立即支付原告电量价差收益191453.25元。②本案的诉讼费由被告承担。

法院经审理查明，2017年11月17日，原被告双方签订《A售电有限公司与电力用户购售电合同》，合同有效期三年（2018年1月1日至2020年12月31日），合同第七条第1项约定，甲乙双方按现行目录电价的基础下降不低于3分/千瓦时的价格进行电力双边交易。合同亦对其他条款作了约定。2017年12月16日，××供电公司出具市场化交易客户供应商关系建立结果预通知，购售电交易成功。2018年1月12日，双方签订"价格确认书"一份，对2017年11月17日签订的《A售电有限公司与电力用户购售电合同》中价格重新进行了约定，约定2018年度，被告给原告的电力价差为2分/千瓦时，时间从2018年1月1日起至2018年12月31日止。2019年11月25日，双方又签订了"补充协议"一份，约定2020年度，被告给原告的电力价差收益按保底2.8分/千瓦时（含税）执行。2019年底双方没有合作。原告催要案涉款项多次，被告从未支付款项，为此原告诉至法院。

法院认为，本案中，双方签订的《A售电有限公司与电力用户购售电合同》、价格确认书、补充协议，约定了双方对参与电力市场化交易的价差收益进行分成，合同、价格确认书、补充协议均系双方真实意思表示，双方均应按约履行。被告未按约定支付原告电量差价收益，引起本诉，故责任在于被告。根据2018年、2020年两年供电公司出具的机打发票及双方协议约定的电力差价计算方式，原告的主张计算方式有误，本院依法调整为2018年1月至12月参与电力市场化交易的电量即发票中的抄表电量（千瓦时）分别为890330、204400、1288980……对应月份已支付差价（元）为14138.45、2840.15、13348.35……对应月份实际应补价差为（元，按约定的2分/千瓦时乘以电量减去已支付差价）3668.15、1247.85、12431.25……2020年1月至12月参与电力市场化交易的电量即发票中的抄表电量（千瓦时）分别为20720、7070、1042370……对应的已支付的差价收益（元）为313.72、41.1、15519.55……对应月份实际应补价差为（元，按约定的2.8分/千瓦时乘以电量减去已支付差价）266.44、156.86、13666.81……以上应补价差合计为191378.74元。现原告要求被告支付上述电力价差收益，理由充分应予以支持。被告A售电有限公司经本院合法传唤，无正当理由未到庭，视为其对质证权利的放弃。

法院判决如下：①被告A售电有限公司应于本判决生效之日起十日内支付原告H特种钢有限公司2018年度及2020年度电量价差收益191378.74元。②驳回原告H特种钢有限公司的其他诉讼请求。

---

[1] 江苏省溧阳市人民法院（2021）苏0481民初846号民事判决书。

案例 28：A 化学工业集团与 B 售电有限公司委托合同纠纷案[1]

原告：A 化学工业集团

被告：B 售电有限公司

原告 A 化学工业集团诉讼请求：①判令被告赔偿原告多支付的电费 1292320.63 元。②判令被告赔偿原告支付的律师费 30000 元。③本案诉讼费用等由被告承担。事实和理由：原告作为甲方电力用户与被告 B 售电有限公司签订了售电公司和电力用户委托交易合同，由被告代理原告参加了河南省电力交易中心组织的电力市场化交易，合同约定原告甲方年度交易电量执行电价为比河南省燃煤火电标杆电价保底下降 0.06277 元/千瓦时。通过供电公司提供的电费清单计算，我公司 2018 年全年共用 698820000 千瓦时，其中只有 638820000 千瓦时执行了此价格，剩余的 60000000 千瓦时电量没有按照合同约定电价执行，因此导致原告多支出电费 1292320.63 元，被告应予赔偿。

法院认定事实如下：

2017 年 12 月 23 日，原告 A 化学工业集团（甲方）与被告 B 售电有限公司（乙方）签订售电公司与电力用户委托代理交易合同（协议）。约定如下：一、委托代理周期和交易方式。1.1 甲方同意将 2018 年 1 月 1 日至 2018 年 12 月 31 日的全部用电量 650000 兆瓦时委托乙方参与市场化交易。1.2 在委托周期内，乙方负责依据交易规则代理甲方参与年度交易和月度交易等市场化交易。二、委托电量和电价。2.1 交易电价。2.1.1 甲方零售电价是甲方用电侧结算的电度电价。甲方售电价由交易合同电价、输配电价（含输配电损耗、交叉补贴，下同）、政府性基金及附加、乙方代理服务费率（含税，下同）顺加形成。2.1.2 交易合同电价是通过交易平台发布的乙方参与电力直接交易的成交电价，是乙方在发电侧的购电价格。2.1.3 甲方适用两部制电价的，其购电价格由容量电价和零售电价组成。甲方购电的容量电价按照销售目录电价执行，零售电价按照 2.1.1 条款执行。2.2 委托代理服务费率。2.2.1 在年度交易当中，对合同 1.1.1 条款年度交易约定电量，除甲方输配电价（含输配电损耗、交叉补贴）、政府性基金及附加外，甲方交易合同电价比河南燃煤火电标杆电价保底下降 0.06277 元/千瓦时，乙方不收取服务费；当下降幅度高于 0.06277 元/千瓦时（含税）时，高出部分为乙方服务费（含税）。2.2.2 除本合同 2.2.1 条款年度交易电量以外的甲方用电量，甲方同意乙方通过月度交易购买，除甲方输配电价（含输配电损耗、交叉补贴）、政府性基金及附加外，甲方交易合同电价比河南燃煤火电标杆电价保底下降 0.06277 元/千瓦时，乙方不收取服务费；当下降幅度高于 0.06277 元/千瓦时（含税）时，高出部分归甲方所有。

合同签订后，被告 B 售电有限公司按照合同约定对原告 A 化学工业集团的 2018 年度用电量通过电力交易平台进行交易，年度用电量为 650000000 千瓦时，交易电价为 0.32513 元/千瓦时，比河南省燃煤火电标杆电价下降 0.06277 元/千瓦时。原告 A 化学工业集团在 2018 年 10 月份左右预计年度电量将不能满足生产需求，在年度电量尚未用完的情况下，要求被告 B 售电有限公司通过月度交易再购买 60000000 千瓦时的电量。2018 年 12 月，被告 B 售电有限公司通

---

[1] 河南省安阳市龙安区人民法院（2019）豫 0506 民初 2426 号民事判决书。

过月度交易购买 60000000 千瓦时的电量，交易电价为 0.3461 元／千瓦时。2018 年 12 月份当月用电量共 69905880 千瓦时，其中通过月度交易的 60000000 千瓦时的电量执行的月度包价标准为 0.3461 元／千瓦时，比河南省燃煤火电标杆电价每千瓦时下降 0.0418 元，9905880 千瓦时的电量执行的是年度交易电价 0.32513 元／千瓦时，比河南省燃煤火电标杆电价每千瓦时下降 0.06277 元。原告 A 化学工业集团执行河南省峰平谷电价标准。

按照《河南省售电公司参与市场交易实施细则（试行）》的规定，年度交易电量分解到月，按月实际用电量结算。月度电度电费计算原则：月度电度电费是电力用户零售电价与月度用电量的乘积。电力用户有多个市场交易合同的，原则上优先执行交易周期短的交易合同，最后剩余电量执行交易周期最长的零售电价。在委托代理周期内原告 A 化学工业集团只能委托被告 B 售电有限公司一家公司参加用电交易。

法院认为，原、被告双方签订的售电公司与电力用户委托代理交易合同合法有效，合同对双方权利义务及违约责任进行了明确约定。合同约定年度交易及月度交易的保底下降幅度，均要比河南省燃煤火电标杆电价保底下降 0.06277 元／千瓦时。"保底"的意思即"保证不低于最低额"，是被告 B 售电有限公司对原告 A 化学工业集团作出的承诺，承诺其代理进行电力交易的电价，保证降价幅度不低于 0.06277 元／千瓦时。合同在履行过程中，被告 B 售电有限公司按照交易规则进行了年度交易及月度交易，年度交易电价按照合同约定执行了保底下降。因原告 A 化学工业集团预计的年度交易电量将无法满足生产需要，通过被告 B 售电有限公司追加 60000000 千瓦时的月度交易电量，但交易电价下降幅度未到达约定的下降幅度，每度降价 0.0418 元／千瓦时，造成原告 A 化学工业集团每千瓦时电量多支出 0.02097 元。按照供电公司出具的电费清单，对比月度交易的 60000000 千瓦时电量执行的峰平谷各时段电价，均比 9905880 千瓦时电量执行年度交易电价的峰平谷各时段电价要高，根据各时段执行标准的价差和实际用电量，原告 A 化学工业集团共多支出电费 1292320.63 元，该多支出的电费，应为原告 A 化学工业集团的损失，故原告 A 化学工业集团要求被告赔偿其多支付的电费 1292320.63 元的请求，本院予以支持。合同中约定的其他违约责任，系对偏差考核等违约情况进行的约定，并不适用未执行保底下降的情形。

被告 B 售电有限公司辩称，合同中没有约定交易电价达不到保底下降幅度时，被告需要承担赔偿责任的条款，按照合同约定超过保底下降幅度收取服务费，达不到的无须承担责任。按照被告此理由，合同中约定保底下降幅度就没有任何实际意义及法律意义，原告 A 化学工业集团也就无法实现降低电价的目的，被告 B 售电有限公司就只享有收取服务费的权利，而无须承担达不到保底下降幅度的义务，这显然违背合同的公平原则及权利义务对等原则，故被告 B 售电有限公司的辩称理由不能成立。原告要求被告承担支付的律师费的诉讼请求，因没有提供相应的证据，本院不予支持。

综上所述，判决如下：①被告 B 售电有限公司于本判决生效之日起十日内赔偿原告 A 化学工业集团多支付的电费损失 1292320.63 元。②驳回原告 A 化学工业集团的其他诉讼请求。

案例29：A置业有限公司与B能源科技有限公司委托合同纠纷案[1]

原告：A置业有限公司

被告：B能源科技有限公司

原告A置业有限公司诉讼请求：①判令被告支付原告违约金200000元。②判令被告赔偿原告因违约所受到的损失173964.15元。③判令被告支付原告律师费20000元。④本案的诉讼费用由被告承担。事实与理由：原告与被告签订了《售电公司与电力用户委托代理交易合同》，约定原告全权委托被告参与市场化交易；交易合同电价差（低于河南省燃煤火电标杆上网电价的部分）固定降价20元／兆瓦时，超出部分作为被告代理服务费，在未执行到约定的降价时，差额部分由被告补偿至约定降价。被告在接受委托后第一个月未成功为原告交易到用电，此后每个月被告代理交易的用电或是高于市政同等用电价格，或是购电不成功，或是低于市政同等用电价格但未执行到约定降价。从而导致原告在委托被告交易周期内所支付的电费根本未享受到交易合同约定的价格，构成严重违约。

法院认定事实如下：2018年3月19日，甲方A置业有限公司与乙方B能源科技有限公司签订委托代理交易合同一份，合同中约定，甲方同意将2018年5月1日至2019年12月31日的全部用电量，委托乙方参与市场化交易。在委托周期内，乙方负责依据交易规则代理甲方参与市场化交易。甲方零售电价是甲方用电侧结算的电度电价。甲方零售电价由交易合同电价、输配电价（含输配电损耗、交叉补贴）、政府性基金及附加、乙方代理服务费率（含税）顺加形成。交易合同电价是通过交易平台发布的乙方参与电力直接交易的成交电价，是乙方在发电侧的购电价格；对本合同1.1条款中的约定电量，甲乙双方同意对交易合同电价差（低于河南省燃煤火电标杆上网电价的部分）固定降价20元／兆瓦时，超出部分作为乙方代理服务费。后续增加电量仍按本条款执行。乙方在具体执行时，未执行到约定的降价时，差额部分由乙方补偿至约定降价；在本合同1.1条款约定电量不变的条件下，甲方在每月15日前通过纸质方式向乙方报送和确认次月的计划用电量，作为乙方次月交易电量安排的依据；乙方在协议约定及政策规定范围内代理甲方参与年度交易和月度交易，并根据结果收取服务费；因乙方代理过程中自身过错给甲方造成损失的，乙方应向甲方承担赔偿责任，并支付违约金20万元；因一方违约，守约方通过诉讼要求违约方承担违约责任的，违约方除按照本协议约定承担违约责任外，还应赔偿守约方主张权利的成本，包括但不限于诉讼费、保全费、律师费，因财产保全申请的支付给第三方的担保费、公证费及其他取证费用；双方还对其他权利义务进行了约定。协议签订后，被告代理原告参与市场化管理，原告于2018年5月份被批准成为具备交易资格的电力用户，被告于2018年6月份至2019年12月份为原告交易电量。

本院认为，根据原被告签订的委托代理交易合同可知，原告委托被告参与市场化交易，原告零售电价是原告用电侧结算的电度电价，该电价由交易合同电价、输配电价、政府性基金及附加、乙方代理服务费率顺加形成，而非市政电价，交易合同电价是通过交易平台发布的被告参与电力直接交易的成交电价，被告在委托代理合同中承诺交易合同电价差（低于河南省燃煤

---

[1] 裁判文书：（2020）豫0711民初3294号民事判决书。

火电标杆上网电价的部分）固定降价 20 元 / 兆瓦时即 0.02 元 / 千瓦时，若在具体执行时，未执行到约定的降价时，差额部分由被告补偿至约定降价。根据原告提交的电费计算清单、电费付款回单及电费支付发票可知，原告于 2018 年 7 月、10 月、11 月、12 月及 2019 年 4 月、5 月、7 月、9 月、10 月、11 月及 12 月支付的零售电价均高于按照委托代理交易合同降 2 分计算的电价，被告应当补足差额部分的电费即 34059.04 元，综上，对于原告主张被告支付电费补偿款 34059.04 元，本院予以支持；关于原告主张被告支付违约金 20 万元的诉讼请求，原被告双方约定，若被告在代理过程中因自身过错给原告造成损失的，被告应向原告承担赔偿责任，并支付违约金 20 万元，因原告并未提交有效证据被告在代理过程中存在过错行为，且该过错行为给其造成了损失，故对于原告的此部分主张，本院不予支持；关于原告主张的律师费 20000 元，结合委托代理交易合同的内容及原告诉讼请求的认定情况，对于原告主张的律师费 1822 元，本院予以支持，对于其余部分，本院不予支持。综上所述，法院判决如下：①被告 B 能源科技有限公司于本判决生效后十日内向原告 A 置业有限公司支付电费补偿款 34059.04 元。②被告 B 能源科技有限公司于本判决生效后十日内向原告 A 置业有限公司支付律师费 1822 元。③驳回原告 A 置业有限公司的其他诉讼请求。

案例 30：A 矿业有限公司、B 节能科技有限公司买卖合同纠纷案 [1]

原告：A 矿业有限公司

被告：B 节能科技有限公司

原告 A 矿业有限公司诉讼请求：①依法判决被告给付原告 2020 年实际用电 16570740 千瓦时节省的 828537 元。②判决被告承担逾期付款违约金按中国人民银行贷款基准利率 4.35% 计算至给付完之日。③依法判决被告承担诉讼费用。事实和理由：原告与被告于 2019 年 12 月 31 日签订了电力用户电能能效管理合作合同和电力用户购售电合同。双方签订合同后，原告 2020 年全年实际用电量为 16570740 千瓦时，按照双方签订的合同约定最低节省 5 分钱计算应当节省电费 828537 元，该节省费用被告应当在年末电费结算时给付原告，但被告没有给付，给原告造成一定的经济损失。

法院认定事实：被告 B 节能科技有限公司是一家售电公司，符合黑龙江省售电直接交易主体资格，并在黑龙江电力交易中心完成公示、承诺、注册和备案程序。2019 年 12 月 22 日，原告 A 矿业有限公司（乙方）与被告 B 节能科技有限公司（甲方）签订电能能效管理合作合同和购售电合同，约定能效管理方（售电方）为 B 节能科技有限公司，用电方为 A 矿业有限公司，合同第 1.1.4 条约定乙方提供 2018 年 1 月份到 2019 年 10 月份的电费详单，乙方可以设定优惠用电套餐，可为乙方带来至少 5% 的电费优惠；合同交易及套餐设定周期自 2019 年 12 月 31 日至 2020 年 12 月 31 日，乙方同意向甲方购买交易周期内的全部用电量，乙方预估交易周期内总交易电量为 2000 万千瓦时，甲乙双方同意将乙方 2000 万千瓦时电量参与用电套餐设定所产生的收益按比例分成，收益的 70% 归甲方所有，30%（符合本合同 1.1.4 条款条件，结合《购销电合同》企业用电确保每千瓦时电最低节省 5 分钱）归乙方所有。电力交易结算电量以乙方计

---

[1] 裁判文书：（2021）黑 0402 民初 321 号民事判决书。

量点关口表计量的电量为结算依据,乙方按《供用电合同》约定交付用电电费,原有的向电网经营企业交用电电费、计算方式以及结算流程均保持不变。×县电业局2020年度对A矿业有限公司执行黑龙江电网销售电价表中大工业0.5858元/千瓦时和一般工商业及其他用电0.7065元/千瓦时,未有第三方售电公司参与交易,未享受任何节能待遇。现原、被告双方交易周期已结束,被告未按约定给付原告用电节省的收益,现原告诉至法院。

法院认为,原告A矿业有限公司与被告B节能科技有限公司签订的电能能效管理合作合同和购售电合同系双方真实意思表示,合同合法有效,双方应按合同约定履行各自的义务。原告向被告购买并使用了2020年度的电量,按照合同约定应享有每千瓦时电最低节省5分钱的收益,但是被告未按约定履行给付原告节省的收益,已构成违约,原告有权要求其给付并承担违约责任。故原告要求被告给付2020年用电节省的收益828537元的诉讼请求,本院予以支持。对于原告要求被告承担自2021年1月1日起至给付之日按照年利率4.35%给付违约金的诉讼请求,违约责任符合双方的约定,违约金计算方式不违反法律规定,予以支持。判决如下:被告B节能科技有限公司于本判决生效之日起十日内给付原告A矿业有限公司用电节省的收益828537元及违约金(违约金以828537元为基数,自2021年1月1日起至实际给付之日止按年利率4.35%计算)。

【分析】

上述9起案件都是电力用户依据合同约定起诉售电公司要求享有购电价差分成、保底价差、电价优惠等履行合同收益的纠纷,而且也都得到了法院的支持。

一、电力用户按照委托合同约定享有价差分成收益

在电力市场交易活动中,符合条件的电力用户与售电公司签订《电力交易委托合同》(有的称《购售电合同》,也有的称《售电委托代理合同》或代理协议等,各省示范文本名称也不统一),通过售电公司利用市场化竞争机制和规模交易优势,代理电力用户进入电力市场,通过双边协商、集中竞价等方式参与电力直接交易,售电公司从交易价格低于标杆电价的价差中收取服务报酬(一般是从价差部分提取一定比例进行分成获利)。有的售电公司往往也会向电力用户作出降价价差目标、电价优惠的承诺,这都是其真实的意思表示。电力用户依据与售电公司的合同约定享有价差收益或电价优惠,当其享受不到该收益时,也有权通过起诉、仲裁等途径向售电公司追索。法院一般会认可双方的交易模式,在有事实依据的前提下,也会支持电力用户追索价差收益的诉讼请求。

案例23中,售电公司和电力用户签订《售电公司与电力用户购售电合同》,约定售电公司为电力用户提供电力交易服务,参与电力市场交易并按规定结算。实际履约达成年度交易合约电量820万千瓦时,双方对交易所产生的差价收益采取比例分成,交易收益70%归电力用户、30%归售电公司。因售电公司未及时结算,致使电力用户依合同应得的电量差价没有得到扣减,因而成诉。法院判决售电公司按照合同约定向电力用户支付未结算的剩余优惠电费。

案例24中,售电公司就给予电力用户的电价优惠做出了承诺,事后就电费优惠通过补充协议进行调整,这是双方真实的意思表示,理应得到履行,但售电公司违约导致电力用

户未能享受到约定的电费优惠,最终通过法院裁判方式解决争议。

二、代理交易结果价差达不到售电公司作出的价差保底承诺的,售电公司应按照合同约定赔偿

在售电公司代理电力用户参与电力直接交易活动中,售电公司赚取固定费用的服务报酬的合作模式较少,大多通过对市场获得交易价格与价格主管部门公布的目录电价(或双方商定的预期价格)相比形成的价差利润分配的模式进行获利,实现"利益共享"。目前市场中有三种做法。一是利润分成型。即双方约定对交易获得的价差按照一定比例进行分成;二是保底型,即:售电公司承诺对电力用户在现行目录电价(取消目录电价后双方可以商定一个预期价格)的基础上下降固定金额,不论价差大于还是小于实际价差(交易价格与目录电价、预期价格的差额),都不影响电力用户享受实际价差,不参与实际价差的分配或风险承担。三是利润分成+保底型,即综合运用上述两种形式,电力用户价差达到保底降价幅度时,按照约定比例分配价差;电力用户价差分享达不到保底降价幅度时,按售电公司承诺的保底差价执行。

"保底",顾名思义就是"保证不低于最低额"的意思。实践中已经有一些电力交易委托合同采纳了上述保底型或者利润分成+保底型的"保底条款"。只要售电公司的意思表示真实、明确、绝不含糊,且该意思表示对电力用户和社会公众不构成损害,法院一般会认定为这样的条款合法有效且应当得到执行。人民法院有职权在审理时直接对合同的效力作出评判。案例25、案例26、案例27、案例28、案例29、案例30在电力交易委托合同中,都约定了保底条款,这属于双方当事人的意思表示,更是售电公司基于商业利益自主做出的承诺。作为一个理性的商事主体,作出保底承诺是其市场营销手段,交易结果形成的价差达不到保底价格也是其正常的商业风险,都属于其自愿的民事行为,就应当信守承诺、严格履约。

案例25中,售电公司和电力用户签订的售电合同约定双方对参与电力市场化交易的价差收益按照电力用户70%、售电公司30%进行比例分成,在此基础上售电公司还承诺确保电力用户实际获得收益不低于2分/千瓦时,若达不到2分,由售电公司补足差额,甲方价差收益按2分计,即在按比例计算分成后仍应保证电力用户收益保底不少于2分。这些约定系双方当事人真实意思表示,双方均应按约履行。根据交易结果,由于售电公司代理参与集中竞价交易得到的交易价格与目录电价对比形成的价差未达到保底2分钱收益。最终法院根据合同约定判令售电公司补足差额部分。案例26、案例27中,还是同一家售电公司,也是与用户约定了电力价差收益保底条款,但售电公司未履行该义务,法院最终判决应支付给用户电价价差收益部分。

案例28、29中,法院判案理由与案例25相同,该案也是售电公司与电力用户签订的委托代理交易合同约定了保底下降幅度,法院认为"保底"的意思即"保证不低于最低额",是售电公司对电力用户作出的承诺,合同履行结果是交易电价下降幅度未达到约定的下降幅度,造成电力用户多支出电费,即为其实际损失,售电公司应赔偿该部分损失。案例30中,售电公司与电力用户订立的购售电合同约定电力用户应享有每度电最低节省5分

钱的收益，但是售电公司未按约定给付该收益，构成违约，被法院判决售电公司应当支付该收益。

【启示】

（1）在售电侧市场竞争中，价格是最主要的竞争因素。售电公司能否赢得客户，主要取决于能为电力用户获得多少价差收益，这是当前电力用户参与市场交易的决定性因素。售电公司的降价承诺是核心的竞争手段，这又取决于售电公司通过研判市场供求关系等因素慎重决策其交易价差利润的分配模式。一般认为，"收益与风险成正比"，但是研判不准确的，风险也会与损失成正比。因此，售电公司接受电力用户委托参与电力直接交易，应考虑自己的经营实力、风险承受能力，慎重决策、合理选用适当的合作模式，"利益共享、风险共担"是比较稳健的做法。单纯的利润分成型模式，相对来说，售电公司风险较小，带有"保底条款"的合同要在进行客观、全面的风险评估基础上审慎采用。

（2）合同履约的条件和外部形势在不断变化中，可能会发生一些商业条件变化导致合同内容随之应当进行适当调整，以便该合同条件顺应新的形势、新的需求，符合客观实际，能够得到正常履行，这种情况下当事人在原有合同基础上达成补充协议、变更协议是必要的，但应注意在这些合同中约定与原合同的关系，是补充完善修改的关系还是替换的关系，要注明原合同终止时"不一致的地方，以本协议为准"，防范发生纠纷后实际执行的合同条款不能确定的风险。

9. 售电公司完成合同约定义务后电力用户应退还其履约保证金

案例 31：A 能源科技有限公司、B 电子科技有限公司委托合同纠纷案 [1]

原告：A 能源科技有限公司

被告：B 电子科技有限公司

原告 A 能源科技有限公司诉讼请求：①判令被告立即返还履约保证金 20 万元。②判令被告自 2021 年 1 月 3 日起以未还款项为基数按日千分之一的标准支付违约金至清偿之日止（截至 2021 年 7 月 1 日的违约金为 3.58 万元）。③本案诉讼费由被告承担。事实和理由：2019 年 12 月 2 日，原、被告签订《安徽电力市场销售公司代理合同》，约定原告代理被告通过电力交易平台参与市场交易，被告支付电力交易代理费用。同日，双方又签订《售电交易补充协议》，约定原告向被告交纳履约保证金等条款。原告依约将 20 万元履约保证金支付到被告账户，且已按代理合同约定履行完合同义务。代理合同到期后，被告未按约定时间退还原告履约保证金 20 万元。原告多次催要未果，为此起诉。

法院经审理认定事实如下：2019 年 12 月 2 日，B 电子科技有限公司（甲方、电力用户）与 A 能源科技有限公司（乙方、售电公司）签订《安徽电力市场售电公司代理合同》，约定：乙方代理甲方参加电力市场直接交易，合同周期一年，自 2020 年 1 月 1 日至同年 12 月 31 日等。同时，双方又签订《售电交易补充协议》一份，约定：①本合同签订后 7 个工作日内，乙方（A 能源科技有限公司）应向甲方（B 电子科技有限公司）交纳履约保证金 20 万元。②在合同履行

---

[1] 裁判文书：（2021）皖 0827 民初 3025 号民事判决书。

期间,甲方有权要求乙方提供结算详细单据并向安徽省电力交易中心及电网企业等相关单位求证,如经上述单位确认乙方未按合同约定给予甲方足额优惠返还,甲方有权无条件自该保证金中扣除相应金额。③合同到期后三日内,甲方应将全部保证金扣除上述金额(若有)后的剩余部分无条件退还至乙方账户,逾期不退还的,应当支付乙方日千分之一的违约金等。同年12月6日,A能源科技有限公司向B电子科技有限公司转账20万元,在建设银行单位客户专用回单"用途"栏注明了"履约保证金"字样。代理合同到期后,A能源科技有限公司要求返还履约保证金20万元,B电子科技有限公司认可该履约保证金要退还,但表示公司出现一些情况,暂时没有能力退还。

法院认为,在合同履行过程中,没有证据证明原告未按约定履行义务,或者存在补充协议第二条约定的情形,故被告应当按照补充协议约定,在代理合同到期后三日内即2021年1月3日前返还原告交纳的履约保证金20万元。被告未按约定返还履约保证金,构成违约,应承担相应的违约责任。原告主张按日千分之一的标准支付逾期违约金,缺乏法律依据,本院依法确定以2020年12月21日一年期贷款市场报价利率(LPR)3.85%为基础,参照中国人民银行逾期罚息利率的有关规定上浮50%,即按年利率5.775%支付逾期违约金。

综上,被告应当返还原告履约保证金20万元,并按年利率5.775%支付逾期违约金。判决如下:被告B电子科技有限公司于本判决生效之日起十日内返还原告A能源科技有限公司履约保证金20万元,并自2021年1月4日起按年利率5.775%支付逾期违约金至还清之日止。

【分析】

这是一起因电力用户未按期返还履约保证金而被售电公司起诉索赔维权引起的纠纷,由此引发对电力交易委托合同中履约保证金制度的思考。

一、关于履约保证金

履约担保制度最早应用于工程发包领域,是承包人按照发包人要求向其提供的用以保障其履行合同义务的一种担保。随着市场经济的发展,不再限于工程发包领域,在越来越多的交易活动中商业合同当事人都选择适用履约担保制度,从而有效地避免或降低合同双方在交易过程中的风险,维护债权人的合法权益。

履约担保的形式有履约担保金(又称履约保证金)、银行履约保函和履约担保书三种。履约保证金可用保兑支票、银行汇票或现金支票等。银行履约保函是由商业银行开具的担保证明,通常为合同金额的10%左右。履约担保书的担保方式是当承包人在履行合同中违约时,开出担保书的担保公司或者保险公司用该项担保金去完成合同任务或者向发包人支付该项保证金。合同当事人可以根据合同履行的需要,要求另一方当事人在签订合同前提交或不提交履约保证金。实践中,将上述三种情况都称为"履约保证金"。目前,履约保证金通常作为合同订立的条件,在合同签订前提交。约定了履约保证金但没有交纳的,一般情况下合同不成立。《招标投标法实施条例》第五十八条规定了履约保证金的金额,即:"……履约保证金不得超过中标合同金额的10%。"

履约担保的目的是促使提交履约担保的合同当事人严格按照合同约定履行合同,其不履行合同义务的,接受履约担保的一方当事人将按照合同约定扣除其全部或部分履约保证金，或由担保人承担担保责任；造成的损失超过履约担保金额的，当事人还可以对超过部分予以索赔，以弥补其所遭受的经济损失。

二、关于履约担保的退还

现行法律没有明确履约担保退还的相关内容。一般来说，履约担保的有效期自合同生效之日起至合同约定的合同当事人主要义务履行完毕止。当事人合同主要义务履行完毕，收取保证金一方应按合同约定及时退还履约保证金，履约担保函和担保书自行失效。收取一方不按时退还履约保证金的，应承担违约责任，赔偿对方的损失，有合同约定的按照合同约定执行，没有合同约定的支付迟延退还的资金占用费，如参照《最高人民法院关于审理买卖合同纠纷案件适用法律问题的解释》第十八条第四款"买卖合同没有约定逾期付款违约金或者该违约金的计算方法，出卖人以买受人违约为由主张赔偿逾期付款损失，违约行为发生在2019年8月19日之前的，人民法院可以中国人民银行同期同类人民币贷款基准利率为基础，参照逾期罚息利率标准计算；违约行为发生在2019年8月20日之后的，人民法院可以违约行为发生时中国人民银行授权全国银行间同业拆借中心公布的一年期贷款市场报价利率（LPR）标准为基础，加计30%—50%计算逾期付款损失"的规定，按照同期银行贷款基准利率或中国人民银行授权全国银行间同业拆借中心公布的一年期贷款市场报价利率（LPR）标准为基础计付履约保证金不当占有期间的利息损失。

电力交易领域的委托服务属于商事行为，也有适用履约保证金的余地。本案中，售电公司与电力用户签订的电力交易委托合同中明确约定了前者应向后者交纳履约保证金的金额及退还时间，且约定了合同到期后三日内，甲方应将全部保证金扣除相应金额（若有）后的剩余部分无条件退还至乙方账户，逾期不退还的，应当支付乙方日千分之一的违约金等内容，事后待合同到期，电力用户违约未予及时退还，因而被判决应予退还且按照合同约定承担逾期违约金。

【启示】

（1）售电公司和电力用户在电力交易领域订立合同时，一方当事人可以根据实际要求对方提供一定金额的履约担保，以督促对方全面诚信履行合同，作为合同成立的条件。履约担保条款应当包括形式、金额、交纳时间、退还时间以及逾期退还的违约责任等内容。

（2）合同义务履行完毕，收取履约保证金的一方当事人应当按照合同约定的时间和条件及时清算、退还履约保证金。逾期退还的，应当承担资金占用费。

10. 偏差电量考核费用按照合同约定办法承担

案例32：A电力建设有限公司与B科技有限公司合同纠纷案❶

原告：A电力建设有限公司

被告：B科技有限公司

原告诉讼请求：①请求判令被告立即给付原告偏差考核费垫款471752.51元及以此为基数按照银行同期贷款利率计算自2018年8月1日起至实际给付之日止的利息（截至2018年11月

---

❶ 裁判文书：（2018）冀0209民初3923号民事判决书。

12日利息为5928.36元）。②请求判令被告给付原告因追索该笔债权所支付的律师费20000元。③请求判令被告支付本案全部诉讼费用。事实和理由：原、被告双方签订《售电公司与电力用户委托代理交易合同（协议）》。后被告因用电量差额超出约定而违约，产生偏差考核费用。原、被告经协商确定《偏差考核费用代缴协议》，协议约定原告垫付该笔费用，之后双方按比例分摊，被告分摊金额471752.51元。原告依约履行，被告迟迟未能给付原告垫款。

  法院认定事实如下：2018年3月1日，原告与被告签订了《售电公司与电力用户委托代理交易合同（协议）》，合同约定：原告代理被告以市场化方式自电网购买被告自2018年1月1日至2018年12月31日用电量。被告2018年6月用电量未达到用电计划。2018年7月13日冀北电力交易中心书面确认2018年6月原告代理被告购电出现偏差，负偏差电量为7803.7兆瓦时，产生偏差考核费用（违约赔偿金）541888.93元。原告于2018年7月31日与××供电公司签订了《承诺书》，承诺2018年8月1日前垫付被告2018年7月产生的偏差考核费用541888.93元。2018年8月1日，原告通过银行给××供电公司转账541888.93元。原、被告就偏差考核费用问题，签订了《偏差考核费用代缴协议》，协议约定原告垫付该笔费用，之后双方按比例分摊，原告分摊该笔费用的15%，为70136.42元，被告分摊该笔费用的85%，为471752.51元。由于用电人原因，无法在8月1日前按时缴纳471752.51元的偏差考核费用，由原告替被告垫付，该笔费用垫付时间为3个月，被告必须在2018年11月1日之前将该笔费用还给原告。原告依约履行后，被告迟迟未能给付原告垫款。另外双方在签订的《售电公司与电力用户委托代理交易合同（协议）》中第四条违约责任第三款约定，双方如在合同履行中产生争议，违约方应该支付守约方产生的诉讼费、律师费等相关费用。

  法院认为，原告与被告达成代理购电协议。由被告借用原告手续向电网购买电量，因被告2018年6月份用电量未达到月度用电计划，导致产生偏差考核费用541888.93元。经原、被告协商，双方于2018年7月31日签订《偏差考核费用代缴协议》，该协议系双方当事人共同签订，且该笔费用发生系因被告用电未达到用电计划产生，被告也未能证明原告对发生该笔费用存在过错，该协议约定不违反法律规定。原、被告应遵守该协议约定。因此，在原告垫付该笔费用后，被告应在2018年11月1日之前按协议约定给付原告协议分摊金额471752.51元。被告到期未给付，违反了该协议约定。原告要求被告按银行同期借款利息支付2018年8月1日至实际给付之日止的利息。因原、被告约定被告归还该笔垫付款的最后期限为2018年11月1日，因此，原告要求被告支付利息应自2018年11月2日开始计算。原告要求被告支付律师费20000元，双方签订合同中存在关于律师费的约定条款，提交的律师委托合同、银行回单、律师费发票能证明原告已经实际花费律师费及数额。双方已明确约定由违约方向守约方支付律师费，而被告违反了双方于2018年7月31日签订的《偏差考核费用代缴协议》，未能如期归还原告代缴费用，构成了违约。且原告支付的律师费用20000元未超出律师收费规定限额。因此，对原告的该项诉讼请求，本院予以支持。

  综上所述，判决如下：被告于本判决生效后十日内返还原告替其垫付的购电偏差考核费471752.51元，并自2018年11月2日起至履行之日止按欠款金额以年利率6%计付利息；被告于本判决生效后十日内支付原告为本次诉讼发生的律师费20000元。

案例33：A售电有限公司、B浆纸有限公司合同纠纷案 ❶

一审原告、二审被上诉人：B浆纸有限公司

一审被告、二审上诉人：A售电有限公司

原告诉讼请求：①被告向原告支付2018年电量偏差考核费498013.11元。②被告以以上每笔偏差考核费数额为基数，按同期银行贷款基准利率向原告支付利息，利息自原告向电网企业支付之日起计算至被告实际向原告支付之日，上述诉讼请求一本金及诉讼请求二已产生的利息共计522660.19元。③被告承担本案诉讼费用。事实和理由：原、被告签订电力交易合同，双方合同明确约定偏差考核由被告全部承担，但被告却违反合同约定将2018年1月、5月和10月三个月本不应由原告承担的电量偏差考核费用报送电力交易机构，致使电网企业按照电力交易机构提供的清分依据向原告收取以上三个月的偏差考核费。为避免信用受影响和产生滞纳金，原告不得不按照被告上报的山东电力交易中心的数据缴纳了电量偏差考核费。后经原告多次向被告催要，被告承诺支付但至今未支付。

一审法院认定事实如下：

2017年12月12日，原告与被告签订电力交易合同一份，约定：被告向原告售电，用电量偏差考核责任全部由被告承担。在履行合同过程中，2018年1月份产生电量偏差考核费用125382.90元、5月份产生电量偏差考核费38463.41元、10月份产生电量偏差考核费334166.80元。上述费用原告已向有关电网企业支付。2019年1月15日，原告向被告指定的联系人王×的邮箱发送催款函，要求被告支付原告已代付的上述电量偏差考核费用，王×收到后当日回复"函已收到，我公司会尽快安排支付……"。后原告又多次向被告催款，被告至今未付。

一审法院认为，双方合同中明确约定用电量偏差考核费用全部由被告承担，在双方履行合同过程中产生了2018年1月、5月、10月的电量偏差考核费用共计498013.11元（125382.90元+38463.41元+334166.80元）后，根据合同约定应当由被告承担，且原告在给被告发送催款函之后，被告指定的涉案合同联系人王×也代表被告回函同意支付，因此被告应当向原告支付上述电量偏差考核费用。因双方合同未约定支付电量偏差考核费的时间，履行期限不明确，根据合同法的有关规定，原告可随时要求被告支付，但应当给被告留出必要的准备时间。原告于2019年1月15日第一次向被告催款，故本院认为，应当给被告留出一个月的准备时间，因此，利息损失应当从2019年2月15日起开始计算，至被告实际付清之日止。被告辩称，是因为原告在交易完成后又更改用电计划才造成的考核偏差，该费用损失应由原告自行承担，但对此被告未能提供充分有效的证据予以证实，因此被告的此项辩称，证据、理由均不足，本院不予支持。

据此，判决如下：①被告支付原告电量考核偏差费498013.11元，于本判决生效后十日内付清。②被告支付原告利息损失（以本金498013.11元为基数，自2019年2月15日起至2019年8月19日，按同期银行贷款利率计算；自2019年8月20日起至被告实际给付之日止，按同期全国银行间同业拆借中心公布的贷款市场报价利率计算），于本判决生效后十日内付清。③驳回原告的其他诉讼请求。

---

❶ 裁判文书：（2020）鲁0391民初614号一审民事判决书、（2020）鲁03民终2707号二审民事判决书。

二审法院二审查明的事实与一审认定一致。

二审法院认为，一审判决认定事实清楚，适用法律正确，应予维持。判决如下：驳回上诉，维持原判。

案例 34：A 木业有限公司、B 售电有限公司买卖合同纠纷案 [1]

一审原告、二审上诉人：A 木业有限公司

一审被告、二审被上诉人：B 售电有限公司

A 木业有限公司诉讼请求：①请求判令 B 售电有限公司支付 A 木业有限公司垫付的电力偏差考核费用 249208.12 元。②诉讼费由 B 售电有限公司承担。事实和理由：A 木业有限公司与 B 售电有限公司签订《售电公司与电力用户购售合同》，约定 B 售电有限公司向 A 木业有限公司供电。由于 A 木业有限公司在上一结算周期内出现考核偏差，四川省电力交易中心对 A 木业有限公司处以 249208.12 元的偏差考核费用。依《售电公司与电力用户购售合同》对该费用分担责任进行的风险约定，该费用应当由 B 售电有限公司承担。

一审法院查明的事实如下：

2018 年 4 月 26 日，A 木业有限公司作为甲方与乙方 B 售电有限公司签订《售电公司与电力用户购售合同》，约定 B 售电有限公司向 A 木业有限公司供电。合同第 1.1.4 条对偏差电量的定义是：指实际交割电量与合同成交量之差；第 1.1.5 条对偏差率的定义是：偏差率=（交割电量—合同成交量）/合同成交量100%；第 3.2.2 条约定：甲方向乙方或电力交易中心提供电力交易容量、电量、负荷曲线及其他生产运行信息。根据实际用电需求，准确预测年度用电量及交易月份用电量；第 3.2.5 条约定：甲方向乙方提供与履行本合同相关的其他信息。如实提供用户用电信息，配合乙方、电网企业及电力交易中心进行电量交易、电费结算、数据统计等工作；第 4.4 条约定：在结算周期内，对甲方偏差率超过有关交易规则规定的免考核范围的，双方约定以乙方 100% 承担偏差考核的方式对偏差考核费用进行分摊。

同日，双方共同签署《甲乙双方全年协议电量表》，确认了交易周期和含 1-3 月在内的 12 个月的交易电量。双方以此表内容上报四川省电力交易中心。

2019 年 6 月 24 日，××供电公司向 A 木业有限公司开具关于"供电偏差考核电费"的增值税发票，金额为 249208.12 元，该款已由四川省电力交易中心从 A 木业有限公司账户中扣划。B 售电有限公司承担了 2018 年 4 月以后产生的偏差考核费用。

法院认为：一、关于 2018 年 1-3 月的偏差考核是否符合 A 木业有限公司、B 售电有限公司签订的《售电公司与电力用户购售合同》约束的范围问题。B 售电有限公司答辩称 2018 年度的电力交易始于 2018 年 4 月，双方签订合同日期也是 4 月 26 日，故否认 1-3 月的偏差考核属于合同内容。本院认为，在双方 4 月 26 日签订的《售电公司与电力用户购售合同》第 4.4 条明确约定考核周期从 2018 年 1 月 1 日至 12 月 31 日，且双方确认的《甲乙双方全年协议电量表》也载明了 1-3 月的用电量，故尽管合同于 4 月才签订，但双方自愿将考核周期扩展至 1-3 月，此约定并不违反法律规定，B 售电有限公司的该答辩意见不能成立。

---

[1] 裁判文书：（2019）川 0182 民初 2237 号一审民事判决书、（2019）川 01 民终 15721 号二审民事判决书。

第三章　售电公司与电力用户之间的纠纷

二、关于1—3月偏差考核电费的责任主体问题。本院认为，根据双方签订的合同内容及电力交易的规则，偏差考核率是针对预测用电量与实际用电量产生差异进行考核的手段，具有动态不确定性特点。A木业有限公司、B售电有限公司双方签订合同约定的责任分担正是对不确定性风险进行分担，该约定符合电力交易规则，合法有效。且双方对合同签订后的2018年4—12月的偏差考核结果无争议，亦证明双方均守约履行。对于1—3月的偏差考核，在四川省电力交易中心颁布的《2018年年度电力直接交易1号公告》中已经明确，1—3月各电力用户、停电企业应按实际用电量签订交易合同，若出现偏差，全额按未调用上、下调服务标准进行考核，即无偏差免考范围。因1—3月用电量已实际产生且按实际用电量签订交易合同，故理论上讲已没有不确定因素产生的风险。

虽然根据A木业有限公司、B售电有限公司双方的约定，只要产生偏差考核费用，B售电有限公司就应承担责任。但本院认为，A木业有限公司负有如实上报用电量的义务，其在《甲乙双方全年协议电量表》上对1—3月的用电量也予以确认，故A木业有限公司诉称因B售电有限公司工作失误上传数据错误导致偏差考核被罚款，与事实不符，即使现产生的诉争的偏差考核费用是因为2、3月份数据上传顺序颠倒所致，该损害后果也因A木业有限公司过错所致，B售电有限公司不应承担责任。

综上，A木业有限公司的诉讼请求缺乏事实和法律依据。判决如下：驳回A木业有限公司的诉讼请求。

A木业有限公司上诉请求：①撤销一审判决或者查清事实后依法改判。②本案全部诉讼费由B售电有限公司承担。

二审法院对一审查明的事实予以确认。

二审法院认为，根据A木业有限公司与B售电有限公司签订的《售电公司与电力用户购售合同》第三章3.2.2条、3.2.5条的约定，A木业有限公司负有如实提供用电信息，准确预测年度用电量及交易月份用电量等义务。同时，合同附件3中双方对全年协议电量表予以确认并签字盖章，能够证明A木业有限公司与B售电有限公司对全年协议电量及每月用电量达成一致合意，并不存在A木业有限公司主张的因B售电有限公司未履行合同义务导致产生2018年1—3月偏差考核电费。且客观事实为签订合同时2018年1—3月的用电量已实际发生，虽合同第四章4.4条有关于偏差考核费用由B售电有限公司100%承担的约定，但考虑合同签订的时间、合同履行情况以及公平原则，B售电有限公司不应承担2018年1—3月偏差考核电费。

综上所述，A木业有限公司的上诉请求不能成立，应予驳回。判决如下：驳回上诉，维持原判。

【分析】

上述3起案例都是因偏差电量考核电费的承担引起的纠纷。在当前电力交易中，偏差考核电费已经成为影响售电公司利润和电力用户收益的重要因素之一。一般来说，售电公司和电力用户签订的代理合同中会对价差分成方式及偏差考核内容进行专门约定，有的售电公司为了赢得订单，把直接替电力用户承担偏差考核责任或者按照一定比例分担偏差考核，作为吸引电力用户的营销手段，法律风险也随之产生。

一、什么是偏差电量考核

电力负荷具有复杂性、分散性、随机性等特点，要准确做好负荷预测，绝非易事，订单量变化、机器运行稳定性、设备故障检修、气候变化、突发意外等事件，都会影响电力负荷的变化，影响实际用电量的调整，而电力中长期交易合同电量均为计划值，产生偏差属必然现象。偏差电量是指电力用户实际用电量与合同电量的偏差。出现了偏差电量，就会有偏差考核。针对电量偏差制定的考核规则及惩罚措施叫作偏差考核。用户侧实际用电与对应合同用电量预测值不平衡且不平衡之间会相互影响，进而还会影响发电侧的不平衡。具体来说，因为电力是不能大规模储存的，电网处在一个发电和用电时时平衡的状态。目前的电力交易以中长期交易为主，如果一个电力用户没有按照之前交易的电量计划进行用电，就会打破这种平衡，那么电网调度就需要调整电厂发电计划，给电网和电厂运行造成额外的成本，所以就有了偏差考核[1]。各省电力交易规则针对最终电量结算结果产生的用电偏差，普遍采取偏差考核的方法解决电量偏差问题，由于用户（售电公司）侧原因（买多用少、买少用多）产生的偏差电量将在交易结算后由电力交易中心考核并公布相应的考核结果。收取的偏差电量费用进入平衡资金账户，最终返还给市场主体。如安徽省能源局、国家能源局华东监管局发布的《安徽省电力直接交易偏差电费收缴使用细则（暂行）》规定：偏差电费收缴与使用在同一周期进行。偏差电费扣除必要税费后，全额返还相应市场主体；用电侧产生的偏差电费，按照发电企业直接交易发电量比例，全额返还给参与直接交易的发电企业；发电侧产生的偏差电费，按照电力用户直接交易用电量比例，全额返还给参与直接交易的电力用户。

对于偏差考核的结算办法，有两种办法，一是按照目录电价（基准电价）结算。在保持电网购销差价不变的要求下，许多地区交易规则都规定了用户侧超用电量（正偏差）按照目录电价结算（如《重庆市电力直接交易试点方案》第27条规定：当电力用户用电量超过合同电量105%的部分，超过部分由电网企业按目录电价进行结算，发电企业无违约责任。《安徽省电力直接交易规则》第31条规定：电力用户、售电公司的偏差电量，大于零时按目录电价结算）。也有地区规定按照目录电价上浮一定比例执行（如江苏省规定"电力用户的购电价格按目录电价的110%执行"）。取消目录电价之后，可能以基准电价结算。二是按照集中竞价价差（或成交价）核算。对于负偏差（少用电量），各地规则一般规定按照集中竞价的价差（或成交价）来核算考核费用。如《广东电力市场交易基本规则（试行）》第108条规定：允许负偏差范围外的偏差电量按月度集中竞争交易成交价差绝对值的3倍结算，即按照2倍的月度集中竞争交易成交价差绝对值进行考核。[2]

一般情况下，电力用户或售电公司月度实际用电量少于其交易合同电量的偏差超过5%时，超出部分电量视为市场化偏差考核电量，需要支付市场化偏差考核电费。但是也有一些地方规定了在政策、电网或不可抗力等因素下的电量偏差免考核范围。如《北京市城市

---

[1] 冯泽州著：《电力交易之偏差考核》，载于"中能售电"微信公众号（2020-9-19）。
[2] 葛志坚著：《电力交易"玩法"解析之二：售电偏差考核》，载于"阳光时代法律观察"微信公众号（2017-4-12）。

管理委员会关于北京市电力中长期交易合同电量偏差免考核（试行）有关工作的通知》（京管发〔2019〕61号）规定：以下情况经认定可免除直接参与电力交易的电力用户或售电公司全部或部分负偏差考核。（一）政策因素：指在电力用户月度抄表周期内，电力用户执行市（区）政府（部门）临时发布的减产能、重污染天气等影响停产限产政策的。（二）电网因素：指在电力用户月度抄表周期内，因电网公司主动采取有序用电和拉路序位措施或临时停电、故障停电等影响电力用户正常用电的。（三）不可抗力因素：指在电力用户月度抄表周期内，因不能预见、不能避免且不能克服的客观情况导致电力用户用电设备停运的。《安徽省电力直接交易偏差电费收缴使用细则（暂行）》规定，市场主体发生以下情况产生的偏差电费，报省能源局、华东能源监管局根据职责分工审核，在省交易中心网站公示无异议后予以免缴：（一）市场主体执行政府部门安排有序用电时产生的偏差电费。（二）市场主体执行省、市政府主管部门环保减产、停产等通知（不包括因自身环保不达标导致的减产停产）产生的偏差电费。（三）市场主体因执行调度指令产生的偏差电费。（四）市场主体因不可抗力产生的偏差电费。

二、偏差考核责任的承担主体

在售电公司代理电力用户购电的情况下，偏差考核对象究竟为电力用户还是售电公司，各地规定不一。第一种情形是考核售电公司。如《广东电力市场交易基本规则（试行）》第108条第（一）项规定：与售电公司签订三方合同、购售电合同的用户，其实际用电量之和为售电公司的实际用电量。售电公司参照电力大用户结算其参与批发市场的价差电费。第二种情形是考核电力用户。电力用户参与电力直接交易，就应承担偏差考核责任。如《安徽省电力直接交易偏差电费收缴使用细则（暂行）》第六条规定：参与电力直接交易的市场主体，超出成交合同偏差电量允许范围的电量部分，按相关规则及时足额缴纳偏差电费。第三种情形是考核对象自行约定。交易规则不对考核对象作出规定，由市场交易主体自行安排售电公司代理交易模式下考核责任承担主体。如根据《重庆市电力直接交易规则（试行）》第二十七条规定，当实际直接交易电量低于合同电量95%的部分视为违约电量，违约责任由各市场主体在直接交易合同中约定。《江苏省电力中长期交易规则（暂行）》第一百二十六条规定："售电企业与其市场化零售电力用户的结算及偏差调整费用，由售电企业根据与电力用户的购售电合同约定进行。"

上述案例中对于偏差电量考核责任主体规定是比较清楚的，案例32中，售电公司与电力用户在合同中约定偏差考核电费由双方按比例分担，事后也就实际产生的偏差考核电费达成分担协议，但是售电公司全额交纳后向电力用户追偿时遭到拒绝，因此法院支持了售电公司追索偏差考核电费损失的诉请。

案例33中，售电公司与电力用户在双方订立的购售电代理合同中明确约定用电量偏差考核费用全部由售电公司承担，该约定符合双方意思自治原则，应当得到遵守，在双方履行合同过程中有3个月产生了电量偏差考核费用，根据合同约定应当由售电公司承担，在电力用户实际承担该费用后向售电公司追偿该部分损失，其主张也得到了法院的支持。

案例34中，尽管售电合同约定"偏差考核费由售电公司100%承担"，但售电公司是否无论任何原因,都要承担偏差考核费用?法院裁判结果对此给出的答案是否定的,即如果有证据证明偏差考核完全是因为电力用户的原因(过错等)造成,则让售电公司承担违约责任,有违公平原则,故该案法官作出了驳回电力用户诉请的判决❶。

另外,逾期偿还债务的,还要支付逾期利息。对于利息计算标准,根据《全国法院民商事审判工作会议纪要》(法〔2019〕254号)和《最高人民法院关于审理买卖合同纠纷案件适用法律问题的解释》(法释〔2012〕8号)根据法释〔2020〕17号修正)的有关规定,自2019年8月20日起,中国人民银行已经授权全国银行间同业拆借中心于每月20日(遇节假日顺延)9时30分公布贷款市场报价利率(LPR),中国人民银行贷款基准利率这一标准已经取消,因此,自此之后人民法院裁判贷款利息的基本标准应改为全国银行间同业拆借中心公布的贷款市场报价利率,即:以违约行为发生时中国人民银行授权全国银行间同业拆借中心公布的一年期贷款市场报价利率(LPR)标准为基础,加计30%-50%计算逾期付款利息。

【启示】

(1)偏差考核并不等同于违约方的违约责任,因偏差考核带来的损失、相关费用计算公式以及承担主体等问题,应在购售电合同中明确。例如,售电公司和电力用户约定对售电获得的利润进行分成(利润分享型合同)的,在合同中明确分成的利润是否已经扣减偏差考核费用。

(2)售电公司既要从客户角度出发,多种手段并用控制偏差,尽量减少偏差量;也要与客户、合作伙伴、第三方等采取适宜的方式,采取偏差电量转移、风险转移等方式共担偏差考核风险。可以与电力用户约定售电公司承担偏差考核的限额。否则,一旦出现电力用户重大生产波动、行业性调整甚至破产等极端情况,售电公司难以承受巨大的偏差考核费用。即使售电公司需要承诺100%承担偏差考核费用,仍然可以在与电力用户签订售电合同时,增加责任承担条款,明确不予承担偏差考核费用的例外规则,约定如果因为电力用户呈报电量与实际使用出现偏差考核时,由电力用户承担考核风险或共同承担考核风险,如电力用户因自身原因停产停业以及用电量巨幅波动(可以约定一定的范围)的,仍由电力用户自身承担,以增加电力用户的责任心和风险意识。

(3)对于生产稳定、用电量需求较为准确的大用户,如自身具备承受偏差考核的能力,可直接参与电力市场交易;生产波动较大、难以独立承受偏差考核的企业可选择由售电公司代理(或进行零售交易)参与电力市场,发挥售电公司"蓄水池"作用以减少偏差考核❷。

---

❶ 谌运、葛志坚著:《售电公司偏差考核电费分担机制法律风险探析》,载于"北极星售电网"(2020-9-20)。

❷ 葛志坚著:《电力交易"玩法"解析之二:售电偏差考核》,载于"阳光时代法律观察"微信公众号(2017-4-12)。

11. 售电合同纠纷管辖法院的确定规则

案例 35：A 售电有限公司、B 化工有限公司供用电合同纠纷管辖权异议案 ❶

一审原告、二审被上诉人：B 化工有限公司

一审被告、二审上诉人：A 售电有限公司

A 售电有限公司上诉称，B 化工有限公司在一审中提交的合同及补充协议已经作废，双方重新订立的合同中并没有约定管辖法院，因本案的合同履行地为 A 售电有限公司的住所地，故本案应移送至南京市江宁区人民法院管辖。

二审法院经审查认为，本案中，双方当事人及××供电公司签订的《三方购售电合同》中约定发生争议可向用电方所在地人民法院提起诉讼，该约定未违反级别管辖和专属管辖的规定，故宿迁市宿豫区人民法院即一审法院对本案具有管辖权。A 售电有限公司上诉主张上述合同已废止，该事实认定属于案件实体性审理范围，不在管辖权异议的审查范围之内。即便如 A 售电有限公司所述，双方当事人重新签订合同未约定管辖，因涉案供电合同约定的用电地址位于宿豫区经济开发区，即本案合同履行地的地点位于宿迁市宿豫区境内，故一审法院仍对本案具有管辖权。综上，裁定如下：驳回上诉，维持原裁定。

案例 36：A 印版有限公司与 B 售电有限公司买卖合同纠纷案 ❷

原告：A 印版有限公司

被告：B 售电有限公司

原告 A 印版有限公司诉称：原、被告签订《售电公司与电力用户购售电合同》，约定被告为原告提供电力交易服务。合同签订后被告未履行合同义务，给原告造成经济损失，故请求判令被告支付违约金。

法院经审查认为，本案系合同纠纷，依法应由被告住所地或者合同履行地人民法院管辖。法人或者其他组织的住所地是指法人或者其他组织的主要办事机构所在地，法人或者其他组织主要办事机构所在地不能确定的，法人或者其他组织的注册地或者登记地为住所地。被告注册地为南京市建邺区××东街××号，但被告在该地址无办公场所，主要办事机构在南京市江宁区，故本案应由南京市江宁区人民法院管辖。

裁定如下：本案移送南京市江宁区人民法院处理。

案例 37：A 纱业有限公司与 B 售电有限公司服务合同纠纷管辖权异议案 ❸

一审原告、二审被上诉人：A 纱业有限公司

一审被告、二审上诉人：B 售电有限公司

A 纱业有限公司诉称：本公司与 B 售电有限公司签订《售电公司与电力用户双方交易购售电协议书》，约定双方就 2018 年度本公司生产经营所需的大工业用电进行双边交易。合同签订后，本公司在 2018 年度用电量共计 4030260 千瓦时，根据合同约定，B 售电有限公司应当就其

---

❶ 裁判文书：（2018）苏 13 民辖终 261 号民事裁定书。
❷ 裁判文书：（2019）苏 0105 民初 3750 号民事裁定书。
❸ 裁判文书：（2019）苏 02 民辖终 897 号民事裁定书。

中 400 万千瓦时给予本公司现行目录电价下降 0.04 元 / 千瓦时，即 16 万元的电费优惠，但 B 售电有限公司至今未按约履行。

B 售电有限公司在答辩期间，对管辖权提出异议，认为本案应为服务合同纠纷而非买卖合同纠纷，根据民事诉讼法的规定，双方未约定管辖法院的，应当由 B 售电有限公司所在地即南京市高淳区人民法院管辖。

一审法院认为：本案中，A 纱业有限公司向 B 售电有限公司购买生产经营所需的大工业用电，B 售电有限公司亦具备售电主体资格，双方因电费优惠返还问题发生争议，故本案应系买卖合同纠纷。B 售电有限公司未提供证据证明与 A 纱业有限公司约定了履行地点或有协议约定管辖，A 纱业有限公司主张 B 售电有限公司返还电费，A 纱业有限公司为接收货币一方，其所在地为合同履行地。A 纱业有限公司所在地法院系江阴市人民法院，故原审法院对此案有管辖权，B 售电有限公司提出的管辖权异议不成立，原审法院不予采纳。原审法院裁定：驳回 B 售电有限公司对本案管辖权提出的异议。

B 售电有限公司不服原审裁定，提起上诉称，本案应为服务合同纠纷而非买卖合同纠纷，双方签订的合同中上诉人除向被上诉人售电之外主要是向其提供服务。双方未约定管辖法院的应当由被告所在地即南京市高淳区人民法院管辖。故请求撤销一审民事裁定，将本案移送至南京市高淳区人民法院审理。

二审法院认为，人民法院对管辖权异议案件只作程序性审查。本案中，A 纱业有限公司向 B 售电有限公司购买生产经营所需的大工业用电，B 售电有限公司亦具备售电主体资格，双方虽因电费优惠返还问题发生争议，但本案仍应系服务合同纠纷。B 售电有限公司作为履行义务方，其所在地为合同履行地。故原审法院对本案不具有管辖权，B 售电有限公司的上诉请求应予以支持。据此，裁定如下：①撤销一审民事裁定书。②本案移送南京市高淳区人民法院处理。

案例 38：B 节能科技股份有限公司、A 水泥有限公司委托合同纠纷案 ❶

一审原告、二审被上诉人：A 水泥有限公司

一审被告、二审上诉人：B 节能科技股份有限公司

上诉人 B 节能科技股份有限公司上诉称，被上诉人与上诉人委托合同纠纷一案，上诉人住所地为郑州高新技术产业开发区 ×× 街 ×× 号。引发双方纠纷的合同未约定管辖法院，合同约定的由上诉人代为参与电量市场化交易场所为河南电力交易中心电力交易平台，所在地为郑州高新技术产业开发区。涉案合同性质并非电力买卖合同，而是委托代理合同。上诉人提供的并非电力本身，而是代为参与电力市场化交易的服务。因此，合同标的并非被上诉人使用的电力，不能以电力的消耗来认定合同履行地，而应当以电力市场化交易所在地为合同履行地。综上，无论是上诉人住所地，还是合同实际履行地，都处于郑州高新技术产业开发区人民法院管辖范围，原审法院对本案没有管辖权，请求二审法院撤销一审裁定，将本案移送至郑州高新技术产业开发区人民法院审理。

---

❶ 裁判文书：（2019）豫 10 民辖终 148 号二审民事裁定书。

二审法院经审查认为，本案系委托合同纠纷，属合同纠纷。《民事诉讼法》第二十三条❶规定："因合同纠纷提起的诉讼，由被告住所或者合同履行地人民法院管辖。"本案中，合同标的为上诉人提供的代为参与电力市场化交易的服务，故合同履行地应为电力市场化交易所在地即河南省电力交易中心。而河南省电力交易中心位于郑州市郑东新区××号，属于郑州高新技术产业开发区人民法院辖区，故本案应由郑州高新技术产业开发区人民法院管辖。原审法院认定电力消耗地为合同履行地从而确定其有管辖权不当，本院依法予以纠正。裁定如下：①撤销一审民事裁定。②本案移送郑州高新技术产业开发区人民法院审理。

案例39：A售电有限公司、B纸业有限公司供用电合同纠纷案❷

一审原告、二审被上诉人：B纸业有限公司

一审被告、二审上诉人：A售电有限公司

上诉人A售电有限公司因与被上诉人B纸业有限公司供用电合同纠纷管辖权异议一案，不服河南省新乡县人民法院（2019）豫0721民初1174号之一民事裁定，提起上诉称：上诉人与被上诉人签订的委托代理交易合同约定的双方义务是被上诉人同意将用电量委托给上诉人参与市场化交易，在委托周期内上诉人负责依据交易规则代理被上诉人参与市场化交易，合同并没有约定以给付货币作为合同一方的义务，因此本案不适用《最高人民法院关于适用〈中华人民共和国民事诉讼法〉的解释》第十八条的规定确定合同履行地进而确定管辖法院。请求撤销原审裁定，将本案移送郑州高新技术产业开发区人民法院管辖。

二审法院经审查认为：本案A售电有限公司与B纸业有限公司签订的《委托代理交易合同》是在深化电力体制改革背景下，售电主体与电力用户之间为保障经济、优质的电力供应，依据政府有关政策，明确各自权利义务而签订的协议，售电主体在合同中的地位具有特殊性，其既受电力用户的委托采取多种方式为电力用户寻求经济、优质的电力能源，又有义务为电力用户提供可靠、安全的电力保障，居于供电人的地位，并通过电费差价获取收益。结合原告要求"支付购电差价补偿款"的诉讼请求，A售电有限公司与B纸业有限公司发生的纠纷本质上是供用电合同纠纷，参照有关法律规定中电网企业和电力用户供电设施的产权分界处为合同履行地点的相关规定，本案合同履行地点以电力用户B纸业有限公司厂界外或配电室前的第一断路器、第一支持物确定较妥，该地点位于河南省新乡县，河南省新乡县人民法院作为合同履行地人民法院具有本案管辖权。裁定如下：驳回上诉，维持原裁定。

案例40：A科技股份有限公司与B电气设备有限公司供用电合同纠纷案❸

原告：A科技股份有限公司

被告：B电气设备有限公司

第三人：××电力交易中心有限公司

第三人：××供电公司

---

❶ 根据2021年12月24日《全国人民代表大会常务委员会关于修改〈中华人民共和国民事诉讼法〉的决定》，该条文序号调整为第二十四条，内容同此。

❷ 裁判文书：（2019）豫07民辖终289号二审民事裁定书。

❸ 裁判文书：（2020）鄂9004民初1811号民事裁定书。

原告A科技股份有限公司提起诉讼。被告B电气设备有限公司在提交答辩状期间，对管辖权提出异议认为，原告A科技股份有限公司与被告B电气设备有限公司之间属合同纠纷，依照法律规定，因合同纠纷提起的诉讼，由被告住所地或者合同履行地人民法院管辖。本案中被告B电气设备有限公司所在地为武汉市江岸区，故武汉市江岸区人民法院对本案具有管辖权。同时，原告A科技股份有限公司与被告B电气设备有限公司签订的合同为电力委托代理合同，合同的标的并非电力本身，而是代为参与电力市场化交易的服务，故应以电力市场化交易所所在地为合同履行地，即××电力交易中心有限公司所在地武汉市洪山区为合同履行地，对应的管辖法院为武汉市洪山区人民法院。因此，本案的管辖法院不应为原告住所地法院，应为武汉市江岸区人民法院或者武汉市洪山区人民法院。

法院经审查认为，原告A科技股份有限公司与被告B电气设备有限公司签订的《售电公司代理电力用户的购售电二方合同》对管辖没有明确约定，且本案不属于特别管辖，应按照一般管辖原则，由被告所在地或者合同履行地人民法院管辖。本案中原告A科技股份有限公司要求解除与被告B电气设备有限公司签订的合同，并要求被告B电气设备有限公司赔偿原告A科技股份有限公司的损失，本案争议标的应属于《最高人民法院关于适用〈中华人民共和国民事诉讼法〉的解释》第十八条第二款规定中的"其他标的"，合同履行地应为履行义务一方所在地，即被告B电气设备有限公司所在地，该地址与被告所在地一致，故本案应由被告B电气设备有限公司所在地武汉市江岸区人民法院管辖。因此，被告B电气设备有限公司的异议理由成立，本院依法予以支持。裁定如下：本案移送武汉市江岸区人民法院处理。

案例41：A售电有限公司与B电子科技有限公司委托合同纠纷案 ❶

原告：A售电有限公司

被告：B电子科技有限公司

法院在受理原告A售电有限公司诉被告B电子科技有限公司委托合同纠纷一案后，被告B电子科技有限公司在提交答辩状期间对管辖权提出异议，认为根据《合同法》和《民事诉讼法》的规定"合同对履行地点没有约定或者约定不明确，争议标的为给付货币的，接受货币一方所在地为合同履行地；交付不动产的，不动产所在地为合同履行地；其他标的，履行义务一方所在地为合同履行地。即时结清的合同，交易行为地为合同履行地。合同没有实际履行，当事人双方住所地都不在合同约定的履行地的，由被告住所地人民法院管辖"，故案件应由天长市人民法院受理。

法院认为，《最高人民法院关于适用〈中华人民共和国民事诉讼法〉的解释》第十八条第三款规定："合同没有实际履行，当事人双方住所地都不在合同约定的履行地的，由被告住所地人民法院管辖。"应当理解为，如果合同没有履行，即使合同对履行地有约定，但当事人双方住所地均不在合同约定的履行地的，由被告住所地人民法院管辖；合同没有约定履行地也没有实际履行的，也应由被告住所地人民法院管辖。案涉的《安徽电力市场售电公司代理合同》未约定履行地，也未实际履行，故本案应由被告B电子科技有限公司住所地人民法院管辖。B电子

---

❶ 裁判文书：（2020）皖0405民初661号民事裁定书。

科技有限公司住所地位于安徽省天长市××镇××工业园区，属安徽省天长市人民法院辖区，故本案应由安徽省天长市人民法院管辖。被告提出的管辖权异议成立。裁定如下：本案移送安徽省天长市人民法院处理。

案例 42：A 化学有限公司、B 节能科技股份有限公司委托合同纠纷案 ❶

一审原告、二审上诉人：A 化学有限公司

一审被告、二审被上诉人：B 节能科技股份有限公司

A 化学有限公司上诉称：一审裁定认为"合同标的为 B 节能科技股份有限公司代为参与电力市场化交易的服务，合同履行地为电力市场化交易所在地河南省电力交易中心"并裁定将本案移送至郑州高新技术产业开发区人民法院审理是错误的。本案中，双方当事人是售电和用电的关系，合同的标的系电力本身，而非代为参与电力市场化交易的服务，济源市是合同履行地，济源市人民法院有管辖权。综上，请求撤销一审裁定，指令济源市人民法院审理本案。

二审法院经审查认为，从 A 化学有限公司提交的一审起诉状内容看，其所诉理由及诉讼请求为：2019 年 1 月 28 日，A 化学有限公司、B 节能科技股份有限公司签订一份《售电公司与电力用户委托代理交易合同》及《补充协议》，该《委托代理交易合同》约定由 B 节能科技股份有限公司在电力市场中为 A 化学有限公司购电。其中第二条 2.2（1）约定"A 化学有限公司零售电价在政府发布的大工业目录电价基础上优惠 0.015 元/千瓦时。"合同签订后，B 节能科技股份有限公司从 2019 年 2 月份开始未能按照合同约定的优惠价格进行结算。从 2019 年 2 月至 2019 年 9 月止，B 节能科技股份有限公司应当向 A 化学有限公司支付的优惠金额为 1090984.95 元，B 节能科技股份有限公司实际支付 274620.1547 元，未支付金额为 816364.7953 元。截至目前，B 节能科技股份有限公司未能有效解决。请求判决：①B 节能科技股份有限公司支付 A 化学有限公司优惠电费 816364.7953 元（从 2019 年 2 月 1 日计算至 2019 年 10 月 31 日）。②B 节能科技股份有限公司继续履行 2019 年 1 月 28 日双方所签订《售电公司与电力用户委托代理交易合同》及《补充协议》。

经审查，根据《民事诉讼法》第二十三条 ❷ 规定，因合同纠纷提起诉讼，由被告住所地或者合同履行地人民法院管辖。根据《最高人民法院关于适用〈中华人民共和国民事诉讼法〉的解释》第十八条第一款规定，合同约定履行地点的，以约定的履行地点为合同履行地；第二款规定，合同对履行地点没有约定或者约定不明确，争议标的为给付货币的，接收货币一方所在地为合同履行地；交付不动产的，不动产所在地为合同履行地；其他标的，履行义务一方所在地为合同履行地。本案系双方当事人因履行《售电公司与电力用户委托代理交易合同》过程中引发的委托合同纠纷，该《委托代理交易合同》及补充协议中，对合同履行地并未明确约定，从 A 化学有限公司提交的一审起诉状内容看，作为被告同时也是履行义务一方的 B 节能科技股份有限公司的住所地在郑州××产业开发区，因此，一审裁定本案移送至郑州高新技术产业开

---

❶ 裁判文书：（2020）豫 96 民辖终 4 号二审民事裁定书。

❷ 根据 2021 年 12 月 24 日第十三届全国人民代表大会常务委员会第三十二次会议通过的《全国人民代表大会常务委员会关于修改〈中华人民共和国民事诉讼法〉的决定》，该条文序号调整为第二十四条，内容同此。

发区人民法院审理，并无不当。B 节能科技股份有限公司的上诉理由不能成立，本院不予支持。

裁定如下：驳回上诉，维持原裁定。

案例 43：A 售电有限公司与 B 冶金材料有限公司委托合同纠纷案 [1]

原告：A 售电有限公司

被告：B 冶金材料有限公司

原告 A 售电有限公司诉称：①依法判令被告向原告支付违约金 463600 元。②依法判令被告向原告支付律师费、公证费、因申请财产保全支付给第三方的担保方及其他取证费用共计 30000 元。③本案全部诉讼费用由被告承担。事实和理由：原告与被告签订《售电公司与电力用户委托代理交易合同》，约定：甲方全年用网电量预计为 1900 兆瓦时；甲方（被告）同意将 2018 年 5 月 1 日至 2020 年 12 月 31 日的全部用电量，委托乙方（原告）参与市场化交易。④本协议书签订后，甲方（被告）在同一交易周期内不得与其他任何一家公司（或企业）签订电力/电量交易协议或委托代理交易协议（或合同）。否则，甲方应按本企业年度电费总额的 40%的标准向乙方支付违约金。合同签订后，原告严格依约履行，但被告在合同履行期内擅自与另一售电公司签订《售电公司与电力用户委托交易合同》，已经违反《售电公司与电力用户委托交易合同》中"四、违约责任 4.4"之约定，构成严重违约。

法院经审查认为，原告向人民法院起诉应属于受诉人民法院管辖。因合同纠纷提起的诉讼，由被告住所地或者合同履行地人民法院管辖。经审查，根据原告提交的被告住所地信息，其所在地不在郑州市二七区，且合同履行地亦不在郑州市二七区，故本院对本案没有管辖权。综上，裁定如下：驳回原告 A 售电有限公司的起诉。

【分析】

民事诉讼管辖，是指各级人民法院之间以及同级的各个人民法院之间受理第一审民事案件的分工和权限；对于原告而言，就是应当向哪一个人民法院起诉的问题。上述 9 起案例也都涉及人民法院管辖权异议纠纷，从裁判观点来看，对于售电公司与电力用户之间合同纠纷的管辖权归属认识不一，结果也有不同。

一、民事案件的管辖法院

民事诉讼管辖分为级别管辖和地域管辖两种。级别管辖是指确定由哪一级人民法院审理民事案件。而地域管辖，是指确定同级人民法院之间在各自的辖区内受理第一审民事案件的分工和权限。我国《民事诉讼法》第二章"管辖"从第 18 条～第 39 条专门规定了管辖法院，比较详尽。

1.合同纠纷案件的管辖法院

对合同纠纷等特别类型案件，在"由被告住所地人民法院管辖"的一般地域管辖基础上，还规定了：

（1）特别地域管辖规则，即《民事诉讼法》第二十四条规定："因合同纠纷提起的诉讼，由被告住所地或者合同履行地人民法院管辖。"

---

[1] 裁判文书：（2019）豫 0103 民初 19414 号民事裁定书。

（2）协议管辖规则，即《民事诉讼法》第三十五条规定："合同或者其他财产权益纠纷的当事人可以书面协议选择被告住所地、合同履行地、合同签订地、原告住所地、标的物所在地等与争议有实际联系的地点的人民法院管辖，但不得违反本法对级别管辖和专属管辖的规定。"对于"合同履行地"，《最高人民法院关于适用〈中华人民共和国民事诉讼法〉的解释》第十八条规定："合同约定履行地点的，以约定的履行地点为合同履行地。合同对履行地点没有约定或者约定不明确，争议标的为给付货币的，接收货币一方所在地为合同履行地；交付不动产的，不动产所在地为合同履行地；其他标的，履行义务一方所在地为合同履行地。即时结清的合同，交易行为地为合同履行地。合同没有实际履行，当事人双方住所地都不在合同约定的履行地的，由被告住所地人民法院管辖。"

对于共同管辖的问题，该解释第三十条规定："根据管辖协议，起诉时能够确定管辖法院的，从其约定；不能确定的，依照民事诉讼法的相关规定确定管辖。管辖协议约定两个以上与争议有实际联系的地点的人民法院管辖，原告可以向其中一个人民法院起诉。"

上述这些管辖权规则是解决合同纠纷案件管辖的主要依据。总体来看，对于合同纠纷案件，管辖法院根据双方当事人的管辖协议约定来确定；未明确约定的，被告住所地或者合同履行地人民法院都有管辖权。

2."合同履行地"的确定

司法实践中，很多合同纠纷起诉后，因未协议约定管辖法院，当事人会就管辖权提出异议，提出该案受理法院不在合同履行地或不属于被告住所地。

根据《民事诉讼法》第二十四条规定，因合同纠纷提起的诉讼，由被告住所地或者合同履行地人民法院管辖。公民的住所地是指公民的户籍所在地，法人或者其他组织的住所地是指法人或者其他组织的主要办事机构所在地。法人或者其他组织的主要办事机构所在地不能确定的，法人或者其他组织的注册地或者登记地为住所地。

根据《民法典》第五百一十条、第五百一十一条的规定，当事人就履行地点没有约定或者约定不明确的，以协议补充的履行地或确定的履行地点作为合同的履行地；依上述方法仍不能确定的，给付货币的，在接受货币一方所在地履行；交付不动产的，在不动产所在地履行；其他标的，在履行义务一方所在地履行。一般来说，合同履行地是指合同规定履行义务和接受该义务的地点，主要是指合同标的物交接的地点。合同的种类不同，合同履行地也不同。《最高人民法院关于适用〈中华人民共和国民事诉讼法〉的解释》对几类常见且易产生纠纷合同的合同履行地作出明确规定，如：财产租赁合同、融资租赁合同以租赁物使用地为合同履行地；以信息网络方式订立的买卖合同，通过信息网络交付标的的，以买受人住所地为合同履行地；通过其他方式交付标的的，收货地为合同履行地。但该解释对于委托合同纠纷的"合同履行地"如何确定没有作出解释。

二、电力交易委托合同纠纷的管辖法院

1.电力交易委托合同纠纷的管辖

根据上述法律规定，对于电力交易委托合同纠纷案件，确定其一审管辖法院的基本规则就是"有约定从约定，无约定从法定"，首先看合同中有无协议管辖的约定。

第一，由双方协议约定的法院管辖。根据《民事诉讼法》第三十五条规定，双方当事人可以书面协议选择被告住所地、合同履行地、合同签订地、原告住所地等与争议有实际联系的地点的人民法院管辖。

第二，如果双方没有协议约定管辖法院，则按照《民事诉讼法》第二十四条规定，被告住所地、合同履行地人民法院都有管辖权。案例35中，法院认为由当事人之一的电力用户所在地法院或者合同履行地（以用电地址为标准）法院管辖符合法律规定。案例36中，法院认为依法应由被告住所地或者合同履行地人民法院管辖。但因被告在注册地无办公场所，故由主要办事机构所在地人民法院管辖。案例37中，终审法院认为售电公司作为合同履行义务方，其所在地为合同履行地，可由该地人民法院管辖。案例40中，因双方没有约定管辖法院，应由被告所在地或者合同履行地人民法院管辖。本案电力用户要求解除与售电公司签订的代理交易委托合同，并要求售电公司赔偿其损失，法院认为本案争议标的属于"其他标的"，合同履行地应为履行义务一方所在地，即被告售电公司所在地，故本案应由被告所在地人民法院管辖。案例42中，终审法院认为本案系售电公司与电力用户双方当事人因履行《售电公司与电力用户委托代理交易合同》引发的委托合同纠纷，因对合同履行地并未明确约定，该案应由被告同时也是履行义务一方当事人的住所地人民法院审理。案例43中，因合同纠纷提起的诉讼，由被告住所地或者合同履行地人民法院管辖。售电公司与电力用户就《售电公司与电力用户委托交易合同》发生争议后，其受理法院既不是被告住所地法院，也不是合同履行地法院，故该院对本案没有管辖权，裁定驳回原告起诉。

第三，合同没有实际履行，当事人双方住所地又都不在合同约定的履行地的，由被告住所地人民法院管辖。案例41中，案涉的《售电公司代理合同》未约定履行地，也未实际履行，故法院裁定本案应由被告住所地人民法院管辖。

2.电力交易委托合同的合同履行地

《民法典》第九百一十九条规定："委托合同是委托人和受托人约定，由受托人处理委托人事务的合同。"根据"特征履行地"判断规则，在委托合同中，双方互负债务，受托人处理委托事务，委托人接受委托事务处理结果（有偿委托合同需要支付委托报酬），其中受托人处理委托事务、向委托人交付委托事务结果就是该类合同的特征义务，因此应当以该委托事务结果确定委托合同的结果。

对于电力交易委托合同而言，售电公司代理电力用户参与电力市场化交易并向电力用户交付交易结果，即为该类合同的特征义务。而售电公司接受电力用户委托参与市场化交易的活动，是通过电子化手段在各电力交易机构的电力交易平台上进行，其交易结果也是通过该交易平台确认和发布，最终签订的书面合同或电子合同也是由组织交易的电力交易机构组织签订的，因此将电力交易平台或者说电力交易机构所在地也就是电力交易市场所在地确定为电力交易委托合同履行地是比较合适的，也是确定的。

案例38中就是按照这个思路为我们提供了一个确定"合同履行地"的认定标准，即以电力市场化交易场所所在地即电力交易中心所在地确定为市场化交易委托合同的履行地，值得借鉴。该案中，终审法院认为本案售电公司与电力用户委托合同的合同标的为售电公司提供的代为参与电力市场化交易的服务,故合同履行地应为电力市场化交易所在地即电力交易中心,案件应由交易中心所在地人民法院管辖。原审法院认定电力消耗地为合同履行地从而确定其有管辖权不当。该司法观点考虑到了电力交易委托合同的特征义务。

有的法院以电能买卖合同为基准确定合同履行地,如案例38中一审法院认为:"本案的标的物为原告电力用户使用的电力,电力的消耗地在原告所在地,即合同的实际履行地。"也有的法院以供用电合同为基准确定合同履行地,如案例39中,一审法院将售电公司与电力用户因代理参加电力市场化交易的《委托代理交易合同》发生的纠纷定性为供用电合同纠纷,故参照电网企业和电力用户供电设施的产权分界处为合同履行地点的法律规定,将本案合同履行地点以电力用户厂界外或配电室前的第一断路器、第一支持物确定,该合同履行地人民法院具有本案管辖权。应该说,委托合同属于劳务合同,供用电合同也属于电力买卖合同,两类合同类型截然不同,前者的标的是代理交易的劳务活动,达成交易结果也就是委托事务执行结果即为完成委托事务,而后者的标的是电力的交付,电能产品所有权实现转移即为完成合同目的。所以前述案例38一审法院、案例39一审法院把代理电力交易的委托合同认定为电能买卖合同并以"电力的消耗地"或"供电设施的产权分界处"(一般认为电能产品通过该产权分界点视为交付)作为合同履行地,根源上对合同类型定性错误,合同履行地的确认也就出现偏差,与实际履行情况不符。还是应当回归到委托合同本身的特征义务来确定合同履行地。上述涉案合同性质并非电能买卖合同,而是委托合同,售电公司本身并非发电企业,亦非电网企业,其提供的并非电能产品本身,而是代为参与电力市场化交易的服务,合同标的并非电力用户使用的电力,因此应当以电力市场化交易所在地为合同履行地[1]。

【启示】

(1)在合同中事前约定管辖法院有利于定分止争。售电公司应当与电力用户在合同中事前约定管辖法院,被告住所地、合同履行地、合同签订地、原告住所地人民法院均是可选择项。选择的法院应当是确定唯一的,如果当事人约定选择上述两个以上人民法院管辖的,该选择管辖的协议无效;如果当事人约定选择上述以外的人民法院管辖的,因其超出法律规定的范围,应认定该约定无效,不能以此作为确定管辖的依据。当然,协议管辖也不得违反《民事诉讼法》对级别管辖和专属管辖的规定,如不得协议约定案件直接由中级人民法院、高级人民法院管辖。

(2)售电公司与电力用户签订电力交易委托合同,约定电力用户委托售电公司将其一定期限内的用电量代理其参与市场化交易,该交易活动通过电力交易机构的电力交易平台进行,交易结果也是通过该系统实现的,相当于合同主要义务通过该平台完成,因此,合同中可以明确将电力交易机构所在地人民法院约定为管辖法院;或者未约定管辖法院及合同履行地的,起诉时以被告住所地或者电力交易机构所在地作为合同履行地确定管辖法院。

---

[1] 张晓松著:《"售电合同"纠纷之管辖,合同履行地如何确认?》,载于"文丰律师"微信公众号(2020-3-4)。

第四章
售电公司与其他利益相关方之间的合同纠纷

一、案件综述

售电公司为了开展售电业务，代理电力交易，参与市场竞争，赢得竞争优势，就需要投入人力、物力、财力等资源，组建售电市场开发队伍，在经营活动中，除了与电力市场主体，也需要与其他民事主体产生民事法律行为，获得相关资源或服务，支撑其售电业务，也就可能与这些利益相关方发生法律争议纠纷。经过对已经实际发生的案例样本分析，因售电业务引发的案件纠纷主要类型分布及基本表现简要分析如下。

1. 因委托他人为其开拓售电业务但未支付报酬形成委托合同纠纷、中介合同纠纷

开发市场化电力用户资源是售电公司竞争的重点也是难点。很多售电公司为了扩大客户源，尝试采用"代理商"模式，即委托拥有客户资源的企业或个人充当代理人进行沟通磋商，或者寻找中介人为其提供客户资源、报告交易机会，或者充当交易中间人进行斡旋，促成售电公司与电力用户签署购售电合同或电力交易委托合同，由此售电公司便与该受托单位或个人形成委托合同或中介合同关系。而且，售电公司作为商事主体，其售电业务也是营利性经济活动，其委托他人提供服务促其达成交易的行为，属于有偿民事法律行为。当受托人、中介人提供了合同约定的服务项目且取得成交结果的，售电公司应当依据《民法典》第九百二十八条第一款"受托人完成委托事务的，委托人应当按照约定向其支付报酬"及第九百六十三条"中介人促成合同成立的，委托人应当按照约定支付报酬"的规定，按照合同约定支付委托服务、中介服务报酬，这是售电公司的主要义务。

实践中，因售电公司获取委托、中介合同履行后所得利益，但未支付报酬所形成的请

求支付报酬的案件纠纷,是售电公司遇到的主要案件类型。这类案件争议的问题集中在以下方面:

一是关于案件案由。当事人起诉的案由有委托合同、劳务合同、中介合同纠纷等三级案由,也有的案件定性为二级案由——合同纠纷。从司法审判实践来看,一般认为售电公司授权受托人代理售电业务和客户维护等相关事宜达成合意订立合同,且双方约定按照售电公司因履行与用电客户的售电业务合同收益进行分成模式支付报酬,案涉双方当事人构成委托合同关系,由此产生的争议即构成委托合同纠纷。另外,售电公司也可能委托一些个人或单位作为中间人从事售电中介业务,促成与电力用户签订购售电合同或电力交易委托合同,中介人在交易合同成立后收取报酬,二者之间的合同关系即为中介合同关系,由此发生的纠纷属于中介合同纠纷。售电业务委托合同、中介合同的合同目标基本一致,都是为了促成售电公司与电力用户达成购售电合同关系,都需要支付报酬,而且大多采取售电业务利润分成模式;但合同内容略有区别,主要是受托人和中介人所发挥的作用不同。

二是关于服务报酬支付。售电业务委托合同基本都属于有偿合同,售电公司对受托人应按照委托合同约定的方式支付报酬,这一点毋庸置疑。当然支付报酬是附条件的,即只有促成售电公司与电力用户达成售电业务合同时,支付报酬的条件才成就,支付报酬的计算方式一般采取售电业务利润分成模式。售电公司拒绝或者逾期支付报酬的,受托人有权追索报酬。中介报酬则不同,中介合同都是有偿合同,具有有偿性,中介人是以收取中介费为业,只要中介活动成功,促成交易双方的交易合同成立,达到售电公司所追求的结果,售电公司就应当支付报酬。如果售电公司与电力用户订立的售电业务合同非中介活动促成的交易成果,二者之间没有因果关系,则中介人并不能取得中介报酬请求权。

三是关于逾期支付的违约赔偿。售电公司逾期支付报酬时,委托合同约定了违约金的,售电公司应当支付违约金;没有相应约定的,售电公司应当赔偿损失。该损失一般是资金占用的利息损失。

2. 因离职员工泄露客户名单等商业秘密引起的竞业限制劳动纠纷

客户资源无疑是售电公司的核心商业秘密。员工的流动可能带来诸如客户名单、交易意向、交易价格、营销策略等商密的泄露和客户的流失。为了防范该风险,一些售电公司与核心员工签订竞业限制协议。当该员工离职并且到同行业的其他售电公司继续从事售电相关业务,就可能会给原来的售电公司带来客户的流失、合同业务的减少而导致经济利益上的损害,由此售电公司与离职员工产生纠纷。这类案件也启示售电公司必须加强商业秘密保护,运用劳动合同约定保密义务及违约金、竞业限制等条款约束员工。售电业务中侵害客户名单等商密的纠纷主要表现在售电公司与其员工之间,售电公司之间侵害商密的案件也可能会出现,可以依据《反不正当竞争法》相关规定追究其法律责任。

3. 因其他售电公司不实宣传形成的名誉权侵权纠纷

售电公司的声誉影响其市场,侵害名誉权,会失去客户的信任从而导致客户流失带来实际损害。如果售电公司同行之间采取虚假宣传、口头或文字等形式的诽谤等手段损害竞争对手商业信誉，都可能导致其他售电公司声誉降低、社会评价受到贬损，从而影响其生产经营和经济效益，由此将产生名誉权纠纷。非但如此，在竞争日益激烈的电力市场中，售电公司同行之间违背基本商业道德准则产生的其他不正当竞争行为也必将会日益凸显，二者之间的法律纠纷类型会逐步增多。

二、典型案件评析

1. 受托人代理售电公司开展售电业务促成交易应当收取报酬

案例1：A信息技术有限公司与B售电有限公司委托合同纠纷案[1]

原告：A信息技术有限公司

被告：B售电有限公司

原告A信息技术有限公司诉讼请求：①判令被告支付原告代理费54249元及利息1952.96元。②本案诉讼费由被告承担。事实和理由：原、被告就"被告授权原告代理销售和客户维护"的相关事宜，签订了《售电业务授权代理框架协议》，协议约定双方按照60%：40%的比例分享原告开发及维护的购电客户带来的收益。至2018年12月止，被告拖欠原告代理费54249元。

法院认定事实如下：2017年7月13日，原告A信息技术有限公司作为乙方与甲方即被告B售电有限公司签订了一份《售电业务授权代理框架协议》。协议第二点第四项约定甲方应当按本合同约定向乙方支付代理报酬，乙方收取代理费用后应当提供税务增值税发票给甲方。第五项约定双方应当定期确认乙方开发的购电客户的名称及相应的《B售电有限公司电力交易合同》主要内容，并作为结算代理费用的依据。第三点第一项约定甲乙双方根据利益共享、共同规避电量考核影响的原则，甲乙双方按照60%：40%的比例分享乙方开发及维护的购电客户带来的收益（含税）；第二项特别约定的客户有S纺织有限公司、G粮油加工储备有限公司、D粮油有限公司，乙方按照60%的比例分享收益（含税）；第三项甲方与购电客户进行收益结算后十日内，将乙方应得代理费用支付给乙方，双方另有约定的，以该约定为准。

协议签订后，双方遵照协议履行。原告A信息技术有限公司开发的用电客户有S纺织有限公司、G粮油加工储备有限公司、D粮油有限公司，均属于特别约定的客户。G粮油加工储备有限公司与被告B售电有限公司签订的电力交易合同交易周期是2017年6月6日至2018年6月6日期间，D粮油有限公司与被告B售电有限公司签订的电力交易合同交易周期是2017年5月23日至2018年5月23日期间。S纺织有限公司（甲方）与被告B售电有限公司（乙方）签订了《电力交易合同》，双方约定自2018年5月1日至2018年12月31日，甲方愿意全电量委托乙方参与电力交易。

被告B售电有限公司未向原告A信息技术有限公司支付2018年7月至2018年12月的代理费，原告A信息技术有限公司于2019年5月20日就被告拖欠原告代理费用事宜致律师函及发票给被告，函告被告向原告支付代理费用合计54249元。被告B售电有限公司在收到原告律

---

[1] 裁判文书：（2019）粤0232民初764号民事判决书。

师函后于 2019 年 6 月 3 日回复了一份《发票退回函》，称经被告公司核实，原告公司开具的发票金额对不上，原告公司代理的 S 纺织有限公司 2018 年 7—12 月的售电代理费用为 6712 元，请原告公司开具此金额的发票。

被告 B 售电有限公司于 2018 年 11 月 5 日第一次发送给原告 A 信息技术有限公司的渠道商月度收益结算单 2018 年 7 月、8 月的渠道商收益（含税）分别是 6299 元、5144 元。被告 B 售电有限公司第二次发送给原告 A 信息技术有限公司的渠道商月度收益结算单 2018 年 7-12 月的渠道商收益（含税）分别是 2762 元、1410 元、959 元、1867 元、2506 元、2189 元。被告 B 售电有限公司当庭提交的渠道商月度收益结算单记载的原告 A 信息技术有限公司 2018 年 7-12 月份的渠道商收益（含税）分别是 1860 元、2173 元、2033 元、1884 元、1864 元、1757 元。

法院认为，本案原、被告双方当事人就被告 B 售电有限公司授权原告 A 信息技术有限公司代理销售和客户维护的相关事宜达成了合意并签订了《售电业务授权代理框架协议》，该协议系出于双方当事人的真实意思表示，内容清楚、明确，不违反法律、行政法规的强制性规定，合法有效；原、被告之间成立委托合同关系。本案原告 A 信息技术有限公司依照被告 B 售电有限公司委托开发了三个特别客户，依照《合同法》第四百零五条❶的规定，被告 B 售电有限公司应向原告 A 信息技术有限公司支付报酬，现原告 A 信息技术有限公司要求被告 B 售电有限公司支付 2018 年 7 月至 12 月的代理费用，本院予以支持。

本案的争议焦点是：被告 B 售电有限公司应支付给原告 A 信息技术有限公司 2018 年 7 月至 12 月的代理费用具体数额。对此，本院分析认定如下：原告 A 信息技术有限公司开发了三个特别客户，其中 G 粮油加工储备有限公司、D 粮油有限公司已分别于 2018 年 6 月 6 日、2018 年 5 月 23 日终止了与被告 B 售电有限公司的电力交易合同关系，故原告 A 信息技术有限公司主张的代理费即 S 纺织有限公司与被告 B 售电有限公司电力交易产生的收益。原、被告签订的《售电业务授权代理框架协议》就代理费用具体计算方式约定不明确，原告庭审中陈述主要是被告提出售电数据核对，原告认为没有异议的话就以此数据结算。经本院庭审查明，被告 B 售电有限公司发送给原告 A 信息技术有限公司的渠道商月度收益结算数据前后存在不一致的问题，被告 B 售电有限公司解释称第一次发送给原告 A 信息技术有限公司的 2018 年 7 至 8 月份的渠道商月度收益结算数据系依据被告 B 售电有限公司对原告 A 信息技术有限公司业务综合能力给予肯定，特殊奖励而计算得来，但被告 B 售电有限公司就如何奖励以及依据未能举证证明，故本院对其辩解不予采信。故原告 A 信息技术有限公司要求 2018 年 7 至 8 月的代理费用以被告 B 售电有限公司第一次发送的渠道商月度收益结算数据 6299 元、5144 元为准，本院予以支持。关于 2018 年 9 月至 12 月份的结算数据，原告虽有异议，但未能提供其他证据予以证实，而原、被告双方合作以来的结算方式也是以被告提供的数据为准，故本院对被告提供的 2018 年 9 月至 12 月的渠道商月度收益结算数据 2033 元、1884 元、1864 元、1757 元予以采信。综上，被告 B 售电有限公司应支付给原告 A 信息技术有限公司 2018 年 7 月至 12 月的代理费用为 18981 元

---

❶《民法典》第九百二十八条　受托人完成委托事务的，委托人应当按照约定向其支付报酬。因不可归责于受托人的事由，委托合同解除或者委托事务不能完成的，委托人应当向受托人支付相应的报酬。当事人另有约定的，按照其约定。

（含税）（6299 元 +5144 元 +2033 元 +1884 元 +1864 元 +1757 元）。至于原告 A 信息技术有限公司主张的利息问题，因双方签订的《售电业务授权代理框架协议》并未约定，原告此主张于法无据，本院不予支持。

法院判决如下：①限被告于本判决发生法律效力之日起十日内一次性支付原告 2018 年 7 月至 12 月的代理费共计 18981 元（含税）。②驳回原告的其他诉讼请求。

案例 2：孙 × 甲与 B 节能科技有限公司委托合同纠纷案[1]

原告：孙 × 甲

被告：B 节能科技有限公司

原告孙 × 甲诉讼请求：①判令被告支付原告报酬 2542132.67 元。②本案诉讼费用由被告负担。

事实和理由：原、被告签订售电业务分成协议书，约定原告可按照被告有关售电的条件和要求，持被告提供的电力服务合同书、授权委托书，与山东省各用电企业联系并洽谈业务，代理被告与各用电企业签订售电协议。被告将原告代理其所签用电企业电力服务合同的电量交易中所得利润的 50% 作为乙方报酬。上述协议签署后，原告及其下属业务人员为被告签署了 100 多家企业，但被告获利后却未按协议书的约定支付原告报酬。

法院认定事实如下：2018 年 10 月 31 日，原告孙 × 甲（乙方）与被告 B 节能科技有限公司（甲方）签订售电业务分成协议书一份。协议约定：乙方按照甲方有关售电的条件和要求，持甲方的相关授权材料，与山东省内各用电企业联系，代理甲方与各用电企业签订售电协议，并做好售后服务。甲方应为乙方提供报酬的具体数额为：乙方从甲方因乙方代理甲方所签用电企业电力服务合同的电量交易中所得差额利润中提取 50% 作为乙方报酬。如乙方与用电企业利润分成另有约定的，乙方需与甲方签订业务提成补充协议。报酬每月一清，结算时间为山东省电力交易中心将结算凭证提交国网山东电力公司跟用电企业结算完成后的次月 20 日左右。

上述协议签订后，原告孙 × 甲及其团队成员孙 × 乙、田 ××、董 ××、蒋 ××、王 ×、王 ×、窦 ×、李 ×、曹 × 等人代理被告，先后与 ×× 纺织有限公司、×× 管业有限公司、×× 化工有限公司、×× 科技有限公司、×× 橡塑有限公司等 153 家企业签订了购售电合同。本案审理过程中，原告向本院申请律师调查令，从山东电力交易中心调取孙 × 甲及其团队成员与用电企业签订的购售电合同及各用电企业的用电量、购电价格及零售价格。依据山东电力交易中心提供的数据及双方约定，自 2019 年 1 月至 12 月，被告应支付原告的报酬为 2875344.215 元，被告已支付 333211.55 元，尚有 2542132.67 元报酬未支付。

法院认为，本案中，原告与被告签订的售电业务分成协议书，内容为原告接受被告的委托，代理被告与用电企业签订购售电合同，被告由此支付原告报酬，双方的上述约定符合委托合同的规定，原告为被告完成委托事项后，被告应给付相应的报酬。

被告 B 节能科技有限公司主张，2019 年 1 月份至 8 月份的报酬已经结清，原告孙 × 甲每月领取报酬时都注明了已清，该部分报酬不应再计算。为此，被告 B 节能科技有限公司提供孙

---

[1] 裁判文书：（2020）鲁 0781 民初 396 号民事判决书。

×甲2019年1月份至8月份领取报酬单复印件以证实其主张。原告孙×甲对被告提供的领取报酬单的真实性无异议，但不认可被告所持的主张，并称因用电企业很多，不可能知道每家企业每个月确切的用电量，都是被告当时说个数就算了。对此，本院认为，被告B节能科技有限公司提供的报酬领取单上仅显示原告领取的报酬数额，并无每月用电量的情况。而从山东省电力交易中心提供的数据来看，被告支付的2019年1月份至8月份的报酬数额，并未达到双方在分成协议书中约定的报酬数额，原告亦未在领取单中注明放弃2019年1月份至8月份未领取部分的报酬，其依据与被告B节能科技有限公司签订的分成协议书的内容主张其应分得的报酬，不违反双方约定。因此，被告的该项抗辩主张，本院不予采纳。

综合本案证据及双方陈述，本院确认被告B节能科技有限公司尚欠原告报酬2542132.67元。因此，原告诉请判令被告支付报酬2542132.67元，符合双方约定，本院予以支持。

综上所述，判决如下：被告于本判决生效之日起十日内给付原告报酬2542132.67元。

案例3：李××与B节能科技有限公司委托合同纠纷案[1]

原告：李××

被告：B节能科技有限公司

原告李××诉讼请求：①判令被告给付报酬8174元，并赔偿逾期付款损失（自起诉之日起按年利率6%计算至付清之日）。②本案诉讼费用由被告负担。事实和理由：原告与被告签订了售电业务分成协议书，约定原告为被告代为办理如下事宜：原告联系山东省省内各用电企业，代理被告与用电企业签订售电协议及售后服务，被告从差额利润中提取40%作为报酬给付原告。协议书签订后，原告积极履行合同约定事项，代理被告与××水务有限公司签订售电协议，但被告却未支付相应报酬。

法院经审理认定事实如下：2018年9月23日，原告李××（乙方）与被告B节能科技有限公司（甲方）签订售电业务分成协议书一份。协议约定：乙方按照甲方有关售电的条件和要求，持甲方的相关授权材料，与山东省内各用电企业联系，代理甲方与各用电企业签订售电协议，并做好售后服务。甲方应为乙方提供报酬的具体数额为：乙方从甲方因乙方代理甲方所签用电企业电力服务合同的电量交易中所得差额利润中提取40%作为乙方报酬。如乙方与用电企业利润分成另有约定的，乙方需与甲方签订业务提成补充协议。报酬每月一清，结算时间为山东省电力交易中心跟用电企业结算完成后的次月10日前。

上述协议书签订后，原告代理被告与××水务有限公司签订了购售电合同。原告主张被告在此后只给付了少部分报酬，尚有2016年6月至同年12月份的报酬8174元未支付。为此，原告提供××水务有限公司2019年6月份至同年12月份的用电明细表，并依此明细表计算出2019年6月份至同年12月份应给付的报酬为10117.52元。本案诉讼期间，原告自认被告已支付1943元，尚有8174元报酬未支付。

法院认为，本案中，原告与被告签订的售电业务分成协议书，内容为原告接受被告的委托，代理被告与用电企业签订购售电合同，被告由此支付原告报酬，双方的上述约定符合委托合同

---

[1] 裁判文书：（2020）鲁0781民初156号民事判决书。

的规定，原告为被告完成委托事项后，被告应当及时给付相应报酬。原告提供用电企业 2019 年 6 月份至同年 12 月份的用电量计算出该时期内被告应支付原告报酬为 10117.52 元。该数额虽系原告自行计算得出，但计算方法符合案涉委托合同约定的计算标准，本院予以认定。本案诉讼期间，原告自认被告已支付其报酬 1943 元，本院予以认定。据此计算，被告尚欠原告报酬 8174 元。因此，原告诉请判令被告给付报酬 8174 元，符合双方约定及法律规定，本院予以支持。

关于原告要求被告自起诉之日起按照年利率 6% 的标准赔偿逾期付款损失的诉讼请求。本院认为，《合同法》第一百七十四条❶规定，法律对其他有偿合同有规定的，依照其规定；没有规定的，参照买卖合同的有关规定。《最高人民法院关于审理买卖合同纠纷案件适用法律问题的解释》第二十四条第四款规定，买卖合同没有约定逾期付款违约金或者该违约金的计算方法，出卖人以买受人违约为由主张赔偿要求逾期付款损失的，人民法院可以中国人民银行同期同类人民币贷款基准利率为基础，参照逾期罚息利率标准计算。但自 2019 年 8 月 20 日起中国人民银行贷款利率标准已被取消，而代之以全国银行间同业拆借中心公布的贷款市场报价利率，故应自该日起适用此利率标准。本案中，原告的该项诉讼请求，符合上述法律及司法解释的规定精神，本院予以支持。

综上所述，判决如下：①被告 B 节能科技有限公司于本判决生效之日起十日内给付原告李××报酬 8174 元。②被告 B 节能科技有限公司赔偿原告李×× 逾期付款损失（以 8174 元为基数，自 2020 年 1 月 7 日至实际付清之日，按照年利率 6% 的标准计算），与前款所列款项同时付清。

案例 4：秦×、B 投资管理有限公司劳务合同纠纷案❷

一审原告、二审上诉人：秦×

一审被告、二审上诉人：B 投资管理有限公司

秦× 一审诉讼请求：①判决被告向原告支付提成 1131414.62 元，并向原告支付违约金 1131414.62 元。②本案诉讼费由被告负担。

一审法院经审理查明：2017 年 6 月 15 日，原告（甲方）与被告（乙方）签订《合作协议书》，主要约定"甲方作为乙方售电业务代表开展售电业务，与用户签订售电合同"，还约定了价差收益分配比例及提成结算方式、违约金等。

2017 年 7 月 19 日，原告（甲方）与被告（乙方）签订《合作协议补充书》，其中约定：①由于乙方提供不实信息或虚构事实，以及与企业、合作人恶意串通造成甲方经济损失的，如企业或合作人与乙方私自合作，而又未通知甲方，则视为乙方违约，乙方除按"正式协议"提成标准支付此企业或合作人所产生售电业务提成外，另支付违约金 50 万元。②凡由甲方签订的企业合同期满后，该企业与乙方再次合作，均属于甲方客户，乙方有义务通知甲方，业务提成不变，乙方不得拒付或少付，如有违反，视为违约，违约金 50 万元，另补齐该企业产生的业务提成和继续享有提成至该企业与乙方中止合作为止。

---

❶《民法典》第六百四十六条 法律对其他有偿合同有规定的，依照其规定；没有规定的，参照适用买卖合同的有关规定。

❷ 裁判文书：（2019）川 0603 民初 1256 号一审民事判决书、（2020）川 06 民终 1219 号二审民事判决书。

第四章 售电公司与其他利益相关方之间的合同纠纷

原告提供的《秦×团队签字盖章确认企业名称目录》证实:原被告双方确认的用电企业176家,包括原告诉称的××工程股份有限公司、××门业有限公司、××电子有限公司、××科技有限公司、××电缆厂。

一审法院对本案争议焦点及原告主张的诉讼请求分析评判如下:

一、关于本案争议法律关系性质

原告以劳务合同纠纷提起诉讼。被告辩称,本案争议法律关系性质应为委托合同纠纷,其理由为,原告独立自主开展售电业务,不受被告约束,包括其客户均为其商业秘密,合作协议以原告完成有效售电为目的,原告根据实际售电数提成,故本案争议法律关系性质应属于委托合同纠纷。本院认为,劳务合同是指一切提供劳务的有关协议。委托合同是指委托人和受托人约定,由受托人处理委托事务的合同;当事人签订委托合同的目的是一方代另一方处理委托事务,委托合同属于劳务类合同。本案中,原被告双方约定,原告作为被告售电业务代表开展售电业务,与用户签订售电合同,原告根据签订的用电客户的实际用电量提成,原告据此以劳务合同纠纷提起诉讼,并无不当。

二、关于原告要求被告支付提成款的诉请

原告主张,第一,原告已完成合作协议约定的全部事项,被告应当按约支付提成。第二,被告告知原告未收到新的售电合同,其根本原因在于被告拟违反协议约定,不愿按约向原告支付提成。

被告辩称,第一,本案涉及的全部为售电企业零售直购电,用电企业与售电企业要完成直购电销售需完成一定程序,比如取得资格、申请CFCA证书、完成绑定、签订合同等,用电企业与售电企业离开平台签署的任何协议最多只能算意向性协议,不能产生实质上的交易关系和交易行为。第二,原告没有完成与被告签订的合作协议及补充协议约定的实现实际直购电销售这一预期利益,没有进行有效售电,其诉请不符合约定的提成条件。

该院认为,本案中,原被告签订的合作协议及补充协议,系双方意思真实表示,未违反法律法规的规定,上述协议合法有效。原告在2017年向被告提交了其代表被告与5家企业签订的《合同能源管理协议(售电)》,并在2018年4月向被告提供了新的合同;就订立合同能力范围而言,被告没有提供证据证实原告拒绝配合被告与5家企业完成订立合同的后续工作,故可以认定原告已履行其合同义务;就被告与5家企业订立有效的售电合同而言,由于电力交易属特殊商品交易,有严格的审核及操作程序,除当事人的意思表示以外,还受制于相应的审核、操作程序等因素,因此,仅在原告代表被告与5家企业签订《合同能源管理协议(售电)》或新的合同后,不能当然认定被告就一定能与5家企业订立有效的售电合同,即原告基于合作协议、《合同能源管理协议(售电)》、5家企业2018年度的用电量等证据,要求被告按约支付提成款的诉讼请求缺乏相应的事实及法律依据,一审法院不予支持。

三、关于原告要求被告支付违约金的诉请

原告主张,原告已按约履行义务,应当按约取得提成,而被告违反约定,导致5家企业未能通过被告购买电力,拒绝向原告支付提成款,对原告造成极大损失,被告应当赔偿原告损失并支付违约金。

被告辩称，原告既没有代表被告与5家企业建立有效的直购电关系，被告也没有与5家企业进行直购电销售，因此，原告要求被告支付过高违约金的诉讼请求不能成立。

该院认为，首先，原告于2017年向被告提交了其代表被告与5家企业签订的《合同能源管理协议（售电）》，并于2018年4月30日向被告提供了新的合同，可以认定被告与上述5家企业的对接已无障碍。其次，售电公司与零售用户能否建立四川电力交易平台要求的绑定关系、订立《市场化零售供用电合同》，相对于零售用户而言，售电公司系主导者；同时，原告代表被告与5家企业签订的《合同能源管理协议（售电）》亦约定，被告代用电企业开展电力交易、负责办理电力交易手续。综上，在原告代表被告与5家企业签订售电合同后，被告与上述5家企业订立有效售电合同具有很大可能性，被告应当主导建立绑定关系、订立《市场化零售供用电合同》，由于被告未能提供证据证实其已按要求、约定开展相关工作，以及未能建立绑定关系、订立《市场化零售供用电合同》系原告或上述5家企业的原因所致，因此，被告应承担相应的违约责任。关于违约金金额，原告主张按合同约定的提成款确定，缺乏相应的事实依据，一审法院不予采纳。由于违约金具有"补偿性"和"惩罚性"双重功能，对违约金金额的确定，应结合原告的损失、合同的履行情况、被告的过错程度以及原告的预期利益等因素综合考虑，并参考上述5家企业2018年度的用电量，一审法院酌情认定违约金金额为50万元，故对原告的该项诉讼请求予以部分支持。综上，一审法院判决如下：①被告于本判决生效之日起十日内向原告秦×支付违约金50万元。②驳回原告的其他诉讼请求。

秦×上诉请求：①撤销原判第一项，改判为：被上诉人立即向上诉人支付劳务报酬1131414.62元和违约金1131414.62元。②本案的一审、二审诉讼费用由被上诉人承担。

B投资管理有限公司上诉请求：①撤销原判第一项。②改判上诉人无须向被上诉人支付违约金50万元。③本案案件受理费由被上诉人承担。

二审审理查明的事实及证据与一审基本一致。另查明，2018年，B投资管理有限公司并未向案涉5家企业售电。

二审法院认为，上诉人秦×与上诉人B投资管理有限公司所签的合作协议及补充协议系当事人双方真实意思表示，不违反法律、行政法规的强制性规定，合法有效，当事人双方均应按照合同的约定履行自己的义务。上诉人秦×虽在2017年向B投资管理有限公司提交了其代表B投资管理有限公司与5家企业签订《合同能源管理协议（售电）》，并在2018年4月提供了新的合同，但根据电力交易的特殊流程及审批程序，上诉人秦×在代表B投资管理有限公司与5家企业签订《合同能源管理协议（售电）》或新的合同后，并不能当然认定B投资管理有限公司就一定能与5家企业订立有效的售电合同，同时案涉合作协议约定，"甲方根据签订的用电客户的实际用电量提成，提成按每月每千瓦时电4.60分，甲方可根据实际情况按比例分配给用电客户（包括用微信与胡总确认的用电大户），乙方按照合同约定给用电客户返回电费"，根据约定，上诉人秦×取得提成费的前提为B投资管理有限公司需出售电力给用电客户，案涉的5家企业2018年度的用电量虽为24595970千瓦时，但5家所用的电量并非从B投资管理有限公司所购买，故秦×根据5家企业2018年度的用电量24595970度主张劳动报酬1131414.62元及违约金无事实及法律依据，本院对上诉人秦×的上诉理由及上诉请求不予支持。

上诉人B投资管理有限公司在2018年4月30日收到上诉人秦×提交案涉5家企业新的合同后，B投资管理有限公司与案涉5家企业建立绑定关系、订立正式的《市场化零售供用电合同》具有极大的可能性，故B投资管理有限公司应当积极在四川电力交易平台与案涉5家企业建立绑定关系，但其以未收到秦×所提交的《合同能源管理协议（售电）》为由拒绝建立绑定关系、订立《市场化零售供用电合同》，显然有违诚实信用原则，一审法院根据上诉人秦×在履行合同中所遭受的损失、B投资管理有限公司的过错程度等实际情况酌情判决B投资管理有限公司支付违约金50万元并无不当，故上诉人B投资管理有限公司所提的上诉请求及理由不能成立，本院不予支持。

二审法院判决：驳回上诉，维持原判。

案例5：彭×与G售电有限公司委托合同纠纷案❶

原告：彭×

被告：G售电有限公司

原告诉讼请求：①判令被告支付原告业务提成147213.80元及逾期付款利息损失。②判令被告承担本案的诉讼费用。

法院认定事实如下：2017年6月3日，原告彭×（乙方）与被告G售电有限公司（甲方）签订提成协议一份，约定对原告签署的××石化股份有限公司（简称丙方）代理的售电业务做出如下提成协议：①乙方代表甲方与丙方签署代理合同，与丙方分成比例为甲方72%、丙方28%。②在甲方提成72%之内包括乙方的业务提成32%，甲方留40%。③甲方按山东省电力交易中心的返还批次，依次按时付给乙方，甲方在收到提成后五日内将乙方提成款返给乙方。乙方的提成比例包括乙方自身所有费用，并且负责对接好丙方的工作，密切配合甲方工作。④此协议自丙方在分成协议上签字盖章，由甲乙双方签字后生效。该提成协议签订后，原、被告分别按照约定的提成比例即原告32%、被告40%对2017年的售电业务提成进行了分配，并履行完毕。原告之后在该提成协议内容下边写了"2017年1—8月份的业务提成费已结清"的内容。

基于以上业务关系的建立，2017年11月1日，原告以被告授权代表的名义与Y化工有限责任公司签订电力交易服务合同书一份；2017年12月8日，被告与H石油化工股份有限公司签订电力交易服务合同书一份。该两笔业务均为原告联系经办的售电业务，均约定合同双方当事人对2018年1月1日至2018年12月31日的电量进行代理交易。对此，原、被告对双方售电业务提成款分成重新达成协议，双方针对用电企业电量交易所得差额利润按照50%分配提成。自2018年1月至12月，被告应当支付原告的业务提成为356789.84元，现已支付209576元，其中2018年1—3月，被告应当支付原告业务提成为151037元的50%即75518元，被告已经分两次各支付37759元支付完毕；2018年4—6月，被告应当支付原告业务提成为155571元的50%即77785.50元，后确定为78058元，被告已经分两次支付40000元和38000元确定支付完毕；2018年7—9月，被告应当支付原告业务提成为163787.62元的50%即81893.81元，被告已经分四次支付30000元、6000元、10000元和10000元，共计56000元，剩余25893.81元未支

---

❶ 裁判文书：（2021）鲁0781民初21号民事判决书。

付;按照上述用电企业1-9月份购电的交易价格计算的购电平均价格,计算出10-12月份被告应当支付原告业务提成为242640.06元的50%即121320.03元,该费用未支付。综上,被告尚有147213.84元未支付原告。原告因索款未果遂提起本案诉讼。

法院认为,原告彭×以被告G售电有限公司之名与用电企业签订电力交易服务合同代理售电业务,并按照约定对电费差价进行分配,双方由此成立委托合同关系,并不违反法律法规的强制性规定,应认定合同有效。原告要求被告支付尚欠的147213.80元售电业务提成款,具有事实依据,本院予以支持。由于双方当事人并未明确约定逾期付款利息,故原告主张的逾期付款利息损失,本院不予支持。被告经本院依法传唤,未到庭参加诉讼,本院依法缺席判决。判决如下:①被告G售电有限公司于本判决生效之日起十日内支付原告彭×售电业务提成款147213.80元。②驳回原告的其他诉讼请求。

案例6:W环境科技有限公司与周××委托合同纠纷案[1]

一审原告、二审被上诉人:周××

一审被告、二审上诉人:W环境科技有限公司

周××向一审法院起诉请求:判令W环境科技有限公司给付周××销售提成120万元。

一审法院认定事实:2017年8月26日,W环境科技有限公司向周××颁发《授权售电代理商证书》1份,载明:"本公司授予周××(先生),为江苏地区售电代理商,年售电量不高于5亿千瓦时的售电业务,代表本公司与电力用户商谈合作的相关业务。"

2017年8月28日,双方签订《合作协议书》,其中第一条约定W环境科技有限公司授权周××以业务经理名义进行售电活动并以W环境科技有限公司名义与客户签订售电合同。第二条约定周××因联系业务而产生的费用,由周××自行处理;双方约定结算日为自W环境科技有限公司收到省电力交易中心结算款项后次月按周××所产生有效结算销量划入周××账户。

《合作协议书》签订后,周××代理W环境科技有限公司与28家用电用户完成了28份《购售电合同》的签订任务。2017年12月14日,周××将28份《购售电合同》移交给W环境科技有限公司,由W环境科技有限公司的资料接收人杨×签名并加盖W环境科技有限公司印章。W环境科技有限公司称28份《购售电合同》已经于2017年12月21日退回给了周××,周××又提供了W环境科技有限公司于2018年1月24日通过电子邮件(微信)向周××发送的一份《售电合同接受清单凭证》,该凭证的内容如下:"本售电公司今收到授权售电商周××先生售电合同28份,合同约定售电总量2亿千瓦时,根据江苏省第一批进入省电力交易平台买卖电主体交易的平均价格,如此合同落实,预估此批合同利润提成总价为120万元左右,具体以合同实施时的实际交易价格为准。"该《凭证》的落款上盖有W环境科技有限公司单位的合同专用章。

一审法院另查明,江苏省电力交易中心于2017年12月1日发布的第四批注册生效的售电公司名单中含有W环境科技有限公司,此即W环境科技有限公司在江苏省电力交易中心有限

---

[1] 裁判文书:(2021)苏01民终1333号二审民事判决书。

公司已经进行了售电资格的市场注册。由于W环境科技有限公司在2017至2019三个年度中没有按规定办理银行履约保函，致无法办理后续的电力销售注册绑定，导致周××与28家用电用户签订的《购售电合同》未能实施。周××认为，其预期可得利益120万元不能实现的责任在于W环境科技有限公司，故向一审法院提起本案诉讼。

一审法院认为，案涉《合作协议书》实质上是法律意义上的委托代理合同，其中W环境科技有限公司是委托人，周××是受委托人，双方之间权利义务关系是：周××代理W环境科技有限公司完成与用电用户签订《购售电合同》，在周××完成签订《购售电合同》任务后，W环境科技有限公司按约定向周××支付利润提成。

周××提供的《售电合同清单》和《售电合同接受清单凭证》可以证明周××代理W环境科技有限公司共与28家企业签订了28份《购售电合同》，并将该合同交付给了W环境科技有限公司。W环境科技有限公司辩称其于2017年12月21日将28份《购售电合同》退回给了周××，与事实不符，故一审法院不予采信。

上述28份《购售电合同》至今未能实施。周××提供的江苏省电力交易中心（2017）11号文件及附件、江苏省供电公司履约保函办理情况公示（2017年12月25日）、江苏电力交易中心（2008）31号文件、江苏省供电公司履约保函办理情况公示（2018年12月5日）、江苏电力交易中心2019年度履约保函办理情况公示等证据，可以证明28份《购售电合同》未能实施，是因为W环境科技有限公司未按电力部门相关规定办理银行履约保函而不能办理后续的电力销售注册绑定所造成的。因此，过错在于W环境科技有限公司，故W环境科技有限公司应当对周××的损失承担违约赔偿责任。而W环境科技有限公司提供2017年12月5日苏经信电力（2017）890号（以下简称890号文）和苏工信电力（2018）2号（以下简称2号文）两份文件均不能证明周××代理其签订的28份《购售电合同》系无效合同，故其辩称不应承担责任的理由不能成立。

本案中，W环境科技有限公司在《售电合同接受清单凭证》中明确告知周××"预估此批合同利润提成总价为120万元左右"。W环境科技有限公司应当预见到与周××签订《合作协议书》后，自己违约会造成周××可以获得的利益损失为120万元。

综上所述，双方之间签订的《合作协议书》不能实施，是由于W环境科技有限公司的违约行为造成。周××主张W环境科技有限公司赔偿120万元，属于合同履行后周××可以获得的利益损失，该损失符合《合同法》第一百一十三条❶的规定，故一审法院予以支持。综上，判决：W环境科技有限公司于判决生效后十日内赔偿周××经济损失120万元。

W环境科技有限公司上诉请求：撤销一审判决，发回重审或改判驳回周××的诉讼请求，并由其负担本案一、二审诉讼费用。

二审法院经审理查明，《合作协议书》第二条约定，1.分成量化表：完成业务量1亿千瓦时以下的，分成比例为30%；完成业务量1亿-2亿千瓦时的，分成比例为35%；完成业务量2

---

❶《民法典》第五百八十四条　当事人一方不履行合同义务或者履行合同义务不符合约定，造成对方损失的，损失赔偿额应当相当于因违约所造成的损失，包括合同履行后可以获得的利益；但是，不得超过违约一方订立合同时预见到或者应当预见到的因违约可能造成的损失。

亿-5亿千瓦时的，分成比例为40%；完成业务量5亿千瓦时以上的，分成比例为50%。注：业务量是指以周××每次至江苏省电力交易中心备案通过对周××所产生的有效业务量为计量节点；分成是指所得购销差价税后比例。

890号文第二条第（二）项规定，经江苏电力交易平台公告、符合准入条件的20千伏及以上电压等级的电力用户（含已参与直接交易的10千伏原有用户）可自愿参与市场交易。其中，35千伏及以上电压等级的用户可选择与发电企业或售电公司直接交易，其余用户只可选择与售电公司直接交易。选择与发电企业直接交易的为一类用户，选择与售电公司直接交易的为二类用户。用户进入市场后，其全部用电量必须通过市场交易获得，不再执行政府核定的目录电价。第四条第（一）项规定，经公示公告，所有市场主体在资格生效后签订的交易合同视为有效合同。第三条规定，12月17日前，售电公司与其签约的二类用户和电网企业签订三方合同，并在交易系统中绑定填报相关数据，江苏电力交易中心依照签署的三方合同完成绑定确认。

二审中，双方确认，《合作协议书》约定的分成比例，是指案涉用电市场化交易存在价差，先由W环境科技有限公司与用电用户之间按比例进行分成，W环境科技有限公司就所得部分再按《合作协议书》约定的比例支付给周××。

本案二审争议焦点在于：W环境科技有限公司应否向周××支付提成款120万元。

二审法院认为，案涉《合作协议书》系双方真实意思表示，合法有效，均应诚信履约。周××作为受托人，未能履行合同义务，未完成委托事项，其主张W环境科技有限公司应支付报酬即提成120万元，缺乏依据，理由为：

一、周××代表W环境科技有限公司所签28份《购售电合同》的相对方是否真实存在或者是否为该相对方真实意思表示存疑。在前述28份合同中涉及"N金属材料有限公司、G钢业制品有限公司"，但该两家公司并无任何工商登记记载，致该两份合同加盖的该两公司公章真实性存疑，周××解释系因公司名称错误所致，但并未提供证据证明。关于该两份合同签订过程、所载公章的加盖过程等，周××在收到业务员提交的合同时并未进行核实，在本院释明了法律后果的情况下亦未进行核实回复，且合同约定签订地点系在用电用户所在地，而前述两家公司并不存在，亦不符合常理。而针对其余26份合同，周××称仅有1份合同系其签订，其余合同均为业务员经办，其在收到合同时亦未进行核实。综上，在无其他证据佐证的情况下，合同相对方身份的真实性，是否为相对方真实意思表示等均无法确认。

二、W环境科技有限公司于2018年1月24日曾向周××出具电子邮件，载明"合同约定售电总量2亿千瓦时左右，根据江苏省第一批进入省电力交易平台买卖主体交易的平均价格，照此合同落实，预估此批合同利润提成总价为120万元左右，具体以合同实施时的实际交易价格为准。"从前述内容可见，W环境科技有限公司系根据28份《购售电合同》内容对合同如果能够正常履行的情况下所能获得利润情况进行预估，同时也明确了应以合同实施时的实际交易价格为准。而在合同相对方存疑，以及合同能否正常履行均不能确定的情况下，W环境科技有限公司并无法取得该28份合同可能带来的利润，周××依此亦不足以预见到可得利益为120万元。因此，仅凭前述电子邮件的内容，不能认定W环境科技有限公司有向周××承诺支付120万元提成的意思表示。

三、根据890号文、2号文规定，用电用户需经江苏电力交易平台公告，要符合准入条件，且需在12月17日前由售电公司、二类用电用户、电网企业签订三方合同，并在交易系统中续写和填报相关数据，由江苏电力交易中心依照签署的三方合同完成绑定确认。本案中，周××提供的28份《购售电合同》仅系用电用户与售电公司之间签订的合同，所涉28家公司在江苏电力交易中心平台2017年至2019年8月公布的用电用户准入名单中均无记载，亦未与W环境科技有限公司、电网企业签订三方合同，并提交给江苏电力交易中心完成绑定确认，且据周××陈述该28份合同的交易周期均为2019年，故W环境科技有限公司未办理2018年银行履约保函与案涉28份合同未能履行之间并不存在关联性。周××亦未提供证据证明W环境科技有限公司存在拒绝办理银行履约保函的情形。综上，不能认定因W环境科技有限公司未办理2018年银行履约保函致无法办理后续电力销售绑定，致使28份《购售电合同》未能实施。

综上，W环境科技有限公司的上诉请求能够成立，应予支持。判决如下：①撤销一审民事判决。②驳回周××的诉讼请求。

案例7：尹××、X售电有限公司不当得利纠纷案[1]

一审原告、二审上诉人：X售电有限公司

一审被告、二审被上诉人：尹××、苟×

X售电有限公司一审诉讼请求：①判令尹××、苟×连带返还预付费用6万元。②本案诉讼费由尹××、苟×承担。

一审法院经审理查明，2018年12月3日，X售电有限公司（甲方）与S电子商务有限公司（乙方）签订《代理合同》，约定甲方委托乙方进行电力市场开发服务，双方具体合作模式为：甲方仅提供资料等协助义务，乙方独立与潜在电力用户对接、协商，签订意向协议，并代表甲方与用电企业签订正式的购售电协议；对于乙方所签约的用户，乙方收取一定的报酬。合同约定的服务报酬计算方式为：在单个交易周期内，乙方签约电量达到5000万千瓦时以上时：服务报酬=∑[乙方签约用电企业结算电量×（乙方与电力用户约定的单位电价—甲方与相关联发电企业的签约单位电价）]×60%；在单个交易周期内，乙方签约电量达到5000万千瓦时以下时：服务报酬=∑[乙方签约用电企业结算电量×（乙方与电力用户约定的单位电价—甲方与相关联发电企业的签约单位电价）]×50%（注：乙方提供服务过程中产生的相关费用由乙方自行承担，若最终跟电厂及用户签约没有差价利润，则不分配服务报酬）；乙方根据应得服务费用向甲方开具相应额度的发票，在收到乙方开具的发票后，甲方根据发票金额将乙方服务费用转至乙方账户；转账时间为：待陕西省发改委发布交易结果后，甲方与相关电力用户及发电企业完成交易平台相互确认工作后，甲方在15个工作日内将乙方应得报酬的50%转至乙方指定账户，待电网企业核算完毕，将利润转至甲方账户后15个工作日内，甲方将乙方剩余50%的服务报酬转至乙方指定账户（注：乙方在每个交易周期签约用户及电量最终以电网调度机构完成安全校核后陕西省发改委公布的交易结果为准，结算电量以电网企业最终结算单为准，给乙方支付的费用为扣除偏差处罚之后的费用）。2018年12月28日，X售电有限公司出具X售电

---

[1] 裁判文书：（2021）陕0113民初3964号一审民事判决书、（2021）陕01民终16797号二审民事判决书。

有限公司接收S电子商务有限公司2019年上半年电力用户协议名单。1月25日，X售电有限公司出具X售电有限公司接收S电子商务有限公司用户协议名单，载明用户名称：××房地产集团有限公司。6月4日，S电子商务有限公司向X售电有限公司提供金额为69419元的增值税发票。6月10日，X售电有限公司向S电子商务有限公司转账支付代理服务费69419元。另查明，S电子商务有限公司股东为尹××、苟×。该公司于2019年12月13日办理注销登记。上述公司注销清算报告中，尹××、苟×保证公司注销后，如有隐藏遗留的债务由全体股东承担无限连带责任。庭审中，X售电有限公司提交2019年采暖交易电量电费结算单，拟证明S电子商务有限公司代理的5家电力用户的实际用电量是0千瓦时，电力服务费为0元，X售电有限公司向S电子商务有限公司预付的60419元应予退还。尹××、苟×表示真实性无法确认，证明目的不认可，经双方核算采暖用户的实际用量是6810兆瓦时，X售电有限公司应付67119元。

一审法院认为，X售电有限公司与S电子商务有限公司之间的委托合同关系依法成立。《最高人民法院关于适用〈中华人民共和国民事诉讼法〉的解释》第六十四条规定，企业法人未依法清算即被注销的，以该企业法人的股东、发起人或者出资人为当事人。本案中，S电子商务有限公司已被注销，不具有主体资格，X售电有限公司向该公司股东即尹××、苟×主张权利符合法律规定。本案中，虽然X售电有限公司主张其向S电子商务有限公司支付的代理服务费69419元是不当得利，但所提交2019年采暖交易电量电费结算单系陕西省电力交易中心于2019年3月出具，仅能证明2019年1—3月X售电有限公司结算的情况，不能证明上述款项是X售电有限公司向S电子商务有限公司预付的费用。另一方面，根据合同约定，X售电有限公司是在电网企业核算完毕后向S电子商务有限公司付清全部服务报酬，本案X售电有限公司并未举证证明其与S电子商务有限公司之间已经达成预付服务费用的合意，S电子商务有限公司对此亦不认可，且S电子商务有限公司已就上述款项向X售电有限公司开具了发票。结合上述情况，X售电有限公司的主张没有充分的证据支持，其诉讼请求缺乏事实和法律依据，其主张依法不予支持。一审法院判决如下：驳回原告X售电有限公司的诉讼请求。

X售电有限公司上诉请求：①请求依法撤销一审民事判决。②判决二被上诉人连带向上诉人返还预付费用6万元。③本案一审、二审诉讼费由被上诉人承担。

二审法院经审理查明，一审判决认定事实属实。另查，X售电有限公司与××物业管理有限责任公司等分别签订《电采暖用户与售电公司委托代理购售电意向性协议》，以上协议中均约定成交结果公示后，X售电有限公司与用电用户根据公示成交结果分别按照2018年11—12月、2019年1—3月签订两份《购售电合同》。根据陕西电力交易中心出具的《2019电采暖交易电量电费结算单》显示，该结算单是陕西电力交易中心根据X售电有限公司签署的相关电量购售合同及协议，2019年3月X售电有限公司与用户结算明细。该结算单上显示结算方式为差价，以上五家用电企业的用电量为0。

二审法院认为，X售电有限公司与S电子商务有限公司签订《委托合同》，双方委托关系成立，本案系双方履行该合同引发的代理费纠纷，故本案案由应为委托代理合同纠纷。《最高人民法院关于适用〈中华人民共和国民事诉讼法〉的解释》第六十四条规定，企业法人未依法清算即被注销的,以该企业法人的股东、发起人或者出资人为当事人。本案中,S电子商务有限公司已被注销,不具有主体资格,X售电有限公司向该公司股东即尹××、苟×主张权利符合法律规定。尹××、苟×辩称其不是适格被告不能成立。根据X售电有限公司与S电子商务有限公司签订的《委托合同》约定S电子商务有限公司独立与电力用户签订意向协议,并代表X售电有限公司与用电企业签订正式购售电协议,对于S电子商务有限公司所签约的用户,S电子商务有限公司收取一定的报酬,服务报酬的计算以用电企业用电量为基础计算,S电子商务有限公司根据应得的服务费向X售电有限公司开具发票,并约定了给付的时间和条件,并约定结算电量以电网企业最终结算单为准。在实际履行中S电子商务有限公司履行了相关委托事项,X售电有限公司与部分企业签订了《委托代理售电意向性协议》。2019年6月4日X售电有限公司向S电子商务有限公司支付了代理服务费。X售电有限公司称是应S电子商务有限公司的要求其公司按电网初步预测的校核电量确定的电量进行的结算,尹××、苟×不认可,并提供了陕西省发展改革委的通知,以及附件交易成交结果明细表证明双方结算的电量是有依据的。但陕西省发展改革委所公布的电量为交易电量,并非实际用电量,且X售电有限公司与S电子商务有限公司的代理协议中明确约定结算电量以电网企业最终结算单为准,X售电有限公司提供了陕西电力交易中心出具的《2019电采暖交易电量电费结算单》显示,S电子商务有限公司所代理的公司电量为0。经本院要求X售电有限公司又提供了S电子商务有限公司代理合同期间的该几家公司的用电情形,以上证据可以证实X售电有限公司所支付的代理费超出S电子商务有限公司应得的代理费。尹××、苟×提供证据证明了自己所代理的××金属材料有限公司产生了电量,X售电有限公司对此予以认可,并认可S电子商务有限公司应得报酬为3476.25元,故X售电有限公司所主张返还的代理费应为56523.75元。据此一审判决不妥,应予改判。二审判决如下:①撤销一审民事判决。②尹××、苟×于本判决生效后十日内返还X售电有限公司代理预付费56523.75元。

【分析】

上述7起案件都是因售电公司拖欠受托人售电业务委托代理费引发的纠纷。其中合同类型、案由、委托服务费的支付都是案件争议的焦点问题。

一、售电公司委托其他单位和个人代理其开展售电业务的,双方构成委托合同关系

随着社会经济的发展,社会分工不断细化,囿于专业能力和时间精力等多种因素,民事主体对自己的事务不可能也没必要事必躬亲、亲自办理,有的也没有能力办理,因此非常有必要将这些事务委托给他人办理,以弥补自身在时间精力或者知识能力等方面的不足,扩展其民事活动领域,提高其民事行为效率,增加其民商事活动取得的效益,由此产生了委托服务,承载委托服务内容的合同就是委托合同。委托合同已成为生活中非常常见的合同类型。《民法典》第九百一十九条规定:"委托合同是委托人和受托人约定,由受托人处理委托人事务的合同。"该条明确界定了委托合同的内涵,这类合同在性质上属于提供服务的合同。

在售电侧市场中,委托合同普遍存在,如第三章所言,售电公司接受电力用户的委托,运用其专业技能代理电力用户参加电力直接交易,尽量促成其与发电企业订立购售电合同,

并且获取服务报酬,这是售电公司的重要业务之一,在这种委托合同关系中,售电公司是受托人。在本章上述案例中,售电公司为了拓展市场、获取客户,也可以委托其他单位或者个人代理其与电力用户订立购售电合同或者承接电力直接交易委托项目,并向受托人支付服务报酬,在这种委托合同关系中,售电公司又变成委托人。售电公司之所以委托其他市场主体为其办理事务、提供服务,其目的也是在于解决其资源、能力的限制而产生的从事交易的困难,弥补其在时间、空间和专业技能上的缺陷,促成更广泛达成交易、提高经营效益。

上述案件中也对合同类型产生争议。在案例1中,法院认为双方当事人就被告售电公司授权原告代理销售和客户维护的相关事宜达成了合意并签订《售电业务授权代理框架协议》,符合委托合同的特征,故双方成立委托合同关系。案例2、案例3中,法院都认为原告与被告签订的售电业务分成协议书,内容为原告接受被告的委托,代理被告与用电企业签订购售电合同,被告由此支付原告报酬,双方的上述约定符合委托合同的规定,故本案案由应为委托合同纠纷,立案案由确定为合同纠纷不准确。

案例4中对合同类型和案由也产生了争议,原告以劳务合同纠纷提起诉讼。被告答辩本案应为委托合同纠纷。但法院认为,案涉原被告双方约定,原告作为被告售电业务代表开展售电业务,与电力用户签订售电合同,原告根据签订的用电客户的实际用电量提成,原告据此以劳务合同纠纷提起诉讼,并无不当。但笔者同意被告的答辩意见,案涉合同是售电公司委托他人代理其与电力用户协商购售电事宜并支付报酬的合同,本质上还是委托合同,不能以劳务合同是指一切提供劳务的有关协议,委托合同属于劳务类合同为由就可以将其定性为劳务合同。

二、售电公司对受托人应按照委托合同约定的方式支付报酬

《民法典》第九百二十八条规定:"受托人完成委托事务的,委托人应当按照约定向其支付报酬。因不可归责于受托人的事由,委托合同解除或者委托事务不能完成的,委托人应当向受托人支付相应的报酬。当事人另有约定的,按照其约定。"对于售电业务委托合同而言,售电公司通过售电获利,属于商事主体专门从事的商业营利行为,受托人为其售电业务接受委托开拓市场,也是一种营利性活动,实践中二者形成的委托关系一般都是有偿委托合同关系。支付报酬的计算方式一般采取售电业务利润分成模式,双方利益共享。分成就是购销差价税后的比例。购销差价就是售电公司与电力用户在电力交易平台进行集中竞价产生的价差。价差为正时,一般售电公司与电力用户按约定享有交易收益,售电公司委托他人代理其与电力用户订立售电合同,还将从其收益中拿出一部分作为报酬支付给受托人。

上述7起案件中无一例外,案涉委托合同都约定了售电公司应当向受托人支付报酬,当然支付报酬是附有条件的,即只有促成售电公司与电力用户达成售电业务合同时,支付报酬的条件才成就,没有达成售电业务合同的,售电公司没有支付报酬的义务。案例1—3、案例5中,受托人已经完成委托合同约定的委托事务,售电公司就应当按照合同约定支付报酬。在案例4中,受托人通过自身努力与5家用电企业就售电公司代理用电企业开展

电力交易、负责办理电力交易手续签订了《合同能源管理协议（售电）》并将该结果提供给售电公司，完成委托合同约定的任务，售电公司与电力用户对接订立售电合同已无悬念，但因售电公司的过错导致其与5家电力用户未订立有效的售电合同，支付报酬的条件不成就，但其对受托人应承担违约责任，故法院按照合同约定酌情判决支付违约金。但在案例6中，受托人提供的与电力用户签订的《购售电合同》无证据证实其真实性和法律效力，而且所涉28家电力用户在交易机构公布的用电用户准入名单中均无记载，亦未提交给交易机构完成电力交易绑定确认，导致28份《购售电合同》实际未能实施，也就是受托人并未完成委托事务，对此售电公司也无过错，故法院终审判决售电公司无须支付委托报酬。

三、售电公司逾期支付报酬的，应依照合同约定赔偿损失

售电公司逾期支付报酬，由此给对方造成的损失一般是资金占用的利息损失，当事人有约定的从约定，无约定的参照《最高人民法院关于审理买卖合同纠纷案件适用法律问题的解释》第二十四条第四款规定："买卖合同没有约定逾期付款违约金或者该违约金的计算方法，出卖人以买受人违约为由主张赔偿逾期付款损失，违约行为发生在2019年8月19日之前的，人民法院可以中国人民银行同期同类人民币贷款基准利率为基础，参照逾期罚息利率标准计算；违约行为发生在2019年8月20日之后的，人民法院可以违约行为发生时中国人民银行授权全国银行间同业拆借中心公布的一年期贷款市场报价利率（LPR）标准为基础，加计30%—50%计算逾期付款损失"处理。该条款可以作为法院计算逾期支付价款期间利息损失的参考依据。有的法院按照中国人民银行同期同类贷款基准利率计付利息，也有的法院按照中国人民银行同期贷款利率的1.3倍计算利息损失。

案例3中，因售电公司拒不支付报酬，受托人提出按照年利率6%的标准赔偿逾期付款损失的诉讼请求。法院就是参照《最高人民法院关于审理买卖合同纠纷案件适用法律问题的解释》第二十四条第四款规定，以全国银行间同业拆借中心公布的贷款市场报价利率为准计算的利息损失。案例5中，原告诉请判令被告支付原告报酬及按照全国银行间同业拆借中心公布的贷款市场报价利率的1.5倍计算的逾期付款利息损失的主张有其合理性，但法院以"双方当事人并未明确约定逾期付款利息"为由不予支持原告该项主张的观点有待商榷。

四、售电公司多支付服务报酬的可提起不当得利之诉请求返还

案例7与前6起案例略有不同的是，争议双方对支付服务报酬没有异议，但对于服务报酬金额有异议，而且以预付报酬超出实际应付报酬构成不当得利为由提起诉讼。

不当得利是指没有法律上的根据而取得不当利益，造成他人损失的法律事实。《民法典》第一百二十二条规定："因他人没有法律根据，取得不当利益，受损失的人有权请求其返还不当利益"，不当得利的事实发生后，依据法律规定，造成他人损失的一方，应将取得的不当利益返还受损失的人。《民法典》第九百八十五条规定："得利人没有法律根据取得不当利益的，受损失的人可以请求得利人返还取得的利益，……"根据该条规定，受损人享有不当得利返还请求权。

在案例7中，售电公司委托受托人进行电力市场开发服务并签订电力交易委托代理合

同，约定合作模式和以购销价差分享计算服务报酬。合同履行过程中，售电公司根据受托人提供的订立的售电合同等材料预付委托代理服务费，后售电公司根据电力用户实际用电量，认为给受托人多支付了服务费，故而提起不当得利之诉，请求法院判令受托人将多得的服务费予以退回。法院依据查明的事实认定售电公司所支付的委托代理费超出受托人依据合同约定和电力交易中心出具的交易电量电费结算单计算的应得的代理费，受托人占有该部分费用没有法律依据和合同依据，依据《民法典》第一百二十二条、第九百八十五条之规定，理应返还。

【启示】

（1）委托服务费一般是按照电力交易产生的收益分成比例计算。双方当事人应当在委托合同中将委托事务内容、双方配合事项、是否支付报酬以及报酬的计算方式、支付报酬的时间等内容作出明确具体的约定，以定分止争。

（2）售电公司在受托人完成委托事务，达到支付报酬的条件（如促成售电公司与电力用户就售电业务达成协议或完成电力直接交易取得收益）时，应当及时足额支付委托服务报酬，以免构成违约被追究违约责任。

2. 中介人按照中介合同约定完成售电中介服务任务的，售电公司应当支付中介服务费

案例8：卢××、J售电有限公司居间合同纠纷案[1]

一审原告、二审上诉人：卢××

一审被告、二审被上诉人：J售电有限公司

卢××诉讼请求：①判令J售电有限公司支付其居间报酬150000元及利息。②本案诉讼费用由J售电有限公司负担。

一审法院认定事实，2018年12月28日，卢××、J售电有限公司双方达成《合作协议》，约定J售电有限公司委托卢××居间促成J售电有限公司同A、B、C、D、E、F等六家企业签订电力交易购电协议，建立购售电关系。合同第五条约定卢××促成J售电有限公司与目标客户签订电力交易购电协议后，J售电有限公司依据与目标客户签订电力交易购电协议进行售电服务，并为卢××计提服务费150000元。卢××完成2019年电力交易平台操作后，服务费于一个月内一次性付清。

2019年1月1日J售电有限公司与A、B、C、D公司在河北电力交易平台完成绑定业务。2019年2月1日J售电有限公司与E、F公司在河北电力交易平台完成绑定业务。

J售电有限公司称，对《合作协议》签订情况不清楚。该协议加盖公章系J售电有限公司合同专用章。卢××找到J售电有限公司后，J售电有限公司才得知此事。经查，公司无此协议的档案。业务员为签订协议经常私自带合同章外出。本合作协议签订过程，公司至今未查清。J售电有限公司与案涉的六家公司均签订了《售电协议》，但并非卢××居间完成。J售电有限公司在2018年11月15日与张××签订《合作协议》，约定委托张××居间促成A、B、C等用户签订电力交易购电协议，建立购售电关系。J售电有限公司与A、B、C、D、E、F公司于

---

[1] 裁判文书：（2019）冀01民终10392号二审民事判决书。

2018年11月19日签订《电力交易购售电协议》。J售电有限公司称，其中A、B、C系张××居间完成，其余系J售电有限公司业务员完成。

卢××称，《合作协议》签订后与六家目标公司主管进行了洽谈、沟通，并促成业务签订。但记不清六家公司主管姓名。J售电有限公司认为系王×私自拿公章与卢××签订合同。卢××与六家目标公司之间并无合同。

一审法院认为，本案为居间合同纠纷，争议的焦点是双方当事人之间是否存在居间合同关系、卢××是否促成了居间合同。卢××称签订《合作协议》后，其从中洽谈、沟通并促成业务的完成，但其在庭审中未能就具体洽谈过程及与目标公司具体洽谈人员姓名进行陈述。依据J售电有限公司提供的《电力交易购售电协议》，J售电有限公司与本案提及的六家目标公司早于双方当事人达成《合作协议》前就已经签订购电协议，并且卢××亦未提交证据能够证明《合作协议》签订后其实际履行了约定的义务。据此，卢××以其为促成J售电有限公司与A、B、C、D、E、F公司签订《电力交易购电协议》进行服务为由要求J售电有限公司支付服务费150000元的诉讼请求，依据不足，一审法院不予支持。综上所述，判决：驳回卢××的诉讼请求。

上诉人卢××上诉请求：①依法撤销一审民事判决。改判被上诉人给付上诉人居间服务费150000元及利息。②本案一、二审诉讼费由被上诉人承担。

二审法院查明的事实与一审法院查明的事实一致。

二审法院认为，双方当事人的争议焦点为：卢××是否提供居间服务促成J售电有限公司与六家目标公司达成购电协议。上诉人卢××称其成功促成了J售电有限公司与六家目标公司达成购电协议。被上诉人J售电有限公司予以否认，并提供其与六家目标公司达成的购电协议，证实其在与卢××达成居间合同之前就已经和六家目标公司达成购电协议。另外，卢××亦未能举证证实其就促成J售电有限公司与目标公司达成购电协议从中洽谈、沟通，从事居间服务。故，本院对卢××主张其提供居间服务促成J售电有限公司与六家目标公司达成购电协议依法不予采信。

综上所述，卢××的上诉请求不能成立。判决如下：驳回上诉，维持原判。

案例9：Z售电有限公司、黄××居间合同纠纷案[1]

一审原告、二审被上诉人：黄××

一审被告、二审上诉人：Z售电有限公司

黄××诉讼请求：①Z售电有限公司向黄××支付居间服务费515422元及违约金。②本案诉讼费用由Z售电有限公司承担。

一审法院认定事实：2016年12月10日，Z售电有限公司作为甲方与黄××作为乙方签订《购售电居间服务合同》，约定：甲方委托乙方为甲方提供与用电企业订立购售电合同的居间服务，包括介绍购电方并提供签约、结算等服务；在甲方与购电方签订购售电合同时，甲乙双方应签署确认书，确认该购电方为乙方居间介绍，确认书包含甲方与购电方的交易价格、合同

---

[1] 裁判文书：（2019）粤06民终1906号二审民事判决书。

收益提成报酬等内容，作为乙方居间报酬的计算依据；乙方促成合同成立的，报酬金额的计付方式包括固定差价模式、分成或保底分成模式、电量组合模式、介绍客户模式，以双方签订的确认书为准；支付时间及方式为，甲方应在每月收到电网企业支付相应款项，并收到乙方开具的增值税发票后三十日内向乙方支付合同约定的居间服务报酬；甲方与购电方签订的购售电合同的履行情况不影响甲方依据本合同约定应向乙方支付的居间服务报酬。

黄××作为乙方与Z售电有限公司作为甲方签订《关于Y钢铁有限责任公司购电居间服务确认书》，丙方为Y钢铁有限责任公司，主要内容：经甲方确认，乙方促成甲方与丙方签订购售电合同；乙方促成甲方与丙方签订购售电合同的模式为介绍客户模式，居间服务报酬=0.001元/千瓦时×甲方与丙方当月实际结算电量……

黄××作为乙方与Z售电有限公司作为甲方签订《关于H铸造有限公司购电居间服务确认书》，丙方为H铸造有限公司，主要内容：经甲方确认，乙方促成甲方与丙方签订购售电合同；乙方促成甲方与丙方签订购售电合同的模式为分成或保底分成模式，居间服务报酬=0.003元/千瓦时×甲方与丙方当月实际结算电量……

后，黄××主张向Z售电有限公司催收居间费未果，遂起诉。

一审法院认为，本案为黄××与Z售电有限公司因支付居间报酬问题而产生的居间合同纠纷。黄××与Z售电有限公司签订的《购售电居间服务合同》《关于Y钢铁有限责任公司购电居间服务确认书》《关于H铸造有限公司购电居间服务确认书》，可以证明黄××与Z售电有限公司存在居间合同关系，该关系为双方的真实意思表示，合法有效，一审法院予以确认。

一、Z售电有限公司应否向黄××支付居间服务费。双方签订的《购售电居间服务合同》约定，支付时间及方式为Z售电有限公司应在每月收到电网企业支付相应款项，并收到黄××开具的增值税发票后三十日内支付合同约定的居间服务报酬。该约定并非Z售电有限公司在盈利的情况下支付居间报酬，在亏损的情况下无需支付报酬的意思表示。同时，该合同亦约定了，在Z售电有限公司与购电方签订购售电合同时，双方应签署确认书，确认该购电方为黄××居间介绍，且包含Z售电有限公司与购电方的交易价格、合同收益提成报酬等内容，作为黄××居间报酬的计算依据。现双方已就Y钢铁有限责任公司与H铸造有限公司的居间服务，签订了《关于Y钢铁有限责任公司购电居间服务确认书》《关于H铸造有限公司购电居间服务确认书》，并约定Z售电有限公司每月向黄××支付居间服务报酬。可以看出，确认书针对不同购电方的交易，进一步明确地约定了双方居间报酬的计算方式和支付条件。因此，应以双方签订的确认书，作为双方针对不同购电方的居间服务费的支付依据。

二、Z售电有限公司应向黄××支付的居间服务费金额。……根据两份确认书所约定的居间报酬计算方式，一审法院确认本案居间报酬计算如下表（略）。因此，黄××对H铸造有限公司的交易的居间服务报酬为81911.66元，对Y钢铁公司的居间服务报酬为433510.14元，共计515421.80元，黄××主张Z售电有限公司向其支付，合法有据，一审法院予以支持。

关于违约金。双方签订的确认书约定，每月电力交易中心出具结算凭证后，Z售电有限公司在3日内将结算凭证和居间服务报酬数据提供给黄××，黄××在15日内提供居间服务报酬等额的发票给Z售电有限公司，Z售电有限公司在30日内将居间服务报酬支付到黄××指定账户。在服务期间，黄××一直在催促Z售电有限公司支付报酬，Z售电有限公司以审批、走流程等理由暂不向黄××支付，现黄××起诉主张Z售电有限公司支付居间服务报酬，Z售电有限公司亦未支付，由此导致黄××资金利息的损失，故黄××主张Z售电有限公司支付违约金，一审法院予以支持。现黄××因利息损失，主张参照民间借贷所规定的年利率6%计算违约金，一审法院予以支持。故Z售电有限公司应向黄××支付自2018年2月1日起按年利率6%计算至款项实际清偿之日止的违约金。

综上所述，一审法院判决如下：①Z售电有限公司于判决发生法律效力之日起十日内向黄××支付居间服务报酬515421.80元及违约金（自2018年2月1日起按年利率6%计算至款项实际清偿之日止）。②驳回黄××的其他诉讼请求。

上诉人Z售电有限公司上诉请求：①撤销一审判决，驳回黄××的全部诉讼请求。②本案一审、二审诉讼费由黄××承担。

二审法院经审查，一审判决认定事实清楚，本院予以确认。

二审法院认为，本案系居间合同纠纷。关于支付居间费用的条件是否成就。Z售电有限公司上诉主张依照《购售电居间服务合同》的约定，Z售电有限公司向黄××支付居间服务费是建立在购售电合同过程中获益的基础上，经结算，Z售电有限公司与Y钢铁有限责任公司、H铸造有限公司的交易都是亏损，且黄××未依照合同约定提供相应发票，故Z售电有限公司支付居间费用的条件未成就，不应向黄××支付居间费用。经核查，2016年12月10日，黄××与Z售电有限公司签订《购售电居间服务合同》，约定黄××为Z售电有限公司与用电企业订立购售合同的居间服务，在Z售电有限公司与购电方签订购售电合同时，黄××与Z售电有限公司应签署确认书，确认该购电方为黄××居间介绍，确认书包含Z售电有限公司与购电方的交易价格、合同收益提成报酬等内容，作为黄××居间报酬的计算依据。后在黄××的居间促成下，Z售电有限公司分别与Y钢铁有限责任公司、H铸造有限公司签订购售电合同，且合同已生效并已履行。另Z售电有限公司与黄××签订两份购电居间服务确认书，明确居间服务报酬的计算方式和支付条件。本院认为，《购售电居间服务合同》系多方真实意思表示，不违背国家法律法规强制性规定，各方应按照合同约定履行各自权利义务。且纵观《购售电居间服务合同》及两份确认书的内容以及黄××与Z售电有限公司协商过程，双方均未就Z售电有限公司因合同履行亏损则无须支付居间服务报酬达成一致约定。至此，黄××已完成居间服务，应当获得居间服务报酬。Z售电有限公司主张因购售电合同履行存在亏损无须支付居间服务报酬没有事实和法律依据，本院不予支持。

关于居间费用金额的问题。Z售电有限公司上诉主张两份确认书确定2017年1月至3月的实际用电量是错误的，该用电数据只是测算值，并不是实际结算电量。本院认为，Z售电有限公司出具的两份确认书虽为事后补签，该实际结算电量为Z售电有限公司审核并出具，现Z售电有限公司主张2017年1月至3月的实际用电量只是测算值仅系该公司的单方陈述，并未提交其他证据加以佐证，故不予采信。一审法院对此认定正确，本院予以维持。

综上所述，二审法院判决如下：驳回上诉，维持原判。

案例 10：D 节能科技有限公司与 K 售电有限公司合同纠纷案 [1]

原告：D 节能科技有限公司

被告：K 售电有限公司

D 节能科技有限公司诉讼请求：判令 K 售电有限公司支付 D 节能科技有限公司售电收益款 272033.10 元；诉讼费和诉前财产保全费用由 K 售电有限公司承担。事实和理由：D 节能科技有限公司与 K 售电有限公司开展售电业务合作，签订《重庆市售电项目合作协议》。D 节能科技有限公司先后引进多名客户与 K 售电有限公司洽谈签订了售电代理合同，而 K 售电有限公司不按时支付售电总收益的 50%（含税）给 D 节能科技有限公司，至今仍欠 272033.10 元。

法院经审理确认事实如下：以 K 售电有限公司为甲方，以 D 节能科技有限公司为乙方于 2016 年 11 月 9 日签订《重庆市售电项目合作协议》，约定：甲方运用自身技术、服务等，乙方利用市场团队营销渠道、客户等资源。在双方合作共赢的原则上，就重庆地区开展售电业务进行合作。一、委托事项。1. 甲方委托乙方在重庆地区负责甲方提供的客户名单中的目标客户引荐甲方和相关负责人洽谈，并最终与客户签订售电代理合同。二、合作模式。1. 由乙方引荐的客户，在与甲方签订交易合同后，在交易合同约定期限内，该客户通过甲方代理参与到重庆电力市场交易，在重庆市 2017 年大用户直接交易电价基础上，获得的价差（A 代表价差，下同）电费作为双方总收益（总收益 = A × 用电总量）。甲方获得重庆市电力交易中心结算的第一笔收益起至该项目合同收益时间完成止。甲乙双方总收益为：甲方为该项目每月总收益的 50%，乙方为该项目每月总收益的 50%（含税）。备注：甲乙双方结算根据乙方引荐甲方和用户签订的实际合同为准，且用户电量偏差在正负 15% 以内。甲乙双方根据不同用户情况，按照以上收益分配方式分别进行结算。三、结算依据。根据价差电费由重庆市交易中心提供和具体企业每月实际用电量，并按照乙方引荐甲方与用电客户（Q 工业有限公司）签订的具体合同价格以及甲乙双方分配方式和比例进行结算，具体操作流程按交易中心相关规定执行……

同日，以 Q 工业有限公司为甲方，以 K 售电有限公司为乙方签订《大用户购电代理协议》，约定：一、就甲方委托乙方代理其参与重庆市大用户直购电交易事宜，甲、乙双方达成如下协议……二、代理内容 1. 乙方协助甲方进入重庆市大用户直接交易准入名录，甲方按要求提供相关企业信息资料……三、协议有效期自 2016 年 11 月 9 日起至 2017 年 12 月 30 日（从该项目第一个月交易结算起至该项目完成）止。

K 售电有限公司与 D 节能科技有限公司相继就 D 节能科技有限公司引荐的用电客户 J 电脑有限公司、X 制造有限公司、B 机械厂、M 科技有限公司、Q 混凝土有限公司分别签订《重庆市售电项目合作协议》，内容与双方签订的前述《重庆市售电项目合作协议》基本一致。上述用电客户也分别与 K 售电有限公司签订《大用户购电代理协议》。

K 售电有限公司向 D 节能科技有限公司出具《2017 年 K 售电有限公司售电项目－居间费用明细表》《2018 年 1 月份—10 月份 K 售电有限公司售电项目－居间费用明细表》，该表载明了用户名称、总电量、中介服务费、中介服务费收款公司名称等项目，K 售电有限公司应支

---

[1] 裁判文书：（2019）渝 0151 民初 611 号民事判决书。

付 D 节能科技有限公司 2017 年度中介服务费 82870.79 元，2018 年 1 月至 10 月的中介服务费 190863.67 元。K 售电有限公司在该居间费用明细表上盖章确认。

法院认为，D 节能科技有限公司与 K 售电有限公司签订的《重庆市售电项目合作协议》系双方真实意思表示，不违反法律、行政法规的强制性规定，本院予以确认。K 售电有限公司应支付 D 节能科技有限公司 2017 年度和 2018 年度 1 月至 10 月居间费用共计 273734.46 元的事实，有 K 售电有限公司盖章确认的居间费用明细表予以证明，本院对该事实予以确认。因 K 售电有限公司经本院传票传唤无正当理由拒不到庭参加诉讼，视为放弃陈述抗辩权和举证的权利，应承担相应的法律后果。本院采信 D 节能科技有限公司关于 K 售电有限公司未按约支付该居间费用的陈述。K 售电有限公司不按约定支付 D 节能科技有限公司居间费用，违反双方约定和法律规定，D 节能科技有限公司要求 K 售电有限公司支付居间费用 272033.10 元的诉讼请求，本院予以支持。

综上，判决如下：K 售电有限公司在本判决生效之日起十日内支付 D 节能科技有限公司居间费用 272033.10 元。

案例 11：郑×× 与 H 能源有限公司中介合同纠纷案 ❶

原告：郑××

被告：H 能源有限公司

郑×× 诉讼请求：①判令 H 能源有限公司向郑×× 支付合作收益费 333035 元及违约金 52676.4 元。②判令 H 能源有限公司承担本案诉讼费等。事实与理由：2018 年 11 月 23 日郑×× 与 H 能源有限公司签订了《售电代理合作收益合同》。按照约定，H 能源有限公司应向郑×× 支付合作收益款 343035 元，但是仅支付 10000 元，余款及逾期付款的违约金至今未付。

法院经审理查明，2018 年 11 月 23 日郑×× 与 H 能源有限公司签订售电代理合作收益合同，写明 H 能源有限公司是 S 售电有限公司的代理商，S 售电有限公司代理 G 售电有限责任公司，因郑×× 促成 G 售电有限公司与 H 水泥企业有限公司签订 2019 年电力销售合同，交易电量约 5 亿千瓦时，故郑×× 与 H 能源有限公司签订该收益合同，约定 H 能源有限公司向郑×× 支付收益费（=0.66 厘/千瓦时 ×H 水泥企业有限公司每月实际结算电量），2019 年 4 月 25 日支付 2019 年 1 月收益费，后续每月类推，共计支付 12 期，逾期付款按日利率 0.1% 支付违约金。2019 年 4 月 26 日 H 能源有限公司的法定代表人王某 1 支付 10000 元给郑××。郑×× 询问"就是第一个月先给我 10000 元是吧？"王某 1 回复"对，余下的 S 售电有限公司一到账即全部结清"。

另查明，H 水泥企业有限公司 2019 年在广东电力交易中心结算电量为 513231400 千瓦时。

法院认为，本案为中介合同纠纷。根据已经查明的事实，以及《合同法》第六十条 ❷、第

---

❶ 裁判文书：（2021）粤 1973 民初 4053 号民事判决书。
❷ 《民法典》第五百零九条　当事人应当按照约定全面履行自己的义务。当事人应当遵循诚信原则，根据合同的性质、目的和交易习惯履行通知、协助、保密等义务。当事人在履行合同过程中，应当避免浪费资源、污染环境和破坏生态。

一百零七条❶，对郑××要求H能源有限公司支付收益款328732.73元（=513231400千瓦时×0.66厘/千瓦时−10000元），并支付违约金52676.4元的诉请，予以支持。对郑××超出前述部分的诉请内容，不予支持。

综上所述，判决如下：①被告H能源有限公司应于本判决发生法律效力之日起三日内向原告郑××支付收益款328732.73元。②被告H能源有限公司应于本判决发生法律效力之日起三日内向原告郑××支付违约金52676.4元。③驳回原告郑××的其他诉请。

【分析】

上述四起纠纷都是售电公司与其他单位和个人因履行售电业务中介合同引起的法律纠纷，核心问题是中介费应否支付。

一、关于中介合同

中介合同是有名合同，在原《合同法》中称之为"居间合同"，《民法典》改称"中介合同"。《民法典》第九百六十一条规定："中介合同是中介人向委托人报告订立合同的机会或者提供订立合同的媒介服务，委托人支付报酬的合同。"接受委托报告订立合同机会或者提供交易媒介的一方为中介人，也称为居间人，给付报酬的一方为委托人。中介合同以促成委托人与第三人订立合同为目的，在中介合同中，中介人的主要义务就是提供中介服务以促成委托人和第三人订立合同，包括提供订约信息据实报告的义务等；而委托人的主要义务是在其与第三人的合同因中介人提供的中介服务而成立后向中介人支付约定的报酬。

中介人是独立的民事主体，可以自己作出意思表示，实施民事法律行为，在双方交易合同关系中只处于介绍人的地位，既不是当事人一方也不是委托人或交易对方的代理人，不代表任何一方向对方作出意思表示或者实施民事法律行为。中介人只是居于交易双方当事人之间起介绍、协助作用的中间人，作用就在于给委托人提供订立合同的机会，或者在双方当事人之间进行周旋，充当"牵线搭桥"的媒介作用，为委托人提供订约机会或者联系、协调、撮合商品或服务供需双方，为他们的交易提供媒介服务，努力促成交易并取得合理中介费的服务，其并不参加委托人与第三人之间具体的订立交易合同的过程。《民法典》并没有对中介人的资格进行限制，自然人、法人都可以进行中介服务。

中介业务根据中介人所接受委托内容的不同，既可以是只为委托人提供订约机会的报告中介，也可以是为促成委托人与第三人订立合同进行介绍或提供机会的媒介中介，还可以是报告中介与媒介中介兼而有之的中介活动。

二、售电业务中的中介合同

中介人提供报告订立合同的机会或者提供订立合同的媒介服务，此处的"合同"包括买卖合同、租赁合同等有名合同，也包括《民法典》没有明确规定的无名合同。随着经济社会的日益发展，中介活动也日益繁荣，经济领域的很多交易都是通过中介来完成的，中介人活跃在各种经济活动中。在售电公司的购售电经营活动中，为了开发客户资源，可以

---

❶ 《民法典》第五百七十七条 当事人一方不履行合同义务或者履行合同义务不符合约定的，应当承担继续履行、采取补救措施或者赔偿损失等违约责任。

委托一些单位或个人从事售电中介业务，居间促成与电力用户签订电力交易代理委托协议，建立购售电关系。这些中介人作为售电业务的中间人，在售电公司与电力用户双方当事人之间起介绍、协助作用，为售电公司报告提供交易机会，也为其与电力用户搭起联系沟通的桥梁，通过其沟通、斡旋、撮合，促成双方达成交易，订立购售电合同或者代理交易的协议，并且中介人在其达成交易之后可以领取中介服务报酬，这是典型的中介服务。

上述四个案例中，案涉售电公司委托中介人的目的就是委托其开发市场化电力用户资源，从中洽谈、沟通、并促成售电业务的完成，签订购售电合同或电力直接交易委托合同（统称"交易合同"）且都明确了在促成电力交易之后支付服务报酬等事项，显然双方当事人之间的合同关系即为中介合同关系。

三、关于中介费的支付

中介合同都是有偿合同，具有有偿性，不管是哪种中介服务，只有中介活动成功，促成交易双方的交易合同成立，中介人才能取得中介合同约定或者法律规定的报酬。《民法典》第九百六十三条规定了中介人中介报酬请求权，即："中介人促成合同成立的，委托人应当按照约定支付报酬。对中介人的报酬没有约定或者约定不明确，依据本法第五百一十条的规定仍不能确定的，根据中介人的劳务合理确定。因中介人提供订立合同的媒介服务而促成合同成立的，由该合同的当事人平均负担中介人的报酬。中介人促成合同成立的，中介活动的费用，由中介人负担。"

可以从以下方面理解该条规定：

第一，委托人向中介人支付报酬是其主要义务，中介人是以提供中介服务赚取报酬为业的营业者，在取得中介成果之后领取报酬是其主要权利，该"报酬"通常也被称为"佣金""中介费""服务费""信息服务费"等。

第二，委托人支付报酬义务的履行是附条件的，就是中介人促成交易，委托人与交易相对方合同成立，且该交易合同的成立是因为中介人的中介服务促成的，达到委托人所追求的结果，委托人就应当按照合同约定支付报酬。《民法典》第九百六十四条明文规定："中介人未促成合同成立的，不得请求支付报酬；但是，可以按照约定请求委托人支付从事中介活动支出的必要费用。"当然，中介活动的费用原则上由中介人承担，中介人促成合同成立的，可以按照约定获得报酬，其中包含了中介活动的费用；中介人未促成合同成立的，中介人可以按照约定请求委托人支付中介活动支出的必要费用，如果没有特别约定就只能由中介人自行承担相应费用。

第三，中介人的报酬数额由当事人自主约定，但如果报酬数额畸高，有些情况下可能会导致显失公平的结果，存在可撤销的情形时，委托人可以依据《民法典》的规定申请撤销。如果委托人和中介人对报酬没有约定，或者约定不明确的，原则上只要中介人促成合同成立的，就可以向委托人请求支付报酬，双方可以协商或者按照商业交易习惯来确定。

第四，报告中介活动中，由于中介人仅向委托人报告订约机会，其不与委托人的相对人发生关系，故中介人的报酬应当由委托人给付。但在媒介中介活动中，中介人不仅向委托人提供报告订约机会，而且还要找第三人（交易相对方）促成合同订立，此时委托人与第三人都因此受益，故中介人的报酬原则上应由委托人与第三人双方平均负担。实践中，要求交易相对人分担中介报酬的，委托人或者中介人应当告知相对人分担比例、支付方式。

在案例8中，因为当事人未提交充分的证据证明售电公司与6家电力用户订立的《电力交易购售电协议》系其中介活动促成的交易成果，也就是未能证明交易合同与中介行为之间的因果关系，所以法院判决驳回诉讼请求，在案例9、案例10、案例11中，中介人都按照中介合同约定履行了中介服务义务，也促成了售电公司与电力用户订立交易合同，其向中介人支付中介服务费的条件已经具备，就应当按约定支付中介费用。至于售电公司因履行交易合同有无盈利，均不影响其支付中介费义务的履行，履约亏损并不是拒付中介费的法定事由，只要双方未就售电公司因合同履行亏损则无需支付中介服务报酬达成一致约定，中介人已完成中介服务的，就依法获得中介服务报酬请求权，至于合同是否得以履行以及履行结果则均与报酬的支付无涉。但是，根据意思自治原则，中介人和售电公司均为商事主体，应当对自己订立合同的风险有充分认知，双方如果约定中介费根据交易合同履行收益进行分享的方式来计算，也就是中介报酬与售电交易合同履行结果挂钩，也不违反法律规定。此种情况下，售电公司盈利的，就按照中介合同约定的比例计付中介费。

【启示】

（1）售电市场的发展离不开中介服务，售电公司在售电业务中也需要发挥中介人的价值，由其提供订约机会和成交媒介服务，为其开发客户资源、开拓售电市场。售电公司可以通过中介人获得电力用户参与电力交易的需求信息和订约机会，如告知电力用户的用电需求、寻找售电公司的信息、介绍交易双方结识，还可以获得交易机会，中介人利用其特有资源，及时向售电公司提供与订立合同、成交有关的信息，或进一步提供促成售电公司与电力用户之间成交的媒介服务。如提供用电预测分析基础数据、电力用户资料，参与谈判、沟通协调等❶。

（2）售电公司委托他人为其提供售电业务中介服务的，应当依法订立中介合同，在中介合同中主要明确以下内容，一是中介服务内容及应达到的要求；二是中介费的支付条件，一般是促成交易合同成立，也可以附加其他条件；三是中介费的计算比例或计付方式（如案例9中《购售电居间服务合同》载明了固定差价模式、分成或保底分成模式、电量组合模式、介绍客户模式等，可以借鉴），支付方式及支付时间；四是中介费的承担主体，是委托人单方承担还是与交易相对方共同承担以及分担比例。目前中介费一般是由售电公司单方承担。

3. 服务提供者按照服务合同约定为售电公司提供相关服务后有权收取服务费

案例12：G能源有限公司与Z售电有限公司服务合同纠纷案❷

原告：G能源有限公司

被告：Z售电有限公司

原告G能源有限公司诉讼请求：①判令被告立即支付服务费300万元、逾期付款的违约金

---

❶ 梁智刚著：《售电"中介"业务背后的法律风险》，载于"享能汇"微信公众号（2019-8-9）。
❷ 裁判文书：（2020）粤0113民初1607号民事判决书。

第四章 售电公司与其他利益相关方之间的合同纠纷

300万元,合计600万元。②本案受理费全部由被告承担。

法院认定事实如下:2016年时,Z售电有限公司与平×公司签订了一份购售电合同,约定由Z售电有限公司为平×公司售卖2017年度的长协电量。但至2016年12月25日,Z售电有限公司还有10.692亿千瓦时的长协电量未能售卖出去。按照Z售电有限公司与平×公司的购售电合同的约定,Z售电有限公司面临高达6094万元的违约赔偿。为解决该问题,降低违约赔偿金并产生收益,被告与原告于2016年12月29日签订了《管理服务合同》。《管理服务合同》第一条"服务范围"约定,甲方(即Z售电有限公司)聘请乙方(即G能源有限公司)开展管理服务,为甲方签订的10.692亿千瓦时长协电量的降低赔偿违约金、产生效益提出一揽子解决方案:1.甲方的2017年度长协电量的违约赔偿金为6094万元事宜,乙方制定风险控制措施减少甲方的赔偿金;2.为甲方2017年长协电量产生收益制定解决方案。第二条"服务期限"约定管理服务期间自2016年12月至2018年1月底止。第三条"服务费用标准及支付方式"约定:1.甲方2017年长协电量违约赔偿金的减少金额双方共享,甲方签订完解决方案之补充协议后5个工作日内向乙方一次性支付服务费用150万元,剩余服务费用150万元在2017年7月底前一次性支付完毕。2.甲方2017年长协电量产生收益优先弥补甲方与平×公司补充协议的差额电费803.89万元,剩余部分收益金额双方共享,共享比例为甲方占65%,乙方占35%,甲方支付乙方费用按季度执行。第四条第(二)款"乙方的权利义务"第1点约定,为甲方提供解决方案,维护甲方的最大利益。第六条"违约责任"第2点约定,甲方逾期付款,应向乙方支付每日千分之二点五的违约金。

2017年3月8日,Z售电有限公司和平×公司签订《补充协议3》,约定由平×公司按照Z售电有限公司提供的交易建议出售原购售电合同在2016年度未能出售完的10.692亿千瓦时电量。若按照Z售电有限公司的提供的交易建议,每月卖出的电量出清价差(负值)小于-0.057元/千瓦时,Z售电有限公司赔付给平×公司差额(含税);若每月卖出的电量出清价差(负值)大于-0.057元/千瓦时,平×公司返还Z售电有限公司差额(含税);若平×公司未能全部卖出该剩余电量的,则由Z售电有限公司按照剩余每千瓦时电量赔付0.259元的方式向平×公司支付违约赔偿款。

Z售电有限公司与平×公司因《补充协议3》的签订和履行,Z售电有限公司不仅避免了6094万元违约金的赔付,而且按照《补充协议3》的约定平×公司还应向Z售电有限公司支付300多万元售电盈利。

2019年8月30日,G能源有限公司向Z售电有限公司发出《合同结算催款函》,要求Z售电有限公司支付《管理服务合同》约定的300万元服务费。被告未予支持。

G能源有限公司主张,其公司在签订《管理服务合同》后,邀请了朱××帮助,在朱××的主导和带领下提出了解决问题的方案,并促成平×公司与Z售电有限公司签订了上述《补充协议3》,不仅让Z售电有限公司避免了6094万元的违约赔偿,还让Z售电有限公司获得了300多万元的收益。

Z售电有限公司在庭审时确认因朱××在电力系统工作,掌握电力系统相关技能,故在解决Z售电有限公司与平×公司上述问题方面起了很大的作用,但Z售电有限公司主张朱××

是受Z售电有限公司委派去与平×公司洽谈解决问题，而非代表G能源有限公司，所以Z售电有限公司与平×公司之间购售电合同履约问题的解决与G能源有限公司无关，G能源有限公司并未为解决该问题提供应有的服务。

诉讼中，本院就朱××系代表何公司参与解决Z售电有限公司与平×公司间购售电合同违约纠纷问题一事询问了朱××。朱××陈述：其以前在电力系统工作，熟悉电力系统相关技术操作和电量买卖相关政策，因G能源有限公司法定代表人是其妹夫，监事是其妹妹，所以G能源有限公司在与Z售电有限公司签订《管理服务合同》后，就邀请其帮忙解决Z售电有限公司与平×公司间购售电合同履行问题，其便带领G能源有限公司的团队与平×公司洽谈解决问题的方案，最后促成平×公司与Z售电有限公司签订了购售电合同《补充协议3》，最终使得Z售电有限公司不仅无须支付6094万元的违约赔偿款，还收益了300多万元。所以，他是代表G能源有限公司去帮Z售电有限公司解决问题。但因解决的是Z售电有限公司与平×公司之间的合同纠纷问题，平×公司需要与Z售电有限公司委派的人洽谈，所以就由Z售电有限公司出具了一份《法定授权委托证明书》授权其代表Z售电有限公司与平×公司洽谈解决上述购售电合同问题。

Z售电有限公司不认可朱××的陈述，并改口否认朱××在解决其司与平×公司的合同纠纷中所起的作用。

另，被告对合同约定的违约金计算方式无异议。

法院认为，本案的争议焦点为G能源有限公司是否提供了《管理服务合同》约定的管理服务，是否有权收取约定的管理费？Z售电有限公司与G能源有限公司签订《管理服务合同》的背景是Z售电有限公司没能在约定的截止时间前出售完与平×公司签订的购售电合同约定的电量，面临高达6094万元的违约赔偿问题，所以Z售电有限公司与G能源有限公司签订《管理服务合同》的目的是希望G能源有限公司能提供解决该问题的方案，达到降低违约赔偿金的目的。双方均确认，Z售电有限公司通过在2017年3月8日与平×公司签订《补充协议3》的方式，有效避免了6094万元的违约赔偿，还另外获得了300多万元的售电收益。G能源有限公司主张《补充协议3》的签订是该公司邀请朱××带领团队促成的。Z售电有限公司在庭审时亦确认朱××在促成Z售电有限公司与平×公司间合同违约问题的解决上起了很大的作用，只是抗辩朱××并非代表G能源有限公司，而是直接代表Z售电有限公司。在本院询问朱××后，Z售电有限公司又改口否认朱××所起的作用。本院认为，Z售电有限公司是因为发现朱××的陈述于其不利，故重新作出的否认陈述，故本院对Z售电有限公司重新作出的否认陈述不予采信。朱××自述是代表G能源有限公司履行《管理服务合同》约定的义务，帮助Z售电有限公司解决与平×公司的合同违约赔偿问题。Z售电有限公司抗辩朱××是受其公司委派，代表其公司与平×公司洽谈解决双方合同问题，与G能源有限公司无关的陈述，与朱××的陈述不一致，而Z售电有限公司未提供有效的反驳证据，本院对Z售电有限公司的抗辩主张不予采纳。

综上所述，G能源有限公司主张其已按照《管理服务合同》的约定完成了管理服务，本院予以确认。Z售电有限公司亦因G能源有限公司提供的服务避免了6094万元的违约赔偿，并获得 300 多万元的售电收益，所以，Z 售电有限公司应按照《管理服务合同》的约定支付约定的管理费 300 万元。据此，G 能源有限公司请求 Z 售电有限公司支付服务费 300 万元及违约金的请求，合法有据，本院予以支持。根据《管理服务合同》第六条"违约责任"第 2 点约定的违约金计算方式，截至 2020 年 3 月 31 日，Z 售电有限公司应向 G 能源有限公司支付的违约金达 625 万元，现 G 能源有限公司自动降低为 300 万元，Z 售电有限公司对 G 能源有限公司主张的违约金计算标准和计算方式无异议，本院予以支持。

法院判决如下：Z 售电有限公司应于本判决生效之日起五日内向 G 能源有限公司支付服务费 300 万元和违约金 300 万元。

案例 13：X 售电有限公司与董 × 合同纠纷案 ❶

一审原告、二审上诉人：X 售电有限公司

一审被告、二审被上诉人：董 ×

X 售电有限公司一审起诉请求：①依法判令董 × 立即返还服务费 10 万元。②由董 × 承担本案的诉讼费用。

一审法院认定事实：X 售电有限公司是一家参与电力市场交易的售电公司，×× 城化股份有限公司是一家参与电力市场交易的电力用户。2018 年下半年自主协商电力直接交易非有色企业用户第一次成交结果统计表显示，×× 城化股份有限公司作为电力用户与作为代理售电公司的 N 售电有限责任公司签约，签约电量 3197 万千瓦时。2018 年 11 月 21 日，陕西电力交易中心发布《关于开展 2018 年下半年电力直接交易售电公司代理用户之间合同电量转移的通知》，要求：1. 同一售电公司代理的同一合同类型用户之间的合同电量可以进行相互转移；2. 转移电量的结算电价按照转出电量电力用户的原交易合同执行，转出电量的电力用户原交易合同电量做相应扣减。2019 年 5 月 8 日陕西电力交易中心发布《2019 年上半年陕西省电力用户、售电公司与发电企业第二次自主协商直接交易公告》及相关附件，×× 城化股份有限公司作为非全电量电力用户参与 2019 年上半年第二次自主协商直接交易，校核电量为 31013 兆瓦时。2019 年 5 月 10 日，X 售电有限公司（甲方）与董 ×（乙方）签订《服务协议》，约定："甲乙双方就 2019 年上半年第二次双边协议交易及电量转移相关事宜达成本协议：1. 乙方董 × 将 2019 年上半年校核电量 3101.3 万千瓦时签约至甲方。2. 乙方董 × 收取甲方服务费总计人民币壹拾陆万元整（¥160000），其中 10 万元已给付（乙方董 × 立有收据），剩余 6 万元，待交易中心发布第二次双方交易结果并且 ×× 城化股份有限公司配合完成电量转移流程后，一次性给付。3. 若因甲方原因导致交易或电量转移无法完成，后果由甲方自行承担；因乙方原因导致交易或电量转移无法完成，则给付给乙方代表人的金额需原路返回给甲方。"董 × 于同日出具收据一张，写明"今收到 X 售电有限公司 2019 年上半年电力交易服务费用 10 万元整。"2019 年 5 月 20 日，陕西电力交易中心发布《2019 年上半年陕西省电力用户、售电公司与发电企业第二次自主协商直接交易成交结果公告》及相关附件，附件成交结果统计表中包含电力用户 ×× 城化股份有限公司签约代理售电公司为 X 售电有限公司，签约发电企业为 ×× 煤电有限公司，签约电量

---

❶ 裁判文书：（2021）陕 0111 民初 803 号一审民事判决书、（2021）陕 01 民终 9204 号二审民事判决书。

31013兆瓦时。××城化股份有限公司与X售电有限公司在2019年1月1日至2019年6月30日期间结算电量为0。X售电有限公司亦未能进行合同电量转移工作。2019年8月27日，X售电有限公司向董×发送了《解除通知》，写明"由于陕西电力交易中心不组织电量转移工作，导致《服务协议》无法履行，故通知你解除《服务协议》，并请在三日内返还我公司支付的10万元服务费。"后X售电有限公司以服务合同纠纷将董×起诉至一审法院，形成本诉之争。

一审法院认为：

（1）关于案涉《服务协议》是否存在无效情形的问题。该协议就2019年上半年第二次双边协议交易及电量转移的相关事宜约定了董×向X售电有限公司提供服务、X售电有限公司向董×支付服务费的内容，系双方真实意思表示、内容不违反法律、行政法规的强制性规定，不违背公序良俗，不存在无效情形。

（2）《服务协议》中董×的义务以及董×是否履行了相应的合同义务的问题。《服务协议》首段表述的约定事项、第二条关于服务费支付期限的约定、第三条关于责任承担的约定均表明，X售电有限公司签订该协议的目的在于期望通过董×提供的服务使得××城化股份有限公司与X售电有限公司达成校核电量的交易并完成电量转移，其中达成交易以交易中心发布第二次双边交易结果为准，董×明知X售电有限公司签约目的，故董×的合同义务包含为××城化股份有限公司与X售电有限公司的交易即签约提供服务，并为二者之间完成电量转移提供服务。陕西电力交易中心发布的《2019年上半年陕西省电力用户、售电公司与发电企业第二次自主协商直接交易成交结果公告》显示××城化股份有限公司与X售电有限公司已签约成交，故董×完成了《服务协议》中的部分合同义务。

（3）X售电有限公司向董×发送了《解除通知》的法律后果问题。《民法典》第五百六十三条规定，因不可抗力致使不能实现合同目的的情形下，当事人可以解除合同。X售电有限公司以"陕西电力交易中心不组织电量转移工作，导致《服务协议》无法履行"为由要求解除合同并通知了董×，故《服务协议》应自董×收到通知之日即2019年8月27日解除，且双方当事人对于案涉合同的解除均无过错。《民法典》第五百六十六条规定，合同解除后，尚未履行的，终止履行；已经履行的，根据履行情况和合同性质，当事人可以请求恢复原状或者采取其他补救措施，并有权请求赔偿损失。本案X售电有限公司诉讼请求在于请求恢复原状。X售电有限公司、董×签订的合同性质是服务协议且董×已履行了部分服务内容，因董×提供的服务无法恢复原状，故X售电有限公司请求恢复原状即要求董×返还服务费10万元的诉请，应不予支持。判决：驳回原告X售电有限公司的诉讼请求。

X售电有限公司上诉请求：①撤销一审判决，改判董×向X售电有限公司返还服务费10万元。②一、二审诉讼费由董×负担。

经二审审理查明，一审审理查明事实属实，本院予以确认。

二审法院认为，涉案《服务协议》是双方当事人真实意思表示、内容不违反法律、行政法规的强制性规定，应属合法有效，双方当事人均应按照协议约定履行各自义务。根据涉案《服务协议》的约定，董×的服务内容为将2019年上半年校核电量3101.3万千瓦时签约至X售电有限公司。董×收取X售电有限公司服务费16万元，其中10万元已给付，剩余6万元，待交易中心发布第二次双方交易结果并且××城化股份有限公司配合完成电量转移流程后,一次性给付。若因董×原因导致交易或电量转移无法完成,则给付给董×的金额需原路返回给X售电有限公司。故董×应向X售电有限公司返还已给付金额的条件为因董×原因导致交易或电量转移无法完成。经查陕西电力交易中心发布的《2019年上半年陕西省电力用户、售电公司与发电企业第二次自主协商直接交易成交结果公告》显示××城化股份有限公司与X售电有限公司已签约成交,故一审认定董×完成了《服务协议》中的部分合同义务,符合本案实际情况。另根据2019年8月27日X售电有限公司向董×发送的《解除通知》载明内容可知系因陕西电力交易中心不组织电量转移工作导致《服务协议》无法履行,并非因董×原因导致电量转移无法完成,且X售电有限公司并未提交充分有效证据证明涉案《服务协议》无法继续履行董×存在过错,故现X售电有限公司主张董×向其返还已付款10万元,缺乏合同及法律依据。一审法院对X售电有限公司的诉请不予支持,并无不当。

综上所述,X售电有限公司的上诉请求不能成立,应予驳回。二审判决如下:驳回上诉,维持原判。

【分析】

这是两起售电公司委托他人为其提供解决售电纠纷服务或提供电力交易相关服务而引起的合同纠纷,法院定性为服务合同纠纷。借这些案例了解一下服务合同。

一、关于服务合同

服务合同在《民法典》中属于无名合同,但服务合同在市场经济中无处不在、门类繁多,是为了适应社会化大生产和社会分工的发展,推动服务业发展,在经济社会生活中普遍存在的合同类型,由此引发的争议也日益增多。服务合同是指服务提供者与服务接受者之间约定的有关权利义务关系的协议。服务合同的一方主体多为专门从事服务业的公民或法人。根据服务内容不同,可将服务合同分为若干类,在《民事案件案由规定》中就列举了电信服务合同、医疗服务合同、法律服务合同、财会服务合同、网络服务合同、保安服务合同、银行结算合同等22类服务合同。即便这样也是极少数、不完全的列举。与买卖合同这种常见的合同类型相比,服务合同的标的是提供服务而不是物的交付或者其他,这种服务产品具有非实物性、不可储存性和生产与消费同时性等特征。

二、对案件的分析

案例12中,售电公司因在履行与发电企业的购售电合同过程中发生违约可能要承担巨额损失赔偿的责任,就基于对G能源有限公司的信任而委托该公司为其提供处理该违约事件的服务,双方签订《管理服务合同》。从这一点来说,售电公司是服务接受者,G能源有限公司是服务提供者,本合同标的所谓的"服务",就是G能源有限公司为其出具购售电合同纠纷解决方案并解决该纠纷、规避赔偿的服务,合同中也约定了收取服务费的条款,属于有偿合同,服务结果也归属于售电公司,故案涉《管理服务合同》属于服务合同的一种。G能源有限公司履行了合同义务,解决了购售电合同争议,让售电公司规避了违约赔偿反而还得到售电收益,达到了合同约定的目的,支付报酬的条件也已经成就,故有权依合同约定收取服务费,但对方拒不支付这笔费用,从而成诉。最终法院判决的售电公司应支付服务费 300 万元和违约金 300 万元。

案例 13 中，售电公司与受托人订立服务合同，约定受托人向售电公司提供双边协议交易及电量转移相关服务、售电公司因此支付服务费，合同目的在于通过受托人的服务使电力用户与售电公司达成校核电量的交易并完成电量转移。依据电力交易机构发布的直接交易成交结果，电力用户与售电公司已签约成交，可证实受托人完成了部分合同义务，但由于客观原因导致电量转移的服务内容无法履行。此情况下，依据《民法典》第五百六十三条有关因不可抗力致使不能实现合同目的的情形下，当事人可以解除合同的规定，售电公司书面通知解除合同，该通知到达受托人时合同解除。对此双方当事人均无过错。因该服务合同部分得以履行，无法恢复原状，且非因受托人责任导致无法完全履行，故法院判决不支持售电公司主张的受托人向其返还已付服务费的诉讼请求。

【启示】

（1）售电公司在其从事售电业务等经营活动中，也少不了与其他市场主体订立各种各样的服务合同，比如教育培训合同、保安服务合同、审计服务合同、律师服务合同、管理服务合同等，其当事人权利义务因服务内容不同而不同，对这类合同应根据合同内容的性质及服务项目不同适用相应的法律法规，如《律师法》《注册会计师法》《保安服务管理条例》等，如果没有专门的法律法规规定相应合同权责的，适用《民法典》上的一般规定来设计合同内容、处理该类合同纠纷。

（2）售电公司选择服务提供者时要注意选择在本行业具有一定专业服务技能和特长的供应商。对部分服务项目服务提供商需要特许经营或专项行政许可的，该服务商必须具备相应的资格许可，如提供案件诉讼服务的律师事务所必须持有执业许可证，主办律师也必须持有律师工作证；为其提供审计服务的审计机构必须持有执业许可证，出具审计报告的专业人员必须持有注册会计师从业资格证书。

4. 售电公司与员工竞业禁止纠纷

案例 14：P 能源有限公司与欧 ×× 竞业限制纠纷案[1]

一审原告、二审上诉人：P 能源有限公司

一审被告、二审被上诉人：欧 ××

原告 P 能源有限公司诉讼请求：①判令被告向原告支付违反竞业限制、保密协议的赔偿金 100 万元。②被告承担本案诉讼费。事实和理由：被告入职原告处，双方签订《聘用合同》和《保密协议》，包含竞业禁止条款。但被告违反保密协议约定，将原告的电力交易信息、电力交易数据、客户名单、客户资料、定价策略、合同文本及内部管理架构、运行模式等商业秘密，泄露给原告的同行业竞争对手 J 能源配售服务有限公司，并入职该公司。被告上述侵犯原告商业秘密、违反竞业禁止的行为，造成原告技术流失、客户流失，交易电量损失，严重损害原告的合法权益。

一审法院审理查明：原告于 2017 年 8 月 21 日经工商登记成立，经营范围包括售电服务，

---

[1] 裁判文书：（2019）鄂 0111 民初 9961 号一审民事判决书、（2020）鄂 01 民终 5813 号二审民事判决书。

电力设备的批发兼零售、安装、维护,电力技术的研发及技术服务,计算机软硬件研发及销售,合同能源管理,等等。

原被告签订《聘用合同》,约定合同期限自 2018 年 3 月 23 日至 2021 年 3 月 23 日止,被告担任电力交易员,工资每月 10000 元(试用期每月 8000 元)。第八条还约定被告离职后五年内不到经营同类业务或具有竞争关系的其他用人单位任职,也不自己以任何形式任何身份参与与原告有竞争关系的同类企业或经营同类业务,被告竞业禁止的报酬也包含在被告任职期间的劳动报酬内,原告无须向被告另行支付竞业禁止报酬。如果被告未按此约定执行,原告将追究其法律和经济赔偿责任。同日,双方还签订《保密协议》,明确被告离开公司后五年内不得以任何身份任何形式参与与原告同类型、相关或有竞争关系的事务及业务,不得以任何形式任何身份为原告的竞争者提供服务;被告违反协议应承担违约责任并支付至少 500 万元的违约金。

2019 年 4 月 26 日,被告提交《辞职报告》,以个人原因申请辞职,原告于 2019 年 4 月 28 日同意其申请。

2019 年 5 月至 7 月期间,被告为 J 能源有限公司从事售电服务工作。

2019 年 10 月 14 日,被告与 S 能源环保科技有限公司签订《劳动合同》,岗位为低碳部经理。公司经营范围包括售电业务,B 能源环保科技有限公司系其 100% 控股公司。

2019 年 12 月 24 日,被告向原告邮寄《解除竞业限制通知书》,以离职后原告未支付竞业限制经济补偿金为由通知解除竞业限制约定,原告次日签收该通知。

根据湖北省能源局文件,原告、B 能源环保科技有限公司及 J 能源有限公司均在湖北省第一批售电企业名单之列。

法院认为,本案中,原被告签订的聘用合同及保密协议系双方当事人真实意思表示,其中未违反法律、行政法规强制性规定的部分合法有效,对双方均具有约束力。对于竞业限制协议,其中关于竞业限制期限及补偿金的约定存在部分违反法律强制性规定的情形,故其超出法律强制性规定的部分应属无效,本院对双方的竞业限制协议依法予以调整,对被告抗辩竞业限制协议无效的意见,本院部分予以采纳。被告作为负有保密义务的人员,在离职后应履行竞业限制义务,如未依约履行应承担相应违约责任。

首先,在双方没有另外约定的情况下,原告支付补偿金的义务和被告履行竞业限制的义务在性质上属于同时履行的义务,竞业限制协议未约定补偿金或者原告未履行支付竞业限制补偿金的约定,被告在遵守竞业限制义务后可以自由选择要求原告支付竞业限制补偿金或者要求解除与用人单位的后续竞业限制义务。因此,虽然竞业限制协议未约定补偿金或者虽然原告未履行支付补偿金的义务,但原被告关于竞业限制的约定并不当然对双方不具有约束力。对于被告抗辩竞业限制协议显失公平的意见,依照《合同法》第五十四条❶规定,被告可请求对此予以变更或撤销,在未依法变更或撤销前,竞业限制协议仍对负有义务的被告具有约束力。

其次,被告离职报告被批准后,在办理交接手续时,原告再次提醒被告竞业限制协议存在,

---

❶ 《民法典》第一百五十一条 一方利用对方处于危困状态、缺乏判断能力等情形,致使民事法律行为成立时显失公平的,受损害方有权请求人民法院或者仲裁机构予以撤销。

但被告未依法请求变更或撤销，而是入职与原告有业务竞争关系的 J 能源有限公司，违反了竞业限制协议。被告对此事实虽予否认，但并未举例反证。此外，2019 年 10 月，被告与 S 能源环保科技有限公司签订劳动合同，该公司及其全资控股的 B 能源环保科技有限公司亦与原告在业务上存在直接竞争关系，该行为亦违反了竞业限制协议。

最后，对于违约金，虽然原被告签订的聘用合同中约定违反协议应当赔偿损失以及保密协议中约定违约金为 500 万元，但一方面原告并未举证证明因此遭受的损失数额，另一方面综合原告在劳动关系存续期间支付给被告的工资数额考量，本院认为原告主张被告支付违约金 500 万元的数额过高，对被告抗辩违约金过高导致原被告权利义务失衡的意见，本院予以采纳，因此，为平衡双方权利义务，本院酌定违约金为 15 万元。

综上，判决如下：被告欧××于本判决生效之日起十日内支付原告 P 能源有限公司赔偿金 15 万元；驳回原告 P 能源有限公司的其他诉讼请求。

欧××上诉请求：依法撤销一审判决，改判欧××不向 P 能源有限公司支付赔偿金或发回重审。

二审法院对一审判决查明的事实予以确认。

二审法院认为，P 能源有限公司与欧××签订的《聘用合同》中约定了竞业限制的条款，其中关于竞业限制期限及补偿金的约定存在部分违反法律强制性规定的情形，其余约定应属于有效，欧××和 P 能源有限公司均应当遵守合法有效的约定。

欧××于 2019 年 4 月 26 日以个人原因申请辞职，P 能源有限公司副总经理于 2019 年 4 月 28 日同意其申请。2019 年 5 月至 7 月期间，欧××入职与 P 能源有限公司经营同类业务或者具有竞争关系的 J 能源有限公司，从事售电服务工作。欧××的行为违反了《聘用合同》中关于竞业限制的约定，应向 P 能源有限公司支付违约金。欧××存在违反了《聘用合同》中关于竞业限制约定的情形，依约应向 P 能源有限公司支付违约金。一审法院认为 P 能源有限公司主张的违约金过高，结合欧××的违约程度，其违约行为可能给 P 能源有限公司造成的损失的大小等因素，一审法院酌定违约金为 15 万元，符合法律规定，也没有超出 P 能源有限公司的诉请范围。

综上，欧××的上诉理由，缺乏事实和法律依据。判决如下：驳回上诉，维持原判。

【分析】

本案是售电公司以离职员工泄露其商业秘密按照竞业禁止协议追究其法律责任的案件。售电公司开拓业务需要市场化人才为其开发客源，客户信息、商业模式都是其参与售电侧市场的核心资源，能为其带来商业利益，一般售电公司都对其采取保密措施，如本案售电公司在劳动合同中约定竞业限制条款，显示出该公司有较高的风险防范意识。

一、关于"商业秘密"

《民法典》将商业秘密纳入知识产权体系予以规定，但该法及《劳动合同法》对何谓"商业秘密"都没有规定，一般是根据《反不正当竞争法》第九条第四款的规定来定义的，即："本法所称的商业秘密，是指不为公众所知悉、具有商业价值并经权利人采取相应保密措施的技术信息和经营信息。"《最高人民法院关于审理侵犯商业秘密民事案件适用法律若

干问题的规定》（法释〔2020〕7号）对上述定义中的关键词有更为细致的解释。

二、关于商业秘密中的"客户名单"

实践中，客户名单是常见的重要的商业秘密，关乎企业的竞争力，对企业的发展至关重要。《最高人民法院关于审理侵犯商业秘密民事案件适用法律若干问题的规定》（法释〔2020〕7号）第一条规定："与经营活动有关的创意、管理、销售、财务、计划、样本、招投标材料、客户信息、数据等信息，人民法院可以认定构成反不正当竞争法第九条第四款所称的经营信息。前款所称的客户信息，包括客户的名称、地址、联系方式以及交易习惯、意向、内容等信息。"第二条规定："当事人仅以与特定客户保持长期稳定交易关系为由，主张该特定客户属于商业秘密的，人民法院不予支持。客户基于对员工个人的信赖而与该员工所在单位进行交易，该员工离职后，能够证明客户自愿选择与该员工或者该员工所在的新单位进行交易的，人民法院应当认定该员工没有采用不正当手段获取权利人的商业秘密。"

《最高人民法院关于审理不正当竞争民事案件应用法律若干问题的解释》第十三条专门规定："商业秘密中的客户名单，一般是指客户的名称、地址、联系方式以及交易的习惯、意向、内容等构成的区别于相关公知信息的特殊客户信息，包括汇集众多客户的客户名册，以及保持长期稳定交易关系的特定客户。客户基于对职工个人的信赖而与职工所在单位进行市场交易，该职工离职后，能够证明客户自愿选择与自己或者其新单位进行市场交易的，应当认定没有采用不正当手段，但职工与原单位另有约定的除外。"也就是说，商业秘密中的客户名单，不能是简单的客户名单，而通常必须有名称以外的深度信息，应当包括上述司法解释中规定的相应的内容。

"商场如战场"，售电公司参与市场竞争最核心的资源就是客户。掌握了市场化客户资源，采取具有竞争力的市场营销策略，就能赢得客户、赢得市场。售电公司长期开发客户资源形成的客户名单，不是简单的客户名单，包含着客户用电信息、交易意向、交易愿望等内容，这些信息是售电公司付出代价收集积累的，为了赢得竞争优势，一般会采取相应保密措施、不为公众所知悉，而且也具有商业价值，符合《反不正当竞争法》及上述司法解释中规定的"商业秘密"的特征。在雇佣关系中，也最容易发生侵害商业秘密的行为。

为了保护好商业秘密，为其创造价值，售电公司应当注意采取合法的手段对可能知悉这些客户名单信息的人员进行约束。如根据《劳动合同法》第二十三条第一款"用人单位与劳动者可以在劳动合同中约定保守用人单位的商业秘密和与知识产权相关的保密事项"的规定，售电公司可以与其员工约定商业秘密保护条款。这样的条款可以规范员工在其工作期间的保守商业秘密行为，也可以规范其离职后的保守商业秘密行为。

三、关于竞业限制

如前所述，用人单位要求劳动者保守商业秘密有多种手段，具体措施，一是可以依据《劳动合同法》第二十五条❶规定在劳动合同中约定保密义务及违约金条款，另一项经常使

---

❶ 《劳动合同法》第二十五条　除本法第二十二条和第二十三条规定的情形外，用人单位不得与劳动者约定由劳动者承担违约金。

用的保密手段就是竞业限制。竞业限制是指用人单位与掌握商业秘密的职工约定在劳动合同解除终止后的一定期限内，劳动者不得到有竞争关系的其他用人单位任职，也不得自己生产与原单位有竞争关系的同类产品或经营同类业务❶。

《劳动合同法》第二十三条第二款规定："对负有保密义务的劳动者，用人单位可以在劳动合同或者保密协议中与劳动者约定竞业限制条款，并约定在解除或者终止劳动合同后，在竞业限制期限内按月给予劳动者经济补偿。劳动者违反竞业限制约定的，应当按照约定向用人单位支付违约金。"第二十四条规定："竞业限制的人员限于用人单位的高级管理人员、高级技术人员和其他负有保密义务的人员。竞业限制的范围、地域、期限由用人单位与劳动者约定，竞业限制的约定不得违反法律、法规的规定。在解除或者终止劳动合同后，前款规定的人员到与本单位生产或者经营同类产品、从事同类业务的有竞争关系的其他用人单位，或者自己开业生产或者经营同类产品、从事同类业务的竞业限制期限，不得超过二年。"

上述规定的目的就是要保护用人单位的商业秘密，劳动者违反竞业限制约定的，应当按照约定向用人单位支付违约金，给用人单位造成损失的，还要依法支付损害赔偿金。但是，在用人单位存在商业秘密，劳动者亦知悉的情况下，因为劳动合同终结后，劳动者的保密义务仍旧延续，即便用人单位未与劳动者签订竞业禁止协议，劳动者也应当保守用人单位的商业秘密，否则，用人单位可以追究劳动者的侵权责任。

《劳动合同法》对劳动者违反竞业限制规定了两种违约责任。一种为违约金，《劳动合同法》第二十三条允许用人单位和劳动者事先在劳动合同或竞业限制中约定劳动者违反竞业限制时需要支付的违约金。劳动者违反竞业限制约定的，应当按照约定向用人单位支付违约金。另一类违约责任为赔偿损失，《劳动合同法》第九十条规定："劳动者违反本法规定解除劳动合同，或者违反劳动合同中约定的保密义务或者竞业限制，给用人单位造成损失的，应当承担赔偿责任。"根据该条规定，劳动者违反竞业限制义务的，劳动者要承担赔偿责任，其构成要件，一是有违法或违约行为，即有违反劳动合同中约定的保密义务或者竞业限制的行为；二是损害事实，即劳动者违法或违约行为给用人单位造成损失；三是因果关系，即劳动者违反劳动合同中约定的保密义务或者竞业限制的行为和用人单位的损失之间具有因果关系，上述三者缺一不可。

本案例中，售电公司提出的电力交易信息、电力交易数据、客户名单、客户资料、定价策略、合同文本及内部管理架构、运行模式等信息属于该公司商业秘密，而且在其与员工签订的劳动合同和《保密协议》也包含竞业禁止条款，应当说对商业秘密保护还是比较重视也是采取了必要的法律措施。后由于该员工申请辞职并到与该售电公司经营同类业务或者具有竞争关系的另一家公司从事售电业务工作，该行为违反了劳动合同中关于竞业限制的约定，其应当支付违约金。

---

❶ 董保华、杨杰著：《劳动合同法的软着陆——人力资源管理的影响与应对》，中国法制出版社，2007，第334页。

【启示】

（1）商业秘密是企业参与市场竞争的秘密武器。如何让员工保守商业秘密，是企业管理的重要内容。售电公司要建立本单位商业秘密保护制度，确定商业秘密事项范围（如电力交易数据、客户名单、商务报价、合同文本等），采取保密措施，并且与劳动者可以在劳动合同中约定保守用人单位的商业秘密和与知识产权相关的保密事项。

（2）对负有保密义务的劳动者，售电公司可以在劳动合同或者保密协议中与劳动者约定竞业限制协议，但要注意：一是应选择在企业录用该离职员工或该离职员工开始掌握企业商业秘密时签订竞业限制协议，避免竞业限制协议无效或无法达成协议而使商业秘密泄露。离职员工一般很难愿意与企业再协商签订竞业限制协议。二是竞业限制的约定不得违反法律、法规的规定，其中竞业限制期限不得超过二年，售电公司应当对处于竞业限制期限的离职劳动者按月给予经济补偿。

（3）有时其他售电公司会诱使掌握商业秘密的劳动者违法辞职然后予以非法招用，对此《劳动合同法》第九十一条规定了用人单位非法招用其他单位劳动者的责任。因此，售电公司如果录用其他售电公司的前员工使用其带来的商业秘密经营谋利的，则非但员工本人，该售电公司自身也侵犯他人商业秘密，受害的售电公司还可以依据《反不正当竞争法》相关规定追究其法律责任。

5. 售电公司委托他人办理售电公司注册的委托合同纠纷案

案例15：Y商务服务有限公司与Z售电有限公司委托合同纠纷❶

一审原告、二审被上诉人：Z售电有限公司

一审被告、二审上诉人：Y商务服务有限公司

Z售电有限公司一审起诉请求：①判令Z售电有限公司、Y商务服务有限公司解除2020年6月27日签订的委托代办售电公司市场注册公示合同。②判令Y商务服务有限公司向Z售电有限公司返还服务费66000元，并支付逾期付款损失（以66000元为基数，自2020年10月12日起实际支付之日止，按照全国银行间同业拆借中心公布的市场贷款报价利率计算）。③诉讼费由Y商务服务有限公司承担。

一审法院认定事实：2020年6月27日，Z售电有限公司（甲方、委托方）与Y商务服务有限公司（乙方、受托方）签订了《委托代办合同》，约定Z售电有限公司委托Y商务服务有限公司办理Z售电有限公司（即目标公司）在首都电力交易中心电力交易平台（即首都平台）做售电市场注册服务，包含下列事项：1.协助甲方为目标公司租用售电软件（仅在首都平台做售电市场注册使用）；2.协助甲方为目标公司寻找会计事务所出具5000万元的验资报告。甲方责任：1.为保证委托事项的正常有效进展，甲方应保证所提供目标公司资料符合工商、银行、税务、首都平台及各省份电力交易中心等监管、审核部门要求、符合相关法律法规的认定条件、管理办法，如甲方提供的材料有所缺失，应按照乙方的要求及时补充提供资料并保证其完整性、真实性及合法性，否则产生的所有责任由甲方承担。因甲方不能及时提供所需证件，耽误办理

---

❶ 裁判文书：（2021）京0106民初13936号一审民事判决书、（2021）京02民终11592号二审民事判决书。

进程乙方不予承担任何责任；……9. 如因甲方原因导致乙方不能履行合同或甲方单方要求解除合同时，甲方已交费用不予退还。乙方责任：……5. 在首都平台网站公示出来后视为委托事项完成；6. 如因乙方原因办理不成功，乙方退还甲方未发生费用。乙方收取的费用总额为66000元，甲方分三次向乙方付费。

合同签订后，Z售电有限公司于2020年7月2日向Y商务服务有限公司转账33000元，于2020年7月27日向Y商务服务有限公司转账20000元；于2020年8月12日向Y商务服务有限公司转账13000元，Y商务服务有限公司对上述三笔款项向Z售电有限公司出具了相应收据。

2020年7月24日，Y商务服务有限公司委托会计师事务所有限公司出具了Z售电有限公司的验资报告，载明截至2020年7月23日止，Z售电有限公司收到股东交纳的注册资本（实收资本）合计人民币5000万元。当日，Y商务服务有限公司股东姬×向Z售电有限公司的法定代表人姚××微信发送了电子版的验资报告。

后Y商务服务有限公司向首都电力交易中心电力交易平台提交了Z售电有限公司的注册申请资料。2020年8月10日，首都电力交易中心电力交易平台发布了关于公示第二十六批售电公司信息的通知，其中载明了"首都电力交易中心受理了申请注册的Z售电有限公司等3家售电公司的注册申请，对其提交的市场准入申请材料进行了完整性核验，现将企业名单及基本情况予以公示"。

2020年8月21日，首都电力交易中心市场部向Z售电有限公司发送主题为"以下为举报人提出的异议"的电子邮件中载明："1. 资产总额中财务报表造假。其提供的财务报表为2020年7月份，其中仅显示其资本实收，关于其所提供的2020年4月地址租赁费用、2020年7月软件费用以及前期其所有的合理性收支情况均为0，显然与实际信息不符，报表造假。该企业成立于2017年12月26日，中间经营场所变更多次，我们不相信其提供的2020年7月份的报表中关于公司所有的费用均为0。2. 关于验资报告中缺少银行对账单的情况。根据《中国注册会计师审计准则第1602号——验资》第十四条第一款规定，以货币出资的，应当在检查被审验单位开户银行出具的收款凭证、对账单及银行询证函回函等的基础上，审验出资者的实际出资金额和货币出资比例是否符合规定。鉴于其所提供的报表造假，以及未提供银行对账单，请售电企业提供7、8两月的银行流水原件，初步认定其虚假出资、抽逃挪用资金。……"

Y商务服务有限公司就前述异议向首都电力交易中心市场部发送回复意见后，首都电力交易中心市场部于2020年8月31日向Y商务服务有限公司发送主题为"以下为举报人反馈意见，请您收阅，并及时处理"的电子邮件，载明："①请提供完整的银行对账单，对于涉及虚假出资、抽逃出资，请提供入资日（7月23日）后的银行对账单原件，哪怕是7月24日的。②请提供真实的财务报表，财务报表的真实性和有关税务问题不冲突，企业三年期间所有的正常消耗以无发票为由，提供虚假财务报表情况不予认可。③关于其资产总额的认定，请提供入资日后的银行对账单原件等原始性数据……"

2020年9月10日，首都电力交易中心有限公司发出的关于售电公司公示结果的公告载明：首都电力交易中心于2020年8月10日至2020年9月9日对Z售电有限公司等3家售电公司在首都电力交易中心的市场注册申请材料进行了公示。公示期间，市场有关方面对Z售电有限公

第四章 售电公司与其他利益相关方之间的合同纠纷

司等3家售电公司的公示材料提出了异议。按照国家发展改革委、国家能源局《售电公司准入与退出管理办法》(发改经体〔2016〕2120号)及北京市城市管理委《北京市售电公司准入与退出管理实施细则》(京管发〔2018〕70号)文件有关规定，Z售电有限公司在首都电力交易中心的注册暂不生效。

后Z售电有限公司与Y商务服务有限公司就委托事项及费用发生争议，故Z售电有限公司诉至一审法院。

一审法院认为，Z售电有限公司与Y商务服务有限公司签订的《委托代办合同》，系各方当事人的真实意思表示，内容未违反法律、行政法规的强制性规定，应为有效。当事人应当按照约定全面履行自己的义务。合同中明确载明在首都平台网站公示出来后视为委托事项完成。现Y商务服务有限公司仅向相关部门提交了相应材料，最后并未通过首都电力交易中心的审核，注册未生效，故合同中约定的委托事项没有完成。现Z售电有限公司认为市场机会已经过去，合同目的已无法实现，故要求解除合同。一审法院认为，因合同中对委托事项及时限均有明确约定，Y商务服务有限公司至今未完成合同约定的委托事项的违约行为致使Z售电有限公司的合同目的无法实现，现Z售电有限公司以起诉方式要求解除合同，其合理正当，一审法院予以支持，确认合同解除时间为2021年5月27日。本案合同解除后，Y商务服务有限公司应当将收取的服务费66000元退还Z售电有限公司。关于逾期付款利息，Z售电有限公司主张的计算标准符合法律规定，一审法院予以支持，但起算日期应为2021年5月28日，一审法院依法予以纠正。综上，判决：①确认Z售电有限公司与Y商务服务有限公司签订的《委托代办售电公司市场注册公示合同》于2021年5月27日解除。②Y商务服务有限公司于该判决生效之日起十日内向Z售电有限公司退还服务费66000元。③Y商务服务有限公司于该判决生效之日起十日内向Z售电有限公司支付逾期付款损失（以66000元为基数，按照全国银行间同业拆借中心公布的一年期市场贷款报价利率的标准计算，自2021年5月28日起计算至实际付清之日止）。④驳回Z售电有限公司的其他诉讼请求。

Y商务服务有限公司上诉请求：①撤销一审判决，改判驳回Z售电有限公司一审诉讼请求。②本案一、二审诉讼费用由Z售电有限公司承担。

二审庭审中，Z售电有限公司认可向Y商务服务有限公司提供财务报表等资料的会计人员系Z售电有限公司委托的第三方会计公司的工作人员，并且认可其没有举报人所提异议中涉及的符合注册要求的财务报表和银行对账单。

二审法院对一审法院查明的其他事实予以确认。

二审法院认为，依法成立的合同，对当事人具有法律约束力，并受法律保护。本案中，Z售电有限公司与Y商务服务有限公司签订《委托代办合同》，约定Z售电有限公司委托Y商务服务有限公司办理Z售电有限公司在首都平台售电市场注册事宜，双方明确约定了委托事项、双方责任、收费金额及付费方式等。上述合同内容不违反我国法律、行政法规的强制性规定，应当认定有效。现Z售电有限公司以Y商务服务有限公司未完成委托事项为由，要求确认解除双方签订的《委托代办合同》，由Y商务服务有限公司返还Z售电有限公司已支付的服务费。双方争议的焦点问题在于Y商务服务有限公司是否完成了委托事项。Y商务服务有限公司举证证明其已按照合同约定,协助 Z 售电有限公司租用了售电软件、寻找会计事务所为 Z 售电有限公司出具了 5000 万元的验资报告,并且代理 Z 售电有限公司向首都平台提交了 Z 售电有限公司的市场注册申请资料。根据《委托代办合同》第二条有关乙方责任第 5 项约定,在首都平台网站公示出来后视为委托事项完成。根据审理查明的事实,首都电力交易中心受理 Z 售电有限公司的注册申请后,对 Z 售电有限公司的市场注册申请资料予以了公示,但因在公示期间有举报人提出异议,Z 售电有限公司未能补充提交符合要求的申请资料,导致 Z 售电有限公司在首都电力交易中心的注册未能生效。本院认为,Z 售电有限公司与 Y 商务服务有限公司签订《委托代办合同》的合同目的在于取得首都平台上的售电市场注册资格,而非仅向首都平台提交注册申请资料并将该注册申请资料进行公示。因此,一审法院认定 Y 商务服务有限公司未完成委托事项,并无不当。关于应否解除《委托代办合同》的问题。根据《民法典》第九百三十三条规定,委托人或者受托人可以随时解除委托合同,因解除合同造成对方损失的,除不可归责于该当事人的事由外,有偿委托合同的解除方应当赔偿对方的直接损失和合同履行后可以获得的利益。鉴于涉案《委托代办合同》中并未明确委托期限,且委托事项至今尚未完成,现 Z 售电有限公司以起诉方式要求解除涉案《委托代办合同》,一审法院以 Y 商务服务有限公司收到 Z 售电有限公司起诉书副本之日作为确认该合同解除的时点,亦无不当。关于合同解除的后果问题。根据《民法典》第五百六十六条规定,合同解除后,尚未履行的,终止履行;已经履行的,根据履行情况和合同性质,当事人可以要求恢复原状、采取其他补救措施,并有权要求赔偿损失。根据《委托代办合同》第二条有关甲方责任第 9 项约定,如因 Z 售电有限公司原因导致 Y 商务服务有限公司不能履行合同,Z 售电有限公司已交费用不予退还;该合同第二条有关乙方责任第 6 项约定,如因 Y 商务服务有限公司原因办理不成功,Y 商务服务有限公司退还 Z 售电有限公司未发生费用。本院注意到,Z 售电有限公司法定代表人姚××与 Y 商务服务有限公司员工姬×之间的微信聊天记录显示,Z 售电有限公司在其股东没有实际出资到位的情况下,在涉案《委托代办合同》约定的委托事项之外,委托 Y 商务服务有限公司代为寻找验资所需资金,完成验资后再将资金转走,Y 商务服务有限公司亦同意接受此项委托。此系虚假出资行为,由此导致 Z 售电有限公司的注册申请资料在首都平台上公示后有举报人提出异议,质疑 Z 售电有限公司存在财务报表造假、缺少开户银行对账单等问题。Z 售电有限公司在二审期间亦认可其没有符合注册要求的财务报表和银行对账单。基于此,本院认为,对于 Z 售电有限公司最终未能取得首都平台的售电市场注册资格,双方当事人均有过错,由此造成的损失应当由双方当事人共同承担。因此,对于 Z 售电有限公司已支付的服务费,Y 商务服务有限公司应当退还其中的 50%,对于 Z 售电有限公司超出该部分的诉讼请求,本院不予支持。

综上所述,Y 商务服务有限公司的上诉请求部分成立。二审判决如下:①维持一审民事判决第一项。②撤销一审民事判决第二项、第三项、第四项。③Y 商务服务有限公司于本判决生效之日起十日内向 Z 售电有限公司退还服务费 33000 元。④驳回 Z 售电有限公司的其他诉讼请求。

【分析】

如前所述,委托合同适用领域比较广泛。售电公司从事经营活动也可将相关事务委托他人代办，从搜集案例来看，主要是委托他人开发市场化电力用户、代为协商订立售电合同而订立委托合同的情形居多，本案中售电公司委托他人代办售电市场主体注册手续的情形也不少见。通过本案可以观察售电公司参与市场化交易开展售电业务的相关手续及其中存在的风险。

一、关于售电公司市场主体注册

售电公司是指提供售电服务或配售电服务的市场主体，其在零售市场与电力用户确立售电服务关系，在批发市场开展购售电业务。售电公司按照《公司法》和《市场主体登记管理条例》办理公司法人设立登记，领取营业执照，取得民事法律主体资格，这是参与市场从事生产经营活动的前提条件，如从事前述两种售电业务，还必须注册条件、办理电力市场主体注册手续。

售电公司注册条件❶：（一）依照《公司法》登记注册的企业法人。（二）资产要求。1.资产总额不得低于 2 千万元人民币。2.资产总额在 2 千万元至 1 亿元（不含）人民币的，可以从事年售电量不超过 30 亿千瓦时的售电业务。3.资产总额在 1 亿元至 2 亿元（不含）人民币的，可以从事年售电量不超过 60 亿千瓦时的售电业务。4.资产总额在 2 亿元人民币以上的，不限制其售电量。（三）从业人员。售电公司应拥有 10 名及以上具有劳动关系的全职专业人员。专业人员应掌握电力系统基本技术、经济专业知识，具备风险管理、电能管理、节能管理、需求侧管理等能力，有电力、能源、经济、金融等行业 3 年及以上工作经验。其中，至少拥有 1 名高级职称和 3 名中级职称的专业管理人员，技术职称包括电力、经济、会计等相关专业。（四）经营场所和技术支持系统。售电公司应具有固定经营场所及能够满足参加市场交易的报价、信息报送、合同签订、客户服务等功能的电力市场技术支持系统和客户服务平台，参与电力批发市场的售电公司技术支持系统应能接入电力交易平台。（五）信用要求。售电公司法定代表人及主要股东具有良好的财务状况和信用记录，并按照规定要求作出信用承诺，确保诚实守信经营。董事、监事、高级管理人员、从业人员无失信被执行记录。（六）法律、行政法规和地方性法规规定的其他条件。

售电公司注册的管理权限❷：电力交易机构负责售电公司注册服务，政府部门不得直接办理售电公司注册业务或干预电力交易机构正常办理售电公司注册业务。符合注册条件的售电公司自主选择电力交易机构办理注册，获取交易资格，无须重复注册。已完成注册售电公司按相关交易规则公平参与交易。各电力交易机构按照"一地注册，信息共享"原则，统一售电公司注册服务流程、服务规范、要件清单、审验标准等，明确受理期限、接待日、公示日。其他地区推送的售电公司在售电业务所在行政区域需具备相应的经营场所、技术支持系统后，平等参与当地电力市场化交易。建立售电公司首注负责制。负责首次办理售电公司注册手续的电力交易机构，负责对其按照本办法规定办理业务的有关材料进行完整性审查，必要时组织对售电公司进行现场核验。鼓励网上办理注册手续，对于网上提交的

---

❶ 《售电公司管理办法》第五条。
❷ 《售电公司管理办法》第八条。

材料，电力交易机构应与当事人进行原件核对。

售电公司的注册程序[1]：第一，售电公司办理注册时，应按固定格式签署信用承诺书，并通过电力交易平台向电力交易机构提交以下资料：工商注册信息、法定代表人信息、统一社会信用代码、资产和从业人员信息、开户信息、营业执照、资产证明、经营场所和技术支持系统证明等材料。（一）营业执照经营范围必须明确具备电力销售、售电或电力供应等业务事项。（二）需提供资产证明包括，具备资质、无不良信用记录的会计事务所出具的该售电公司近3个月内的资产评估报告，或近1年的审计报告，或近6个月的验资报告、银行流水，或开户银行出具的实收资本证明。对于成立时间不满6个月的售电公司，需提供自市场监督管理部门注册以后到申请市场注册时的资产评估报告，或审计报告，或验资报告、银行流水，或开户银行出具的实收资本证明。（三）从业人员需提供能够证明售电公司全职在职员工近3个月的社保缴费记录、职称证书。从业人员不能同时在两个及以上售电公司重复任职。（四）经营场所证明需提供商业地产的产权证明或1年及以上的房屋出租合同、经营场所照片等。（五）接入电力交易平台的售电公司技术支持系统，需提供安全等级报告和软件著作权证书以及平台功能截图，对于购买或租赁平台的还需提供购买或租赁合同。

第二，接受注册后，电力交易机构要通过电力交易平台、"信用中国"网站等政府指定网站，将售电公司满足注册条件的信息、材料和信用承诺书向社会公示，公示期为1个月。电力交易机构收到售电公司提交的注册申请和注册材料后，在7个工作日内完成材料完整性审查，并在满足注册条件后完成售电公司的注册手续。对于售电公司提交的注册材料不符合要求的，电力交易机构应予以一次性书面告知。公示期满无异议的售电公司，注册手续自动生效。电力交易机构将公示期满无异议的售电公司纳入自主交易市场主体目录，实行动态管理并向社会公布。

第三，电力交易机构应对公示期间被提出异议的售电公司的异议情况进行调查核实，并根据核实情况分类处理。（一）如因公示材料疏漏缺失或公示期间发生人员等变更而产生异议，售电公司可以补充材料申请再公示。（二）如因材料造假发生异议，售电公司自接到电力交易机构关于异议的告知之日起，5个工作日内无法作出合理解释，电力交易机构终止其公示，退回售电公司的注册申请，将情况报送地方主管部门。

电力交易机构按月汇总售电公司注册情况向地方主管部门、能源监管机构备案，并通过电力交易平台、"信用中国"网站等政府指定网站向社会公布。

总体来看，对售电公司实行注册制度，注册条件比较细致、严格，目的就是督促售电公司诚信经营、提高核心竞争力，降低用户因选择售电公司不当产生的风险，对保障电力用户利益、维护电力市场安全、培育公平有序的售电市场具有深远而重要的意义。

在本案例中，案涉当事人之一的售电公司按照原《售电公司准入与退出管理办法》（发

---

[1] 《售电公司管理办法》第九条—第十二条。

改经体〔2016〕2120号）❶办理售电公司注册，向电力交易机构提交了注册申请资料，电力交易机构对其市场准入申请材料进行了完整性核验后予以公示，在公示期间收到举报人就财务报表涉嫌造假、验资报告中缺少开户银行对账单等问题提出的异议，对这些问题售电公司未予合理解释，导致其最终未能取得售电市场注册资格。

二、关于本案委托合同的解除

根据《民法典》第九百一十九条规定，委托合同是委托人和受托人约定，由受托人处理委托人事务的合同。委托合同适用领域非常广泛，委托可以将自己的事务委托受托人代为处理（依法必须由其亲自办理的事务除外）。受托人按照委托人的指示提供劳务的效果由委托人承受。本案例中，售电公司与受托人签订《委托代办合同》，委托其办理该公司在首都电力交易平台售电市场注册事宜，属于典型的委托合同，而且是有偿委托合同。其委托事务的目的是该售电公司取得售电市场注册资格而非仅指受托人代为向电力交易机构提交注册申请资料并将其予以公示，需电力交易机构将售电公司纳入自主交易市场主体目录，实行动态管理并向社会公布，意味着售电公司有资格开展售电业务。之后由于受托人代理售电公司提交的市场注册申请资料在公示期间被举报，但其未能补充提交符合要求的申请资料，导致该公司在电力交易中心未能成功注册，应当说委托合同的目的没有实现，受托人未完成委托事项。

委托合同的一个显著特征是，委托人与受托人相互信任是委托合同得以缔结、履行的基础。若任何一方不再信任对方能够履行合同实现委托的目的，完全可以行使任意解除权，终止委托关系。在本案中，鉴于委托事项未完成，售电公司以起诉方式要求解除涉案委托合同，起诉书中含有售电公司解除合同的意思表示，视为其根据《民法典》第九百三十三条的规定行使任意解除权，单方面解除了该委托合同，故法院将受托人收到售电公司的起诉书副本之日作为确认该合同解除的时点。关于合同解除的后果问题，由于售电公司未能取得售电市场注册资格的根本原因在于虚假出资，对此双方当事人均有过错，由此造成的损失应当由双方当事人共同承担。故此法院判决受托人应当退还售电公司已支付的一半服务费。

【启示】

（1）售电公司自主选择一家电力交易机构办理注册手续。各电力交易机构共享注册信息，无须重复注册，按照相应省区的准入条件和市场规则参与交易。在申请办理注册手续时，售电公司应当严格对照《售电公司管理办法》规定的注册条件，按固定格式签署信用承诺书，并通过电力交易平台向电力交易机构如实提交资产和从业人员信息、开户信息、营业执照、资产证明、经营场所和技术支持系统证明等材料，不得虚假承诺、不得伪造变造相关证明材料、不得抽逃出资、弄虚作假，否则电力交易机构终止其公示，退回售电公司的注册申请。情节严重的将报告地方行政管理部门记入信用记录。

---

❶ 已废止，被《国家发展改革委 国家能源局关于印发〈售电公司管理办法〉的通知》（发改体改规〔2021〕1595号）所取代。

（2）受托人办理委托合同应当恪尽职守、诚实守信、专业谨慎履行委托合同，按照委托人的指示亲自处理委托事务，依法履行委托事务报告和转交财产、披露委托人或第三人及承担赔偿等义务。对于委托人非法的指示，受托人有权拒绝执行。

6. 售电公司因他人发布虚假信息被侵犯名誉权

案例 16：B 售电有限公司与 Z 电力售电有限公司等名誉权纠纷案❶

一审原告、二审被上诉人：B 售电公司

一审被告、二审上诉人：Z 电力售电有限公司

一审被告：Z 电力股份有限公司

B 售电公司诉讼请求：①判令被告立即停止侵权行为。②判令被告向原告书面赔礼道歉，并在全国范围内为原告消除影响、恢复名誉。③判令被告赔偿经济损失 10 万元。④判令被告赔偿原告起诉被告支付的合理费用 1 万元。⑤判令被告承担本案的全部诉讼费用。事实与理由：被告 Z 电力售电有限公司在山东电力交易结算群及山东售电侧市场建设讨论群中发表《郑重声明》，称原告假借 Z 电力股份有限公司、Z 电力售电有限公司的名义进行跨省客户业务市场谈判，同时在群中留下 Z 电力股份有限公司、Z 电力售电有限公司市场营销部的咨询电话。被告发出郑重声明后，原告陆续接到诸多群内成员（主要为用电大客户）的质疑，严重影响了原告在市场上正常开展业务，致使部分准客户因此中止进一步的合作洽谈，已给原告造成了巨额的损失。被告以捏造事实的形式诽谤原告，并进行大肆传播，严重侵犯了原告的名誉权及商业信誉。

一审法院认定事实：

山东电力交易结算群与山东售电侧市场建设讨论群是人数分别为 266 人、450 人的微信群，由全省电力公司、售电公司、用电企业成员组成。2018 年 6 月 28 日，Z 电力售电有限公司员工在上述两个微信群中发布《郑重声明》，载明："近期，部分客户反映 B 售电公司假借我公司及我公司母公司 Z 电力股份有限公司的名义进行跨省客户业务市场谈判，对此我公司郑重声明……B 售电公司假借我公司及我公司母公司名义开展的所有业务、作出的任何承诺，我公司均不知情也属无效，我公司不承担任何法律责任。"B 售电公司称被告的上述声明，侵害了其名誉权，对其经营造成了严重损失。

Z 电力股份有限公司提交《授权书》一份，认可 2017 年 6 月 15 日其曾授权 B 售电公司代表 Z 电力售电有限公司在山东省开展大用户直供电和用户代理售电服务，授权期限自 2017 年 6 月 15 日至 2019 年 7 月 1 日。Z 电力售电有限公司辩称，其已于 2017 年 12 月 26 日解除对 B 售电公司的授权，《郑重声明》仅是客观地向客户表明其对 B 售电公司的授权关系已经解除这一事实，不存在侵犯原告名誉权的行为。Z 电力售电有限公司另提交 B 售电公司在 Boss 直聘网站上发布的招聘信息截图及 B 售电公司官方公众号截图，显示 B 售电公司在公司介绍中表述"B 售电公司由 Z 电力售电有限公司作为电源支撑，是山东唯一一家由 Z 电力股份有限公司授权的售电公司"，称 Z 电力售电有限公司在解除对 B 售电公司的授权后，B 售电公司仍然借 Z 电力售

---

❶ 裁判文书：（2019）鲁 0102 民初 3502 号一审民事判决书、（2020）鲁 01 民终 4351 号二审民事判决书。

电有限公司对外宣传。B售电公司辩称,无法确定上述信息系在解除授权之后发布。

为主张损失,B售电公司提交山东电力交易中心2018年12月13日发布的跨省区电力交易关系表,显示B售电公司在全省电力公司中电能交易排名;提交2018年、2019年电力用户代理关系名单,显示山东S化工股份有限公司曾为原告的代理用户,2019年成为Z电力售电有限公司的代理用户,主张Z电力售电有限公司发布《郑重声明》抢夺B售电公司的客户。Z电力售电有限公司对上述证据均不认可。B售电公司另提交与某律师事务所签订的《民事委托代理合同》及发票,主张支出合理律师费1万元。

一审法院认为,《民法总则》第一百一十条❶第二款规定,法人享有名誉权等权利。侵害名誉权是指行为人实施侮辱、诽谤行为,致使他人的客观社会评价被降低。本案中,虽然Z电力售电有限公司辩称,其发布的《郑重声明》仅是客观地向客户表明其已解除对B售电公司的授权关系这一事实,但《郑重声明》主要字面意思应为:"Z电力售电有限公司在解除对B售电有限公司授权后,B售电有限公司仍假借Z电力售电有限公司名义对外开展业务,Z电力售电有限公司对该行为不予认可。"虽然Z电力售电有限公司提交证据主张,在解除对B售电有限公司的授权后,B售电有限公司仍在Boss直聘网站及其微信公众号中表述"B售电有限公司由Z电力售电有限公司作为电源支撑",但Z电力股份有限公司无证据证明信息发布的时间,B售电有限公司也辩称该表述是在Z电力售电有限公司授权之后发布的,在Z电力售电有限公司撤回授权后未及时删除。Z电力售电有限公司也未能提交其在撤回对B售电公司的授权后,B售电公司借Z电力售电有限公司名义对外实际开展售电业务的确切证据。涉案两微信群是全省范围内售、用电交易群,群成员较多,应认定《郑重声明》对B售电公司在该行业内的客观社会评价产生一定的不利影响,故本院认为Z电力售电有限公司侵害了B售电公司的名誉权。因此Z电力售电有限公司应停止侵害B售电公司名誉权的行为,消除影响并赔礼道歉。

对于B售电公司要求Z电力售电有限公司赔偿其损失的诉讼请求,因其未提交证据对损失数额予以佐证,应承担举证不能的法律后果。本院综合考虑B售电公司在行业内的影响力、Z电力售电有限公司的侵权情节,酌定Z电力售电有限公司赔偿B售电公司损失5万元。对于B售电有限公司主张的律师费,于法无据,本院不予支持。Z电力股份有限公司未实施侵害名誉权的行为,不应对B售电公司承担责任。

综上,法院判决如下:①被告Z电力售电有限公司立即停止对原告B有限公司的侵权行为。②被告Z电力售电有限公司于本判决生效之日起十日内向原告B售电公司书面赔礼道歉、消除影响,并在山东电力交易结算群、山东售电侧市场建设讨论群中刊发道歉信的内容。③被告Z电力售电有限公司于本判决生效之日起十日内赔偿原告B售电公司损失5万元。④驳回原告B有限公司的其他诉讼请求。

Z电力售电有限公司上诉请求:①撤销一审判决,改判驳回B售电公司的诉讼请求。②本案一、二审诉讼费均由B售电公司承担。

---

❶ 《民法典》第一百一十条 自然人享有生命权、身体权、健康权、姓名权、肖像权、名誉权、荣誉权、隐私权、婚姻自主权等权利。法人、非法人组织享有名称权、名誉权和荣誉权。

二审法院对一审法院认定的事实予以确认。

二审法院认为，本案的争议焦点为Z电力售电有限公司在山东电力交易结算群与山东售电侧市场建设讨论群中发布《郑重声明》的行为是否侵犯了B售电公司的名誉权。本案中，Z电力售电有限公司于2018年6月在微信群中发布《郑重声明》，认为B售电公司假借Z电力售电有限公司及其母公司Z电力股份有限公司的名义进行跨省客户业务市场谈判，但Z电力售电有限公司并未提交证据证实其主张。一审中，Z电力售电有限公司虽主张B售电公司在授权被撤销后仍在BOSS直聘网站上和微信公众号发布宣传信息，且未在公司授权期内为公司发展客户，反而为B售电公司自己发展客户，但未提交任何证据证实B售电公司于2018年6月左右假借其公司名义进行跨省客户业务市场谈判。Z电力售电有限公司的行为客观上影响了B售电公司的声誉，从而导致电力行业内对B售电公司的社会评价降低。故，一审法院认定Z电力售电有限公司的行为构成了对B售电公司名誉权的侵犯并判决赔偿相应损失并无不当。

综上所述，上诉人的上诉请求不成立，应予驳回。判决如下：驳回上诉，维持原判。

【分析】

此案系二售电公司之间因侵害名誉权引发的纠纷，可从侵权人在微信群公开不实信息是否违法、是否构成侵害名誉权两个维度观察。

一、法人的名誉权

《民法典》第一千零二十四条明确规定："民事主体享有名誉权。任何组织或者个人不得以侮辱、诽谤等方式侵害他人的名誉权。名誉是对民事主体的品德、声望、才能、信用等的社会评价。"名誉权，指民事主体对自身名誉享有不受他人侵害的权利。自然人的名誉权是指自然人对由其活动产生的社会评价而享有的不受他人侵害的权利。法人及非法人组织的名誉权是指法人对其全部活动所产生的社会评价而享有的不受他人侵害的权利。法人的名誉表示社会的信誉，这种信誉是法人在比较长的时间内，在它的整个活动中逐步形成的，特别是企业法人的名誉，反映了社会对它在生产经营等方面表现的总的评价，往往对其生产经营和经济效益发生重大的影响。

是否构成侵害名誉权的责任，应当根据受害人确有名誉被损害的事实、行为人行为违法、违法行为与损害后果之间有因果关系、行为人主观上有过错来认定等四方面认定，缺一不可。

对于侵害名誉权的行为，根据《民法典》第一百七十九条规定，侵权人承担侵权责任的方式有停止侵害、赔偿损失、赔礼道歉、消除影响、恢复名誉等。如果属于同一行业的市场竞争者，散布虚假、不实的信息，侵害其他同行的名誉权的行为，也是一种不正当竞争行为，《反不正当竞争法》第十一条明确规定："经营者不得编造、传播虚假信息或者误导性信息，损害竞争对手的商业信誉、商品声誉。"第二十三条进一步规定："经营者违反本法第十一条规定损害竞争对手商业信誉、商品声誉的，由监督检查部门责令停止违法行为、消除影响，处十万元以上五十万元以下的罚款；情节严重的，处五十万元以上三百万元以下的罚款。"

二、本案售电公司发布的信息不实且导致受害人社会评价降低，构成名誉侵权

第四章 售电公司与其他利益相关方之间的合同纠纷

本案中，Z电力售电有限公司未尽到合理的审查注意义务，在行业内具有一定影响力的两个微信群内发布名为《郑重声明》的信息，内容违背客观事实，尽管其声称《郑重声明》是对解除授权一事进行陈述，但却在声明中使用"假借"等词语表述B售电公司假借Z电力售电有限公司及其母公司Z电力股份有限公司的名义进行跨省客户业务市场谈判的意思，以此广泛告知行业内客户及同行，该散布虚假事实的行为属于Z电力售电有限公司为之，但其信息内容并无证据支撑，为虚假事实，不论其主观意图，但客观上影响了B售电公司的声誉，从而导致电力行业内对B售电公司的社会评价降低，造成名誉的损失和财产的损失，该损害后果与违法行为之间具有因果关系，因此法院认定Z电力售电有限公司的行为侵犯了B售电公司名誉权，并判决赔偿损失。

【启示】

（1）售电公司等市场主体在发布针对其他市场主体的信息时一定要客观审慎，发布的内容要真实可靠，意思要表达清楚、准确，不得伪造虚假的事实，不得捏造歪曲事实，不得有虚构、臆测、未经查实、不实的描述，防范损害其他市场主体的名誉。

（2）市场竞争中的售电公司同行之间应当公平竞争，合规、守法经营，不能违背基本社会道德底线诚信，不能违背基本商业道德准则，更不得采取虚假宣传、口头或文字等形式的诽谤等手段损害竞争对手商业信誉、商品声誉。

后 记

　　观察售电公司的法律合规风险，分析法律案件是比较有趣也比较有效的方法。发生法律案件，说明在正常的电力市场业务中，售电公司生病了，市场运营管理发生了相关问题。剖析这些案件、查问病情，就是对企业和市场的"体检"，有助于查明病因、对症施策、促进管理，保障企业健康长远发展，促进市场有序推进。

　　随着电力市场化改革不断深化，市场规则日趋复杂，零售市场将是电力市场的主战场。市场竞争是残酷的，在市场的搏杀洗礼下，有一些售电公司未开张即关张，也有一批售电公司经受不住竞争压力而纷纷倒下，"出师未捷身先死"，当然也会有一批售电公司历经大浪淘沙而不断发展壮大，还会有一批售电公司闻风而动伺机闯入市场的大海中遨游搏击。售电公司为了能在激烈的市场竞争中生存立足、稳健发展，除了有深厚的技术底蕴、经营实力、管理智慧，应当说，法律合规管理也是不可或缺的。

　　"行稳"才能"致远"。有经营就会有风险，风险伴随售电公司左右。建议售电公司能从已经发生的案例中汲取经验教训，重合同、讲合规、防风险、强管理，夯实法治之基、筑牢合规之坝。建议售电公司在经营之初，即建立健全法律合规风险防控体系，切莫放任不管、任其野蛮生长，必须从经营源头严格管控法律风险，确保肌体康健、行稳致远、基业长青。

　　"不要把别人家的事故只是当作故事来讲"。希望大家从读这些售电同行已经发生的实际案例中深刻反思自己的短板，有则改之、无则加勉，通过学习借鉴、堵塞漏洞、改进管理，筑牢经营"防火墙"、织密合规"防护网"，防范自己不慎也跳进同一个河流，发生同类风险事件。

　　希望本书可以提醒售电公司既"治未病"，也能对"治已病"提供些许启发和帮助，是我们作为电力法律人写作本书的一点"初心"所在。本书是一个尝试，内容还是比较零散、比较粗浅，案例样本类型也不够丰富、涵盖面窄。但案例、风险不可能仅仅这些。售电公司从事售电业务将会有更多类型的风险显现出来，届时再补充分析、丰富内容。

　　我们坚信，我国电力市场未来可期！